没钱才更要结婚

双薪伴侣打造幸福生活必备手札

小室淑惠　驹崎弘树　著

江裕真　译

漓江出版社

桂林

图书在版编目(CIP)数据

没钱才更要结婚:双薪伴侣打造幸福生活必备手札/(日)小室淑惠,(日)驹崎弘树 著;江裕真 译.—桂林:漓江出版社,2014.2
ISBN 978-7-5407-6896-6

Ⅰ. ①没… Ⅱ. ①小… ②驹… ③江… Ⅲ. ①婚姻-通俗读物 Ⅳ. ①C913.13-49

中国版本图书馆 CIP 数据核字(2013)第 297949 号

策　　划:谢　阅
责任编辑:谢　阅
装帧设计:李星星

出版人:郑纳新
漓江出版社有限公司出版发行
广西桂林市南环路 22 号　邮政编码:541002
网址:http://www.lijiangbook.com
全国新华书店经销
销售热线:021-55087201-833

山东临沂新华印刷物流集团印刷
(山东临沂高新技术产业开发区新华路　邮政编码:276017)
开本:880mm×1 230mm　1/32
印张:8.375　字数:100 千字
2014 年 2 月第 1 版　2014 年 2 月第 1 次印刷
定价:28.00 元

目录

第二章 活用时间，沟通无时差

第四章 要家庭，也要事业！

第五章 全家都幸福 财务规划

前 言

夫妻共创幸福人生的新智慧

——小室淑惠

我的周遭有许多双薪夫妻（夫妻或男女朋友两人都在工作），我经常从他们那里听到这样的烦恼：

“家事总是只有我在做，但钱是先生赚的，我就没办法太计较了，对吧？”一位妻子说。先生则说：“工作很忙，家事不由地让太太都做了。但是在家里，我对太太有种抬不起头的感觉。”

“明明都决定好家事与带孩子的工作分担规则了，先生却完全不遵守，我已经放弃了。”一位太太叹气道。“什么事都是太太一手主导，没有我出场的余地啊！我也想做家事，一起带孩子的。”先生耸肩道。

又或者是这样的状况——

“为求彼此对等，家事分配得很清楚。家计方面也是，由双方各出固定金额，因此她的收入到底有多少，我其实并不知道。”一位先生说道。妻子则喃喃道：“我很满足于目前的生活，但想到以后生小孩的事，就会觉得，不知道彼此收入，好像有点不好。”

夫妻两人是有缘才相遇，在一起自然希望能幸福，但幸福需要花点心思。

过去我自己也是一样，因为和先生在家事、养育孩子、家计等基本生活事项上未能了解彼此想法，而累积许多不满。正因为这样，现在看到那种很清楚“彼此是对等伙伴”，却无法把这样的认知巧妙落实到每日生活中的夫妻，就觉得好可惜。

我在10年前结婚，有个7岁的儿子。我自己也是双薪家庭，目前也以提供“工作&生活平衡”，也就是帮助人家让工作与家庭生活都能充实的咨询为业。目前为止，服务过约800家企业；我经常能实际感受到同时代双薪夫妻身处的状况，也经常给他们建议。

和我一起写这本书的驹崎弘树先生，是特定非营利活动（NPO）法人佛罗伦斯的代表理事。他创办了“病童托育事业”，协助照顾生病时无法去托儿所的孩子，也创办了小型托儿所，目前都是自己经营。我和他是共同推动并力求改变日本工作方式的同志，私下也认识很久了。

虽然我和驹崎先生平常的活动是在改革企业员工的工作方式，以及托育行政等领域，但这本书的内容会稍微偏离那块领域，主要讲的是夫妻的沟通技巧，以及如何分担家事与养育工作。这些都是我们自己以及周遭的人设想与采用过、关于工作与生活方式的新智慧。看过之后，应该明天起就能应用到工作上，并且启发读者的夫妻沟通之道。

很难得，我们刚好一男一女，因此有些部分我们会各自以人夫、人妻的立场，提供男女双方的看法。

我和驹崎先生在工作上各有专业领域，虽然一直以来是以略为相异的方式向外传布信息，但我们追求的目标是相同的："希望帮助每个人活得像自己、工作得像自己，并得到幸福。"我们都认为，"工作是生活的一部分，两者不可分割"，也相信从这个角度切入最有效。

只要提高生活质量，工作质量就会上升，这对于各位、各位的家人与公司，以及社会，应该都会更好。

我和驹崎先生的工作，一直都是以"改变日本人的工作方式"为理念。但目前做得都还不够，政府与企业也都还有许多课题要解决，这是事实。但假如因为这样就口出怨言，把一切归究为"都是社会害的"、"都是公司害的"，一切都不会改变。应该有不少人已察觉到这一点吧？

我期盼本书能够帮助想要改变工作方式、改变工作，继而改变人生的各位。

书的内容是根据我们两人的对谈内容所构成的。为整理对谈内容，书中会根据不同主题，把同一人讲的话汇整在一起。关于我们两人与本书主题，容我在后页的对谈内容中再行介绍。

我们追求的目标是相同的：
“希望帮助每个人活得像自己、工作得像自己，并得到幸福。”

对　谈

为什么“夫妻两人都必须要工作”？

——小室淑惠、驹崎弘树

小室：驹崎先生和我是在2002年左右认识的吧？当时我还在之前的公司服务，到某个为女性举办的座谈会演讲，结果现场有个大学生模样的男生举手发问。那时全场都是女性，因此非常抢眼。那个男生就是驹崎先生，问的问题是“我希望现在的女友能够有意愿工作，我该怎么做才好？”

驹崎：那时候我在经营信息新创事业，和交往的女友在“工作意识”上的意见不同，有些烦恼。那时候，我根本不知道会和小室女士往来这么久，才会断然问了这样的问题。

后来，我成立收容因病无法到托儿所的“病童托育”服务的NPO法人时，还请她给过意见，因此回头看看，两人真的认识很久了呢！由于双方的工作都是以促成“工作&生活平衡”、“重新审视工作方式”为目标，在演讲会或政府相关的研讨会等工作场合中，我们也经常碰面。

小室：驹崎先生2003年创业，我则是2006年离职创办Work. LifeBalance公司，所以就创业这件事来看的话，你是我的前辈。

驹崎：虽然你这么讲，对我来说，小室女士于公于私，尤其是“私”的部分，就好像我的姐姐一样。我也真的有两个姐姐，因此很习惯当人家弟弟。我记得，第一次看到小室女士时，就觉得她整个人光芒耀眼，还曾经妄想“要是能和这么出色的人成为朋友就好了”，因此也就断然提问了。

小室：你在讲什么啦（笑）。我的公司有个叫“armo”的项目，专门协助因为照顾孩子而辞掉工作的人重新回到职场。每当客户有了托育病童的需求，我就会介绍佛罗伦萨给他们参考。这虽然也是工作上的一种往来，但除此之外，我们两人本质上就是试图解决相同社会问题的伙伴，可以说就像是目标相同的同志吧！

驹崎：我在2009年结婚，2010年生了孩子。小室女士2003年结婚，在创业的2006年也生了孩子。因此，我和她都是另一半也全职工作、也有小孩的企业经营者。现在每次碰面时，她还是经常教我很多事。

提供双薪家庭的切身体验，帮助更多人免于重蹈覆辙

驹崎：那么，我们先来谈谈，为何此时此刻非得要讨论这本书的主题“双薪夫妻＝两人都工作”。首先要谈谈夫妻两人都工作一事的时代背景。小室女士，麻烦你了。

小室：好的。从日本社会的历史来看，事实上，“不是夫妻

都工作”的时代反而比较少。包括经济成长期在内，太太担任专职家庭主妇、先生全天在外工作的形态，顶多发生在最近五十年左右。从漫长的历史来看，真的只是很短暂的时间。但是，生长在那段短短的婴儿潮时代的父母们所养育的儿女，也就是二次婴儿潮时代，如今刚好是养育儿女的时代。

我想，他们应该会对上一代与这一代价值观之间的差异感到困惑吧？上一代认为“有小孩的女性理所当然要走入家庭”，这一代却觉得，“这么做就真的能让彼此的人生充实吗？最重要的是，生活过得下去吗？”

驹崎：确实，只有男性工作的“一人工作”形态，在高度经济成长期是很合理的家庭形态。男性在外拼命工作，回家充电后再次上战场——由于时代与国家都需要这样的形态，政府才透过扶养扣除额等制度支持这种模式至今。可是，若从日本社会的传统形态来看，却又完全不是如此。而且，未来这种模式也无法成立了。在终身雇用制仍存在时，只要找到工作，就能清楚得知未来会如何。但现在换工作已成常态，薪水也未必会随年龄增长而增加。对我们这个时代来说，已经被迫要把“担忧未来”当成生活基调，过着以不确定为前提的生活。

小室：在这样的环境下，夫妻都工作，就是一种“必然”会产生的合理思考了。只要两人都工作，就算夫妻其中一人遭到裁员，或是要换工作、要创业，也会因为能够在一定期间内靠配偶的收入维持生活而降低风险。从为人生“买个保险”的角度来看，也一样是两人都工作为宜。

此外，既然准备要采取不同于以往的生活方式，那么在同一环境下生活的夫妻之间，就非得要分享“智慧”不可。辞去工作成为家庭主妇的朋友，假如仍有回到职场的想法，在开始做准备时，也务必参考本书。

小室：从比较宏观的角度来看，本书的用意大概就如上所述。不过，我和驹崎先生都还三十多岁，虽然我们对于工作方式的问题自认为专家，但对于夫妻之间的问题，或是为人父母的问题，都还算是新手。

驹崎：正如你所言。我自出生以来，就一直在拼命研究“怎样才能受欢迎”，至于“结婚”，一直到不久前，对我来说都还是遥不可及的话题。快结婚前，我都还相当烦恼，“我是个能够接受婚姻的人吗？”唔，或许在女性眼里看来，这纯粹就是“优柔寡断”（笑）。虽然后来还是义无反顾结婚了，但现在的我，每天都还在尝试错误，还在修行当中。

小室：我也一样。结婚后一阵子，就碰到生子与创业时间重叠，那时真的很辛苦。和先生也经常吵架，还曾经因为硬撑而差点累倒。那种状况下，真正让我感到得救的是朋友与熟人们的建议，以及员工和工作伙伴们的支持。爸妈以及公婆固然也帮了我们很大的忙，但由于住得远，社会状况与家庭所处环境也不同，他们的建议有时候就没办法直接运用。

所以，我希望这本书能够和更多人分享我们与周遭亲友或家人一起挖空心思所想出来的各种工作或生活技巧。我原本就善于花心思搞点小创意，也希望后来的人不会再吃到同样的苦头。最重要的是，我有很多事想要回头告诉过去最辛苦时的那个我。

驹崎：说得没错。真的讲起来，有不少事我都觉得，“很可惜那时候不知道应该这样”，不同于“工作技巧”，这种“生活智慧”，必须直接请教别人，或是自己亲身吃苦头，才能体会，否则很难得知。

虽然我的家庭生活也才刚开始，但还是想把一些心得分享给大家。最重要的固然还是根据目前的社会状况，从高远的角度“思考”，但因为有许多问题也是大家都会碰到的，就觉得介绍一些小技巧或解决方式也不错。不过，这不是“工作技巧”，而是自己的“生活技巧”，真的要讲，还是会有些难为情呀。

小室：确实如此呢（笑）。不过，我们一向都主张“工作与生活不可分割，必须一并提升”，因此促进大家提高生活技巧，也很重要，对吧。因为，只要生活技巧提高，应该就能直接促成工作成果变好。

夫妻都工作是最好的“避险工具”

小室：直到大学的时候，我一直都立志要当“全职家庭主妇”，脑中所描绘的家庭样貌，就只有“帮先生做饭、帮孩子做手工点心”之类。因为我所成长的家庭就是这样，给我一种自己好幸福的感觉。不过，等我长大后，仔细问过爸妈，他们竟然说："你在讲什么？妈妈那时也有工作！"那时我以为自己是到附近的邻居家"去玩"，没想到是"请托邻居照顾"，而家里常出现的手工点心，其实是因为妈妈那时开设了烹饪教室。"咦，我们家原来不是全职主妇的家庭呀？"除了感到惊讶外，我也察觉到，自己受既定观念的影响有多严重。

驹崎：除了父母外，媒体的影响也很大。长久以来都是把"妈妈待在家"呈现为"幸福家庭的样貌"，除此之外的家庭形态，就会被视为"不完整"。我妈妈以前也都在工作，因此小时候我放学回家，都是自己看看书。这对我而言是一种"正常现象"，我也并未因此而特别觉得孤单。不过，曾有朋友对我说，"你妈妈都不在家，好可怜"。我还记得自己因而发火过。只因为父母都工作就说你"真不幸"，也太失礼了。

小室：最近，据说愈来愈多年轻女性想当全职主妇。但那是反映出对于未来的担忧吧！不是"想要为家庭尽心力"，而是"希望有人保护我"。她们是因为不相信"自己出社会能够提供什么价值"才会这样，我觉得很可惜。

驹崎：处于这种看不到未来的时代，每个人都会感到不安。男性也一样会觉得，"我不见得有办法让你靠"（笑）。但假如满心觉得不安，会变成不再思考、无法行动。要想继续前进，就只能举出想象得到的风险、避开这些风险了。这时，"两个人赚钱"，应该可以成为很好的武器吧！

找回失落的社会联结，建立互信关系

小室：养育孩子后，我还有一个感觉。放弃养育孩子的，不是为人父母者，而是家庭所处的小区。在我们爸妈那个时代，地方上都还能够提供育儿的协助，但如今却渐渐不再如此。无论是否夫妻都在工作，光靠夫妻两人养育孩子是很辛苦的事。“孩子不是只由夫妻养，而是整个社会要一起养”的想法很重要，我们也必须思考，如何才能把小区或社会重新往这个方向建设。

驹崎：有一本书叫《孤独保龄球——美国小区的瓦解与重生》（*Bowling Alone: The Collapse and Revival of American Community*，罗伯特·普特南著），讲的是美国的保龄球馆过去都是家庭或团体热闹打球的地方，现在一个人自己去打的顾客却变多了。那本书的主题，就是要谈如何重建这种现象所象征的“失落的社会联结”，但书中提出的问题，完全可以套用于现代的日本。过去，小区内的人际联结还很完全时，只要向邻居的大婶说声“我出去一下，孩子暂托在你这里”就行了。但是在居住环境与工作方式的改变下，小区失去了这样的功能，才渐渐变成必须由行政机构提供服务。历史的演进就是这样的。

小室：我们这些正处于养育儿女阶段的家庭，为了自己也好，为了孩子也罢，都必须重新“取得”联系。如今，不光是地缘、血缘的联系，还必须拥有新形态的“联系的力量”。

我和先生婚后就试着使用Excel软件，粗略仿真过未来的收支计划。从中得到的实际感受是，“不一起工作的话就惨了”。虽然我们原本就具备“以后能领多少年金都还是问题”、“生子后太太如果辞掉工作，收入会锐减”等认知，但实际看到数字摆在眼前，还是感受到很大的冲击。于是我们两人建立起“夫妻都必须持续工作下去”的共识，后来也成了在家事上、育儿上，以及彼此的工作上边做边商量的基础。

驹崎：日前，为了查询年金缴纳记录，我打电话到社会保险厅去，但对方告诉我“现在是老人优先处理”，要我照顺序排。见微知著，从这件事可以看出，我们的时代都是处于这种状态。之前的时代建立过但又瓦解的制度，我们都非得要承接下来不可。以我来说，我初中时发生了阪神大震灾与东京地铁沙林毒气事件。由于我是在“失落的十年”中度过多愁善感的时期，“不确定性”已深植在我脑中与体内了。“JAL经营陷入困境”、“雷曼兄弟倒了”，几十年前，又有谁预料得到会发生这种事？而且，连东日本大震灾都发生了。今后20年、30年，事情会变得如何？我自己又会在哪里做什么？完全一无所知。我们唯一能够确信的事，就是我们“一无所知”。**正因为这样，我认为共同生活在这种时代的夫妻，建立起基本的互信关系是很重要的。**

小室：“建立互信关系”在工作上固然很重要，但结婚也是建立这种基本人际关系的大好机会。只是谈恋爱或许还能逃走，结婚可就不是这样了（笑）。

驹崎：我那时也是出于这样的想法，才犹豫着要不要结婚

（笑）。一旦看不出未来的轨迹，就会陷于不安，继而做出不安之下的行动。愈是采取守势，人的视野就会愈窄，害自己变得不幸。这是一种恶性循环。

无论处于何种状况，都一样创造得了幸福。就是因为这样，才有身为幸福最基本单位的夫妻与家庭的存在，才有互信关系的存在。虽然我原本很担心“拥有家庭”所带来的沉重压力，但事实上这却也是改变生活方式、建立新价值观的好机会。结婚与否固然是个人价值观的问题，但在我自己每天的生活中，都会觉得婚姻是与另外一个人彻底面对面的宝贵体验。

小室：希望这本书能够为各位读者带来一些在基本的人际关系上，以及建立自己社群上的启发。我们会依照结婚、生子、育儿、财务等必须全家共同面对的事项，提供我们两人的想法与技巧。也会加入我们在工作上的专业见解，恬不知耻地（笑）把各自家里的做法介绍出来。因为我深信，能否把想法落实到这样的实务层面，会是一个人能否有所改变的关键所在。

那么，我们就进入正题吧！

希望透过本书分享我们与亲友挖空心思所想出来的工作或生活技巧，让后来的人不会再吃到同样的苦头。

序　章

要爱情，也要面包！

夫妻两人就像“网球双打选手”一样。

两人都是选手，对手飞过来的球离谁近，谁就回击过去，

球如果飞到自己够不着之处，就交由值得信赖的伙伴帮忙回击。

其中一人状况不佳时，就由另一人提供支持，以两人共同赢得球赛为目标。

年收入要多少才能结婚？两个人一起赚比一个人容易！

最近，有个大学学弟来找我商量。

“目前正在交往的女友对我说：‘差不多该结婚了。’我月薪才34万日元，谈结婚好像还太早……”

学弟说，他这个女友有工作。既然如此，为什么在决定要结婚时，他却只从自己的月薪去考虑呢？这一点我觉得很不可思议。

男人在外工作赚钱，女人负责家事与照顾孩子，好让男人专心工作，等到孩子长大了一些，女人再到外面兼差，帮助家计……现在，很多人对于“婚姻”的想象，应该还是像我讲的这种样子吧？我这位学弟或许也是在这样的家庭长大的。人只要看到自己周遭的家庭样貌，很容易先入为主地认为家庭就是那个模样。

前言中曾经提到，20世纪50年代开始，高度经济成长期约莫持续了20年，在那段期间结婚的家庭，尤其是在都会区企业工作的人，多半都是以这种“家中支柱＋家庭主妇”的形式建立家庭。

在经济不断成长，工作愈拼、赚得愈多的高度经济成长期，这种“男人在外打拼，回家充电后再重新上战场”、“太太在（大后方）留守”的角色分配方式，的确还满合理的。

然而，要说这是否就是日本传统的家庭样态？却又全然不是如此。

就连在高度成长期，这种模式也只存在于“在都会区大企业工作的人”身上，只适用于公司保证终身雇用、薪资又稳定增加的工作者。高度经济成长期时，假如从事的是农林渔业或自己当老板，理所当然还是“夫妻都工作”，甚至于是“全家都工作”。

再者，现在还自认为“工作很稳定”的人，应该极为罕见吧！

企业的终身雇用制瓦解，进入了人人都有机会碰到裁员或换工作的时代。而且，换工作或累积工作年资，不见得就能保证薪资能够往上增加。

过去大家认为理所当然的“只要把公司交付的工作做好，就会有回报”、“工作愈拼，生活就愈丰足”都已成为过眼烟云。无论个人、家庭还是企业，同样都身处于“看不到未来”的不安当中。

没错，回顾过去，“企业战士＋家庭主妇”的家庭成员组合称得上是典范的，只有很短一段期间而已。

在这种不安定的时代里，夫妻都工作，就代表着“分散风险”。

就算先生（或是太太）遭公司裁员，即便要换工作或创业，只要配偶的收入足以撑过这段时期，应该就不会有太大的问题。

前面提到的这位学弟也是如此。假如他的月薪是27万日元，他的太太一个月也有27万日元收入的话，全家的每月所得就有54万日元了。（假如没有碰到要买房子等钱花费较多的状况）就算住在都会区，过日子应该不成问题。若以夫妻都有工作为前提，应该没有什么好犹豫要不要结婚的。

我给学弟的建议是，“今后，能够只靠先生养家的，只有极少数的幸运家庭而已；夫妻都工作已经变成社会上一种必然的现象。所以，从彼此商量、相互扶持的角度来看待婚姻，会比较好”。

在这种不安定的时代里，夫妻都工作，就代表着“分散风险”。

时代变了，
双薪家庭才是趋势！

我是1979年生的，和我同时代的人，刚好都处于结婚或生子的时期。我们的时代又称为“失落的一代”，小时候遭逢泡沫经济破灭，长大之后找工作也很辛苦。我们都很清楚，现在的社会状况已经明显地与父母那个时代不一样了。日本的不景气，在我们眼中已成为“理所当然的现象”。我想，正在看这本书的各位读者，恐怕也和我有着类似的感受吧。

可是，一旦结婚生子，想象今后的家庭生活时，都会不由得想到自己父母的情形。在一度以“企业战士＋全职主妇”为圭臬的家庭中长大的人，似乎很难跳脱“男人要负责养家、养活一家大小”这种长年下来早已根深蒂固的价值观。各位男士，请你们扪心自问，内心深处是否也有 “小时候妈妈在家会做饼干给我吃，所以我希望太太也能够这么做”的想法？

这种“男人非养家不可”的观念强烈到仿佛在男人身上施了一个紧箍咒，阻挡了来自外界的一切信息，只会不断灌输你一些

图1 30多岁男性的未婚率显著上升

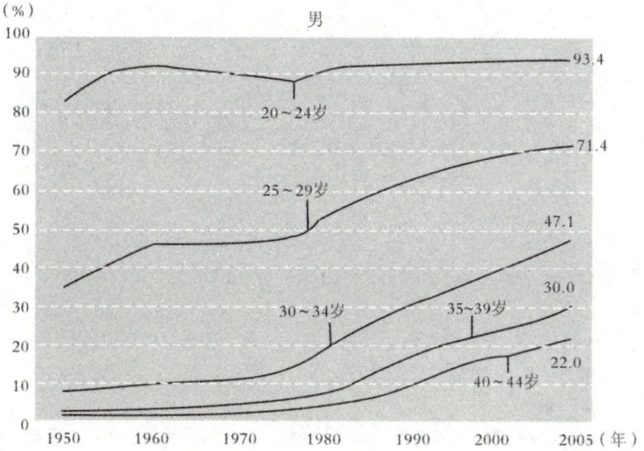

※ 资料来源：总务省统计局的国情调查“20至44岁各年龄层男性未婚率演变（1950年—2005年）”

奇怪的概念。我称之为“家中支柱的紧箍咒”（笑）。

不分男女与年代，日本的未婚率近30年来不断增高，也成为少子化的原因之一（图1）。尤其是三十多岁男性的未婚率显著上升，原因我想可能就在于男性未能理解前述社会状况的变化，只以父母亲所建构的夫妻模式为蓝本，沉重的责任感使得他们畏惧婚姻、裹足不前。

但是这种“先生在外工作、太太持家”的模式，从1980年开始转趋减少（如次页图2所示）。**相对地，夫妻都工作的家庭数，在1997年已超过一人工作的家庭，到现在已成多数派。**

图2 双薪家庭数在1997年超越单薪家庭数

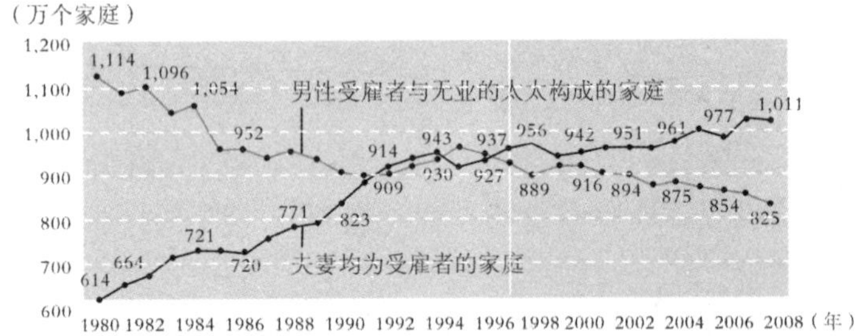

备注：1.1980至2001年资料来自日本总务省“劳动力调查之特别调查”（各年2月数据，唯昭和55年至昭和57年为每年3月数据）；其余部分来自“劳动力调查（详细统计）”（年平均）。

2.“男性受雇者与无业的太太构成的家庭”是指，先生是农林业以外的工作者、太太未工作（非劳动力人口及完全失业者）的家庭。

3.“夫妻均为受雇者的家庭”是指，夫妻均为非农林业受雇者的家庭。

※取自内阁府、男女共同参与调查的白皮书“双薪等家庭数之演变（平成21年2008年版）”

今后，“男人出外工作、女人在家烤饼干”的家庭模式，应该会越来越少。社会与工作形态已经产生巨大的改变，婚姻与育儿方式自然也不该还停留在以前。

现在该是摆脱“家中支柱紧箍咒”的时机了。

当我摘掉
“男人就该养家糊口”的紧箍咒之后

别看我讲得很好听，其实我自己也曾经硬是要给自己套上那顶紧箍咒。25岁到29岁期间，当我开始考虑要与女友结婚时，也曾经烦恼过自己到底有没有资格结婚、建立家庭。

大学毕业后，我成立了“病童托育”事业，帮忙照顾因病无法去托儿所的孩子。当时媒体虽然有不少报道，说我是“日本的社会创业家先驱”，但事实上我所经营的NPO状况还不是很稳定。快和女友结婚时，我都还觉得“自己称不上已经独当一面到够资格结婚的程度”。

我所经营的病童托育事业，顾客大多是双薪家庭，因此可近距离接触到双薪夫妻。我的女朋友有稳定的工作，创业时我也调查了有关人口动态及社会情势的统计资料或文献，因此我自己也已经萌生“今后，只靠先生一人赚钱的家庭形态会变得不切实际”的观念。只是，虽有这样的概念，我的头上还是牢牢戴着

“一定要等到经济上与精神上都已经成熟才能结婚！”的紧箍咒，因而迟迟无法决定结婚。

现在回想起来，实在很想吐槽当时的自己：“会有这种逞强的想法，证明你根本乳臭未干！”当时的我认为“结婚＝终点站”，没有考虑到婚姻本质上是一种“彼此成长的过程”。

我女友似乎早就看出我的逞强与迷惘，却不解我“到底磨磨蹭蹭地在想什么”。

我是在已经下定决心结婚后，因为某个“事件”的触动，才得以从“家中支柱紧箍咒”中解脱。

当时我所经营的NPO，由于严重资金周转不灵，连我自己的薪水都发不出来。

我四处奔走处理此事，回家后战战兢兢把这件事告诉女友。结果，她这样回答我：“我也在工作，撑两三个月没有问题，而且我自己也有存款。”

那时我总算体会到，自己不是维持家中大计的“唯一支柱”，而是由她和我共同担任这个家庭的“双支柱”。面对人生的困境，在喜欢的人面前暴露出自己“失意”的一面后，我才真正了解什么叫“夫妻是最好的伙伴”。而那顶我在不知不觉中戴上的紧箍咒，也开始慢慢松脱了。

我是结婚后才摆脱了这个紧箍咒。假如你正准备要结婚，劝你还是尽早跳脱这个魔咒吧！

因为，夫妻都有工作的双薪家庭，不论是婚姻生活还是育儿工作，不但可以规划得更为合理，也会轻松得多。

认为“结婚=终点站”，根本就是乳臭未干！
没有考虑到婚姻本质上是一种“彼此成长的过程”。

升级你想象中的“家庭操作系统”

目前，三十多岁日本男性的平均年薪约在320万日元上下，与十年前相比，已减少多达220万日元（见图3，两条曲线最高点分别为300—399万日元、500—699万日元）。

一大因素固然在于三十多岁的非正职员工变多，但就算你是正职员工，平均年薪确实也出现了减少的现象。而且，今后还能够随着年龄增长而获得加薪的人，恐怕寥寥可数。假如还保持着“得赚到500万才能结婚”、“年薪要有670万才够过活”等过去的判断标准，觉得“年薪到达某个水平前不能结婚”、“在碰到年薪达到某个水平的对象前不能嫁人”的话，极有可能错失结婚的机会。

这个世界上，家庭原本就有许多不同样貌；要建立何种样貌的家庭，应该由每对夫妻自己来决定。不过，光靠先生工作维持家计，其实是一种特殊形态。综观历史或全球，夫妻都工作才是一般的常态。

例如，在瑞典，有九成以上的家庭都是双薪家庭，全职的家

图3 30至34岁男性之所得分布

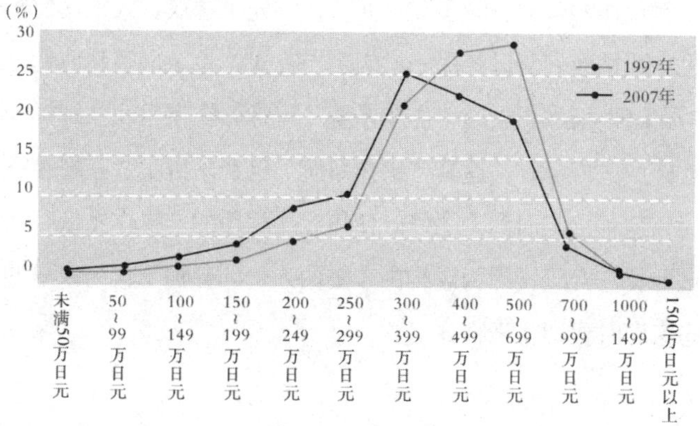

※资料来源：总务省·就业结构基本调查·全国版之“年龄、男女、家庭所得、家庭收入种类、配偶关系、是否希望就业、在找工作与没在找工作的无业者人数·三十至四十九岁”

庭主妇相当罕见。他们的社会结构也是以夫妻都工作为前提。在这个前提下，自然衍生出“太太不是自己的财产，而是好伙伴”的观念。

或许有人反对女性进入社会，认为“女性一旦工作、有了经济能力，会导致离婚人数增加”。从女性大量进入职场的海外各国数据来看，确实有这样的相关性。不过，但毕竟“任何事情都有正反两面”，就算离婚率可能因而变高，我认为这个社会还是应该接纳女性，让她们能够自豪地投入工作，建立得以独立自主的经济能力。我也觉得，社会上若是能够出现一些引人注目的模范双薪夫妻，应该也有助于抑制离婚率的增加。

对现在20至39岁的多数人而言，“先生赚钱、太太支持”的模式，既是他们父母亲那一代的工作方式，也是形塑起他们对结婚与家庭之根本想象的“作业系统”（像微软窗口软件那样的基础软件）。可是，这套“操作系统”已经落伍了。在现在这个年代，这种已老旧到无法好好使用应用程序的“操作系统”，就应该要将它升级，因为建构由夫妻两人一同分担工作与家事的新形态家庭时代即将来临。

一个人可以养活自己，
两个人等于双保险！

结婚以前，我先生也曾经戴着驹崎先生所讲的那顶“家中支柱紧箍咒”。

我和先生同年，在27岁时结婚。由于婚前已交往多年，我一直以为两人的关系已经到了无话不谈的地步。

然而，只要一讲到“结婚”，我先生的态度就会出现微妙的变化。问他为什么，他都会回答我：“不论是收入、工作乃至于人生哲学，我都觉得自己还不够资格结婚。从许多层面来看，结婚就代表着承担人生责任，目前我还没有足够的自信能够承受得起。”在25至29岁间结婚，对我先生来说“好像还太早”。

知道他有这样的想法时我深感冲击：“欸？我又没有要你背负什么沉重的负担呀？”于是我开始烦恼，“他到底有没有把我当成独立自主的伙伴看待？”

二十多岁就不用讲了，但就算已经三十多岁，又有多少人能够大声讲出“我能够明确看出自己的未来”？至少，我自己就认为“实在不知道今后会有什么转变”、“凡事都没有保证可言”。

20岁、30岁的人生是一段以社会人的身份成长的过程，未来的一切都是在这段时期内逐步建立起来的。

在这个过程中，假如能够“结婚且夫妻两人都有工作”，就算未来依然毫无保证可言，至少有某种程度的避险作用。如果其中一人生病，或是因为读书或准备创业而暂时无法工作，另一半还是可以继续工作支撑生活……

把这样的想法告诉我先生后，双方才逐渐在工作观与婚姻观上取得了共识。

如今回顾起来，我俩之间的关系，确实有一段期间曾经出现过变化。

那是我仍就读大学时，休学一年，在美国度过一段流浪生活的期间。那时，先生已经与我交往，刚好也到美国留学，因此我俩有两个月的时间，在彼此距离很近的地方生活。由于我没有工作签证，也就完全没有收入。为了能够在美国多待一段时间，我过的是在日本时难以想象的“一天一美元”的省钱生活。钱能不花就不花，甚至连月历都是自己亲手做的。我先生说，过去的我，给他的印象就是游手好闲的女大学生，但是看到我省钱省成这样后，他对我的印象就大幅改观了。他说，那时候看到我这样，大大影响到他，使得他开始从现实的角度，考虑起与我之间的共同生活以及未来。

先前驹崎先生提到夫妻共同度过经营危机一事也是如此。**他们并不在乎面子问题，而是推心置腹彼此讲出心里话。这样的经验，可以让夫妻的意识趋于一致，进而成为两人间的纽带。**

我总是这么告诉女性部属或是后进人员：“结婚或生子后还能一直工作下去，就代表着能够自食其力养活自己。它的好处是，你不会以地位或收入去挑选结婚对象，而会以是否深爱对方这个最重要的标准来挑选。”

我也建议她们将这样的觉悟传达给对方知道：“我打算一直工作下去养活自己，无意要你背负什么在身上。两人联手可以完成更多的事，让我们彼此贡献自己的智慧，一起生活下去吧。”

以地位或收入为标准挑选结婚对象，固然也是一种价值观，但假如光以这些标准作为走入婚姻的基准，等到哪天对方失去原有的地位或收入，就会连婚姻生活也一并完蛋。

今后会是一个“没有什么事绝对靠得住”的时代，有没有“得靠自己养活自己”的觉悟，是很重要的。

“妈妈一个人带小孩”
比不上爸妈一起参与！

前面已提及关于结婚的“迷思”，但我觉得在生子与育儿方面，也一样存在许多错误的迷思。

例如“孩子要自己带到三岁才行”的观念就是其中之一。

很多女生都觉得，“还没生孩子时夫妻都工作固然很好，但生了孩子后，会希望辞去工作陪在小孩身边”。会有这种想法，是因为大家常说“三岁之前的教育对孩子的修养影响甚巨，妈妈若没有亲手将孩子带大，会对孩子造成不好的影响”。也就是所谓的“三岁之前，孩子要自己带”的迷思。

我认为，小时候的环境对一个人的成长确实很重要。这段时期的亲子关系，对于未来人际关系的形成基础，会造成很大的影响。但也因为如此，我很怀疑在这么重要的时期若“只有母亲”陪在孩子身边，真的就够了吗？

在孩子长大、变得最可爱的这个时期，父母两人才更应该好好与孩子相处、共同建立起亲子间的关系。然后，由整个社会一

图4 父亲与孩子互动，可促使孩子更有社会性

（假日与父亲共度的时间）对于（孩子的不同行为造成的影响）

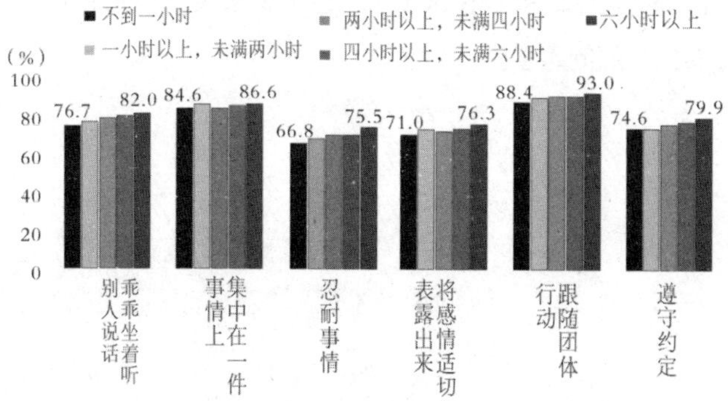

备注：这里统计的是，自第一次至第六次调查都给了回答，而且在第二次调查时与父亲同住者（总数34,892）。从第二次调查（一岁六个月）时“假日与父亲共度的时间”的不同长短，来看第六次调查（五岁六个月）“孩子的行为”各项目中回答“做得到”的比例，可发现与父亲共度的时间愈长，各行为“做得到”的比例就愈高。

※资料来源：厚生劳动省·二十一世纪出生儿童追踪调查。

起来守护这个孩子。这对孩子来说是最好的；但对夫妻关系与对社会而言，这不也是很重要的事吗？

一方面，厚生劳动省曾经（在《厚生白皮书（平成十年）发表过，“……没有合理根据足以证明此事（必须由母亲全天候照顾孩子才行）”。

另一方面，也有数据（图4）显示，父亲若能在孩子婴幼儿期积极参与育儿工作，孩子的社会适应能力会更加良好。

此外，二次大战后出现的“三岁之前孩子要自己带”的迷思，也助长了母子间的密切关系，反而把父亲排除在育儿活动之外。假如做父亲的能够在孩子小时候就积极投入育儿活动，应该就没有这样的问题了。

“孩子三岁前，要妈妈自己带才行”的观念，
反而把父亲排除在育儿活动之外，是一种错误的迷思。

“先生加班”是女性离职的隐性原因，也是恶性循环的开始！

《男女雇用机会均等法》已实施超过25年，和多年前相比，“女性结婚生子后，一辈子仍继续工作”的情形，已经变得“寻常”许多，女性的想法也逐渐改变，“希望能持续从事有成就感的工作”。

随着婴儿潮时代的集体退休，劳动力人口急剧减少，光是靠24小时工作的男性，很难维持组织的运作。提供舞台给有能力的女性发挥所长于是成了当务之急。目前，一些已经察觉这个问题的企业开始引进支持员工生子与育儿的制度，企业的女性员工取得育儿假的比例也变高了（图5）。

不过，实际上仍有七成的女性，会“趁着怀孕离职”（图6）。也就是说，虽然育儿假制度已广为人知，继续待在职场的女性也能够好好地休假生子，但这些对于“生子是女性一大离职原因”的结构本身，还是没有什么改变。实际的情况是，就连理当能休育儿假的正职女员工，依然可能碰到有碍于请育儿假的企

图5 女性员工取得育儿假比例变高

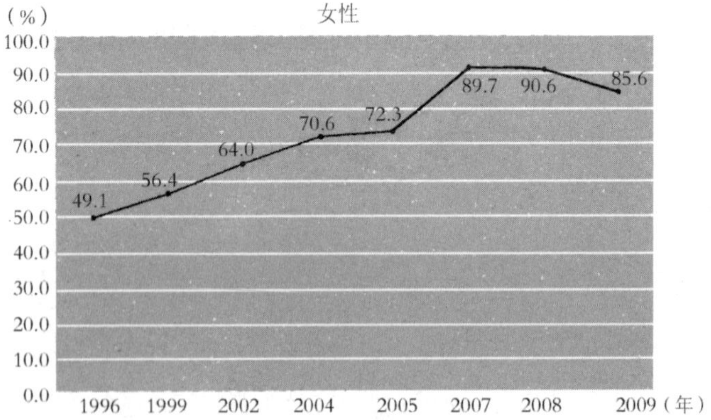

※资料来源：厚生劳动省·雇用均等基本调查（2009年）

业文化。而且还有另外一面妨碍女性继续就业的障壁，叫做“先生长时间工作”。即使好不容易请到育儿假，还是有不少女性在生完孩子后，因为先生工作未归而必须独自一人照顾孩子到深夜；在精疲力竭之余，因而放弃重回职场的念头。

太太一旦辞职，养家责任就完全落在先生肩上了。但现在就算是在大企业工作，年薪平均都减少了7%—8%（图7）。

如果只靠先生工作维持家计，一旦薪资减少时，先生很容易产生“我要加更多的班，以确保所得水平”的想法。

这么一来，先生拼命长时间工作，身处于人力删减又长期超负荷工作的环境中，就容易发生过劳死或身心失调等严重问题。

图6 生子后，女性的就业率急跌

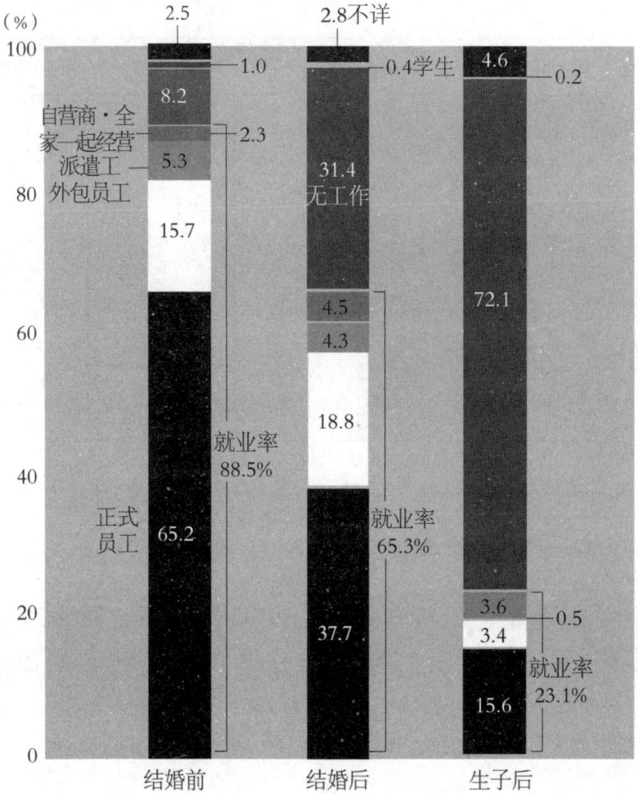

备注：根据国立社会保障厅・人口问题研究所“出生动向基本调查”（2002年）的数据制成，调查对象是婚姻存续期间超过五年、结婚五年内生下第一个孩子的4,547对初婚夫妻中，结婚于1995年至1999年间的女性。呈现的是“结婚前”、“结婚后”、“生子后”三个阶段中女性的就业形态。

※资料来源：内阁府・国民生活白皮书（2006年）

图7 大企业员工的年薪也有下跌的倾向

（%）

年·期	事业单位规模			
	500人以上	100～499人	30～99人	5～29人
现金薪资总额				
（与前年度相比）				
2008年	−1.9	−0.5	−0.9	−0.5
2009年	−7.5	−3.1	−5.4	−2.6
（与前年同期相比）				
2008年 Ⅰ	−0.3	1.3	0.2	0.1
Ⅱ	−1.9	−0.3	−0.2	−0.4
Ⅲ	−1.3	−1.0	−1.2	−0.7
Ⅳ	−3.3	−1.4	−2.2	−1.2
2009年 Ⅰ	−5.7	−4.1	−4.1	−1.6
Ⅱ	−10.4	−3.9	−7.2	−1.9
Ⅲ	−6.2	−2.1	−5.1	−3.0
Ⅳ	−7.2	−2.7	−4.9	−3.6

备注：1. 数值为所调查的所有产业之总计，事业单位规模在五人以上者。

2. 与前年相比等增减率，已经修正了替换样本时会产生的误差。

※资料来源：厚生劳动省·每月劳动统计调查中的“劳动经济之分析”

太太则因为先生参与家事或育儿的时间减少，被迫更加孤独地投身于家事与育儿工作上，也就比较没有意愿生第二胎了。最后的结果，就是使得少子化问题更加严重。

与另一半
成为默契十足的“双打”选手

除了政府应该发挥功能、消除如前所述的恶性循环之外，有些观念我们也应该要跟着改善。

日本经济自1990年起持续衰退至今，“失落的十年”已经变成了“失落的二十年”，年金问题或财政危机不时都成为讨论的话题，使得人民对日本的未来日益感到悲观。就现实面来看，今后的日本，应该很难再出现像过去那般的经济成长了；但即便如此，我认为目前的状况还不至于要以“不幸”二字来形容。

目前，积极参与育儿工作的男性已经比过去快速增加许多。这可能是因为这些男性过去与忙碌的父亲之间缺乏沟通，或是看到原本不太关心家事的父亲退休后出现“在家坐立难安”的模样，因而有所警惕。

另外，由于经济不景气，企业的加班规定趋严，许多公司都体认到必须提高生产力，也因而减少了无谓的会议或纯奉陪性质的加班。在法律方面，育儿假已获得保障，生了小孩之后仍继续工作的女性人数大增。虽然社会对于育儿的支持仍然有发展空间，但是在托育环境的建立等层面上，确实已经在进步当中。

也就是说，虽然如同前面提过的，还有不少问题尚待解决，但无论是从夫妻的意识或制度上来看，这20年间，在社会环境的改变下，“男女共同抚育孩子”这件理所当然的事，已经变得比过去容易许多。无论男性或女性，对于自己、家庭以及社会都会付出关心，也开始追求能够兼顾工作、家事以及育儿活动的生活。社会渐渐让他们不再需要在“工作与家庭”当中二选一，而可以配合人生的不同阶段，弹性地改变自己的工作方式，度过更为充实的人生。

一直以来，就算夫妻两人都工作，多半都是采取先生负责“攻击”（赚钱），太太扮演负责家事与育儿之余才去工作补贴家用的“守备”（后方支持）角色。若以运动来比喻，这就像是“先生是棒球选手，由担任球队经理的太太支持”。

然而，这种模式已渐渐不适用于现代社会了。

现今的环境下最适切的夫妻新形态，应该是夫妻两人都能感受到自己的工作价值，都能享受带孩子的乐趣，也都能参加当地社群，逐步从人性的角度拓展自己的视野。

这就像由夫妻两人组成“网球双打选手”一样。两人都是选手，对手飞过来的球离谁近，谁就回击过去，球如果飞到自己够

不着之处，就交由值得信赖的伙伴帮忙回击。其中一人状况不佳时，就由另一人提供支持，以两人共同赢得球赛为目标——就是这样的关系。

我们正在朝着这样的方向前进，因此应该说现在是个“美好的时代”才是。

第一章
好好沟通，两人更亲密

在人生的任何情境中，“能否好好聆听对方的论点直到最后，又能够好好传达出自己的意见”，都是很重要的事。能够做到这样，婚后一旦碰到什么问题，应该都能够诚恳面对。

了解另一半
对婚姻与养育子女的想法

一旦结了婚，两人会聊些什么样的话题呢？新婚时期我想多半都还能维持交往时的气氛；但实际进入婚姻生活后，夫妻能否针对“对于未来怀抱着何种理想”提出具体的沟通，可就是事关两人能否朝着同一方向并肩而行的重要事项了。

根据我自己的例子，以及询问过周遭人士后，我深深感受到，每个人对于结婚生子的观念，会受到自己的成长环境以及社会风潮的很大影响。

共同走进婚姻生活的男女双方，如果对于结婚生子的想象差异很大，日后两人就有产生严重争执的风险。想要当一对“彼此敬重、支持对方实现自我的夫妻”，最好在婚前就先了解另一半对于结婚与育儿的真正想法。

不过，人类毕竟是复杂的生物。男人即使想“努力当个好爸爸”，进入婚姻生活后，还是可能因为工作推不掉、不停加班，以致根本无法带孩子；还有一种情形是，原本自豪于“我很会做菜！”的男人，却渐渐只在家庭聚会等重大场合才下厨，每天的三餐完全交给太太。这种情况也时有耳闻。

为了今后的夫妻关系能够顺利维持下去，至少必须先知道对方的价值观——但是，该怎么做呢？

我的建议是，两人要试着讨论某种“正经事”，举凡政治、世界情势、经济、教育等议题，什么都可以。**一旦讨论到这种略为偏离日常会话的议题，就能从对方的沟通方式中，渐渐看出对方对于解决问题会抱持何种态度。**

若是辩论到快输的时候就开始吹毛求疵，或是针对枝微末节吐槽、打断对方讲话的人，就可能会在讨论重要议题时临阵脱逃，或是不把对方看成对等的伙伴。

无论在人生的任何情境中，“能否好好聆听对方的论点直到最后，又能够好好传达出自己的意见”，都是很重要的事。能够做到这样，婚后一旦碰到什么问题，应该都能够诚恳面对。

结婚前，男女只要一讲到未来结婚的事，往往只会讲些“到时候希望住在××”、“希望每年可以出国旅游一次”之类的甜蜜梦想。那些固然也是快乐而重要的时光，但人生总会有遭逢意外、困难的时候。届时眼前这个对象能够和你一起解决问题吗？结婚时，我认为也必须从这种不同的角度，好好观察另一半。

把梦想转换成
具体的文字或数字

另外，我还建议婚前可以制作“未来电子表格”（参见49页），以检视双方的价值观是否契合。透过这种方式，可以讨论婚后的“家计”问题。

或许有人会觉得“婚前讨论这个会不会太过现实？”，但婚姻原本就是要处理现实生活的问题。请把婚后预计会有的收入、生活费、旅游费等项目，一直到是否要生孩子、孩子几岁时会花多少教育费，以及老年时要如何生活等项目，全都输入到电子表格中仿真看看。除此之外，也把“希望两年可以出国玩一次”、“何时要买车？是否需要买车？”、“今后想要考取的证照”、“房子要租还是要买？”等等梦想以及所需要的花费，全都打进去。

当然，夫妻两人现在还年轻，不可能百分之百预测到未来的样子。这没有关系，项目与数字都可以输入个大概就好。

像这样把原本的梦像化为实际的数字“具体化”之后，就能

渐渐形塑出彼此对于未来的规划及价值观。

就算是在婚后，我也建议夫妻可以每隔几年就做这样的设计。重点是要像在管理家计一样，两个人一起做这件事，而不是只由夫妻之中的一人负责处理。

看看电子表格里的数字就会明白，光靠夫妻的其中一人工作，与两人都工作比起来，两者有着何等明确的差异了。太太只要每年有67万日元的收入，30年的收入就是2000万日元。光靠先生的收入如果觉得不是很够，那就两人一起持续工作，应该就能实际感受到“日子还算过得下去”。夫妻共享这张电子表格，就能建立起“生子后，太太也要继续工作”的共识了。

诀窍1 利用“未来电子表格”制订计划

双方讨论“未来想要这样”的生活方式，并列出各项目的所需成本，以Excel计算。由此可以看出不同年龄时的存款目标，仿真人生各阶段的所需费用，因此可以及早形成两人之间的合作方式，也容易提高想要持续工作下去的动机。

年份		2014年	2015年	2016年	2017年	2018年	2019年
经过年数		1年后	2年后	3年后	4年后	5年后	6年后
先生	聪	34岁	35岁	36岁	37岁	38岁	39岁
太太	由里	30岁	31岁	32岁	33岁	34岁	35岁
小孩	贵志	3岁	4岁	5岁	6岁	7岁	8岁
小孩	老二			1岁	2岁	3岁	4岁
就学状况（教育费）	贵志	上托儿所				上小学	
	老二			上托儿所			
生活事件	事件名称		英国旅行		澳洲旅行		
	预定支出金额		15		15		

【收入计划】（单位：万元／日元）增加率（%）

薪资收入（夫）	2.0%	300	306	312	318	324	330
薪资收入（妻）	2.0%	210	213	150	213	217	222
不动产等持续收入							
收入总计（年）		510	519	462	531	541	552

【支出计划】（单位：万元／日元）增加率（%）

基本生活费		150	150	180	180	180	180
居住相关费（租房）		135	135	135	135	135	135
房贷（买房）							
汽车费		30	30	30	30	30	30
教育费		30	30	45	60	45	45
保险费		12	12	12	12	12	12
教养娱乐费		30	30	30	30	30	30
预备金		21	21	21	21	21	21
生活事件支出		0	45	0	45	0	0
支出总计（年）		408	453	453	513	453	453

【金融资产余额演变】

年度净收支		102	66	9	18	88.5	99
目前金融资产余额	270	万元/日元					
投资获利率（%）	0.30%	435	543	579	615	795	960

※参考数据：《三十多岁夫妻，双薪存下4000万日元资产的观念与投资方法》（平野泰嗣、平野直子著）

多看看“兼顾工作与家庭”前辈的实际生活

结婚后，最好能找周遭的夫妻当范本。比自己早三到十年左右结婚的“前辈”，是最理想的。若为上班族，看看身边有没有正在请育婴假的女同事？假如有，看看能不能到她府上拜访一下。

在前公司服务时，我也曾经到一个为了带孩子而缩短工作时数的女前辈家拜访过。她平常在公司时，总是一副忙碌的样子，还会嚷嚷着：“啊，已经这么晚了！我该去托儿所接孩子了！”我原本以为“工作与带孩子要兼顾，真是不容易。周末她想必也很累吧”，然而，实际拜访她府上后，我却发现，她那种认真的表情与披头散发的忙乱样，全都消失无踪。我只看到她开开心心地陪孩子，散发出幸福光彩的样子。

“虽然我在公司老是说两者要兼顾实在很累，但那只是我用来缩短工作时数的‘姿态’而已。假如不表现出那样的态度，周遭的人会觉得‘她根本不忙，竟然还大剌剌使用这样的制度’，变成无法理解我对工作有多认真。这话我在公司讲不出口，但带

孩子真的再开心不过！”

我还记得，听了前辈这么说，我那时的感受是，“什么嘛，原来带孩子这么快乐，快乐到足以弥补同时兼顾工作的辛劳呀！既然这样，总有一天我也要像她一样！”

工作场合中，我们只能看到同事生活中的一面。像这种工作面与家庭面我们都了解其状况的前辈，将能够成为未来我们想要持续工作下去时很好的心灵支柱。

现在，每个周末，都会有公司的后辈或朋友来我家玩。一次，来了一位事业心很强的女性后辈。周遭的人都认为“她应该是不生孩子、全心投入工作的那种女性”。

来访时，她和我先生与孩子聊了很多，也问了我家事之类的问题。离去前她告诉我：“今天真的非常感谢你们。原来日子也可以这样过！我现在的男朋友很喜欢小孩，这下我可以积极和他一起规划生活了。”

看来她似乎把我当成查访的样本。不知道是不是因为她幸运地挑到我家当样本，后来她结婚了，也在生子、休完育儿假后回到职场，继续生龙活虎地工作。

在日本，一谈到结婚与育儿的话题，多半给人一种“好辛苦”、“问题好多”的感觉。就算是满足于这种生活方式的幸福家庭，也大都不愿意直接把喜悦分享给周遭的人。年轻人若只是一味地接触“结婚很辛苦”、“带孩子很辛苦”之类的负面信息，对于结婚或生子、带孩子的不安，不就会变得更强？甚至产生“前辈这么优秀，尚且这么辛苦，我应该是绝对没办法吧”的想法。

自从察觉到此事后，我都会有意识地全力散发出幸福的光芒，向四周传递“结婚、工作与带孩子三者并行，快乐加倍！”、“虽然辛苦，但是幸福感远远超过辛苦！”等讯息。

我希望各位读者也能把结婚与带孩子的“幸福感”传达给即将走上这条路的后辈知道，就算讲得夸张一点也无妨。

夫妻沟通不良的两个原因

你们夫妻之间有没有过如下的对话呢？

太太向先生提起：

“今天课长又丢给我一个难题，真讨厌。他真的都不听别人的意见啊。而且客户又投诉了，真是糟透的一天……”

听到这话后，先生说：

“你之前不也讲过同样的事吗？课长是你的上司，你要多花点心思才能让他把你的意见听进去呀。比如说……”

先生会像这样给太太意见，不开心的太太就回他：

“这种事，不用你讲我也知道！”

如此相互伤害之后，双双产生不好的感觉，夫妻之间对话就渐渐减少了……

会产生这种意见不合的情形，我认为有两个原因。

原因1：男女沟通时的诉求不同

我的感觉是，很多女性只是希望借由对话寻求共鸣。

希望眼前的对象，对自己工作中的辛苦或是讨厌的上司、令人困扰的客户，能够和自己产生共鸣，才会发那些牢骚。她们并不是想找人商量如何解决或应对，只想把发生的事讲出来，希望对方认同“在那么险恶的环境里，你真的很努力”。

但听到她发牢骚的男性却习惯于“提出问题就要解决”的思考模式，以为太太找他是为了商量如何解决问题，就提出了“在这种情形下就那样做”诸如此类太太根本没有要求的建议。于是，双方在沟通上便出现了落差。

这种沟通落差，还会引发更严重的问题。

先生除了给建议外，还会想到，“这种小事情就发牢骚，她想必很讨厌工作吧！或许她想要辞掉工作”。接着，先生又会想到，“假如她辞掉工作，家计就只能靠我支撑了。我得趁现在多拼一点，尽早出人头地才行”。于是更加埋首于加班。但太太却根本不知道先生是这样的想法，家事、带孩子的工作全落在她一个人身上，对于迟迟不回家的先生愈来愈感到焦躁……

彼此在沟通上的落差，会在家庭内引发这样的恶性循环。

原因2：女性面对问题时能够参考的“范本”太少

夫妻“意见不合”的另一个因素在于“男人无法体会女人在职场中的处境，因此对于她的辛苦无法产生共鸣”。

无论从父亲那一辈或是职场、上司身上，男性都可以找到许多持续工作下去的范本。工作上碰壁时，也很容易在身边找到曾经克服过相同考验的人。在社会上也是，杂志或书籍中介绍的精英人士也几乎以男性居多。有这么多前辈的经验可供参考，男性很清楚在克服眼前的障碍后可以看见什么样的未来景象。因此，稍微碰到一点挫折，他们都能够毫不气馁，不至于影响心情。

但女性能够参考的范本就很有限了。她们的母亲那一辈很少有人工作直到退休；在职场里持续工作至今的女性前辈，也多半是牺牲了其他层面、全心投入在工作上的人，再不然就是能力特别出众、令人难以亲近的超级女强人……无论人数与类型，女性能参考的模板，都比男性少得多。

认真投入工作的男性，在听到太太或女部下的牢骚时，或许会觉得“太天真”、“对工作不够认真”，而无法感到认同。

但多半时候，女性之所以向先生或身边的人发牢骚，并不是因为对工作不够认真，也不是因为她们精神软弱。她们只是因为身处于没有范本可参考的环境中，在面对一个接着一个的阻碍时，因为不了解前方有什么存在而感到不安。这样的情形，就算在日常工作中，也会在男女之间造成很大的差异。

男性大多不容易察觉这种差异。事实上，每次我在研讨会场合讲到这类内容时，女性都会产生很大的共鸣，男性大多表示“从没想过这个层面”。

太太有工作或是有女部下的男性，请试着发挥想象力，想象一下当女性身处这种状况时的心情。先生要知道，太太发牢骚不表示她无心工作；太太发完牢骚后也要告诉先生，“我还是会很认真工作”、“我还想继续工作”，不要觉得难为情。这样的话，先生相对也会更尊重太太的工作了。

利用技巧让另一半“别再这样做了”

结了婚一起生活后，我想一定都会出现“希望对方这么做”，或是相对的“希望对方不要再这样”的事情吧！

举个小事当例子：“随手关灯”。

以前我也经常对我先生念叨：“这样子不环保，也很浪费电费耶。你可以多注意一点吗？”但即使我已经多次发脾气说：“不是讲过要随手关灯吗？”他都只是回答：“知道了，下次我会注意！”却不见有任何改善。

察觉到这一点后，我重新拟订了作战计划。

我认为，他之所以没改变行为，是因为他脑子里虽然知道我的指责是对的，但被我念的负面感受却留在了心里，他为了忘掉那种感受，就连“随手关灯”也一并给忘了。

于是我决定，只要他把灯顺手关上（就算是碰巧也无妨），我就要好好夸赞他一番。我多次夸他：“啊，你今天都随手把灯关了嘛，太好了！谢谢你！”

他的心里就留下了“受到称赞”的正面感受，“要随手关灯”也就一并留在记忆中，后来他就渐渐学会要自己随手关灯了。

就算只是生活中的小事，夫或妻很容易把目的放在“让对方认同我的主张是对的”，但其实真正重要的应该是“改变对方的行为”。就算当场让对方服输，就算对方向你道歉，只要他的行为没有改变，就毫无意义。

出于这样的想法，以下我来稍微介绍一下自己在尝试错误后学到的方法。

以“称赞”取代“责备”

基本上，想改变对方的行为，“称赞”会比“发怒”有效。不要责备对方“没有做什么”，而要在他“做了你希望他做的事”时称赞他到连他也觉得讶异的程度。一开始或许自己也会有些难为情，但请相信效果是非常好的。即便是大人，也没有人会讨厌别人称赞自己。

只要对方感受一好，行为自然就改变了。可以先就对方已经做到的层面称赞一番，再接着说“只可惜这里没有做好，下次再挑战看看吧”，这样不但对方容易听进去，自己的心情也会变得很好。

从孩子的立场出招

夫妻都在工作时，很容易会在家事或带孩子的工作分担上出现“比忙竞赛”——两人竞相说“我比较忙”。此时不妨善用一下孩子的立场。

以前有个朋友很烦恼：“我先生平日偶尔会休假，却不帮我去托儿所接孩子。”我问她：“你是怎么请你先生去接孩子的？”她回答：“我就说，今天你休假，换你去接孩子！”

我给她的建议是，“那样讲一定行不通的。你可以试着从孩子的立场讲讲看，像是‘××（孩子的名字）说，想要爸爸去接他哩。上次你去接他时，他可开心了！’”隔了一星期，她把结果汇报给我知道：“小室小姐，我先生很爽快就去接孩子了！”

通过赞美对方
启动两人互动的“良性循环”

向对方提出要求时，对方能否听进去的关键在于，双方是否存在互信的关系。

在职场中，你有没有碰过如下的情形?

上司对平日没有做好沟通的部下发脾气。聆听上司训话的部下虽然露出乖乖听从的表情及反省的神色，事实上心里却充满了“怎么突然挨骂”的怒气与惊讶，根本没有多余心思聆听上司讲什么。结果，日后部下的行为还是依然故我……

很遗憾，“讲了就会改”的想法，只不过是训话那个人自己的误解而已。

希望对方听进去并且改变行为，平常就必须让对方感受到“自己很重视他”、“自己很尊重他”，透过沟通建立双方的互信关系。

在这样的沟通下，部下才能理解“为何自己必须改变行为”、“为何改变可以促成自己的成长”等等，进而改变自己的举止。

当然，这样的情形，也适用于家人或夫妻之间。

太太经常会感叹："我明明很努力做家事、带孩子、工作，先生怎么都不称赞我？"但是仔细观察这样的夫妻，做太太的，多半也没什么称赞先生。

请各位要有一种"己之所欲，先施于人"的心情。

太太可以称赞先生"那条领带，很适合你耶"、"谢谢你帮我倒垃圾，你帮了我大忙"之类的话，什么事都可以。出于本能，人只要得到什么，就会回报什么。假如别人称赞他十次，他一次也没有称赞回去的话，心里是会不舒服的。

称赞是会不断循环的。

夫妻之间看谁先察觉到这件事，就由谁先启动"称赞"的良性循环吧！相信两人的关系一定会因此慢慢变得更好。

称赞是会不断循环的。
别人称赞他十次，出于本能，也一定会称赞对方更多次。

引发对方的正面情绪，创造夫妻双赢局面

“不要电灯开了，离开后又放着没关！”

太太也经常这么念叨我，因此小室女士还真是讲到我的痛处了。而且，正如小室女士讲的，这种时候，我不会马上把太太讲的话听进去，有时候还会忍不住回呛她：“不要为了才几块钱的电费限制我的行为！”

为何明知道理却还是会反弹呢？可能是太太点出自己的错误，因而伤害到自己小小的自尊。特别是男人的个性中多少还是存在一丁点幼稚的成分，另一半要求什么时，若是乖乖回答“是，遵命”，就会有种输人一截的感觉。

有本常销的商业书叫做《实质利益谈判法》（*Getting to Yes*，Roger Fisher 和 William Ury著）。书中提到，在建立关系时，要注重自己与对手双方的利益，也就是强调“建立双赢关系”的重要性。这话现在看起来或许觉得没什么，但是这本书在20世纪80年代末期出版时，外界还是把它当成非常新颖的主

张来看待。后来还有一本续作叫《理性之外的谈判》（*Beyond Reason：Using Emotions as You Negotiate*，Roger Fisher和Daniel Shapiro著），除了主张“双赢”之外，还主张“就算在谈判中讲赢对方，假如最后未能引发对方的正面情感，还是称不上成功”。

这意思是，**首先必须提出“正确而且两造都能获益的想法”。接着，在选择要采用的表达方式时，还必须让对方听了之后能产生正面情感，觉得“既然如此，那就试试看好了”，而不是引发对方的负面情绪。唯有如此，对方才会改变他的行为。以伊索寓言的“北风与太阳”来比喻的话，采用太阳而非北风的方式，才能达成想要的成效。不光在工作上，家人之间的沟通也是如此。**

明明没必要这样，我的周遭却有不少男性都表明自己“怕太太”的立场，说什么“我老婆好恐怖”、“这样会被我老婆骂”。这其中其实隐藏着男性的一种复杂心理：希望借由对外展现出自己“怕太太”的态度来维持自尊。但若只是这么做，就无法以对等的关系和太太讨论或谈判事情、共同维持家庭了。

言词是有“力量”的，就算一开始只是为了在朋友间找话题才把太太“妖魔化”，假如一再以这样的角度看待妻子，久而久之很有可能自我催眠成功，将“怕太太”变成一种事实。届时，夫妻就称不上是共同维持家庭的伙伴了。

对商业人士而言，家人间的沟通，正是练习职场沟通的绝佳机会。

与太太、孩子间关系不佳的人，或许会觉得不知道怎么和年轻部下或女性同人建立关系。然而，未来除了男性之外，女性、银发族、外国人等等，都可能会进入职场，转而必须与各种人一起工作。在这样的组织里，假如只靠单方面下命令，将很难顺利运作。因此，基本人际关系以及互信关系的建立，就变得很重要了。正因为这样，能够借由在家庭内建立关系，学到愈多经验与知识，就能够做到多样化管理，成为未来领导者的几率也就更高了。

多称赞另一半，
有助于提升工作技能

小室女士曾谈到“称赞”在夫妻沟通中的重要性。我太太正是个“称赞部长”，任何事情她都会找个理由称赞我。一开始我会觉得难为情，但是在她的影响下，我也渐渐学会称赞对方了。两人在日常对话中彼此称赞，可真是肉麻到不太适于让外人听到。但我觉得这种相互称赞到“连外人听了都觉得害臊”的程度，其实才是最好的程度。

我在工作中学到的“儿童心理学”，可以佐证此事。**在孩子成长的过程中，最重要的是让他们培养出觉得“自己这样很好”、认同自我的“自我肯定感”，再接着让他们培养出觉得“自己做得到”的“自我胜任感”。**这两种感受的存在与否与孩子日后人格形成的基础大有关系。

孩子长大成人后，这两种感受还是很重要。

对大人而言，无论是为了成长还是为了维持健全的心理，“获得认同”都不可或缺。不过，看看今天的职场现况，每天都

会碰到一些剥夺“自我肯定感”的事，而能够形成“自我胜任感”的机会，似乎又少之又少？

结果就是，不断有人心理生病，甚至于有人连“获得认同”的感受都没有体会过，就长大成人了。**针对在职场中遭到剥夺或是有所欠缺的“自我肯定感”与“自我胜任感”，家庭会是个弥补的好地方。**

在男性当中，不善于称赞的人应该占多数吧？似乎很多人都觉得称赞别人是一种“谄媚行为”。

以前我到美国留学时，那里的人称赞技巧之高让我甚感讶异，就算只是初次碰面的人，即便对方也是男性，一样随口就称赞“I like your shirt!”（你的衬衫很不错！）。相对地，在日本，我印象中（想当然）从来没有任何工作上碰面的人，曾经称赞过我的穿着。

不过，我自己是个男校出身的日本男性，我也很不擅长称赞别人，尤其是称赞女性。

如果有男性也像我这样，或许可以告诉自己“这是一种商业技巧”，试着练习“称赞”别人。假如心里困惑，觉得“你突然要我称赞别人，我也不知从何称赞起”的话，那就从教练式领导（Coaching Leadership）中所讲的“stroke”（安抚）做起吧！用“安抚”形容或许听来夸张了点，总之就是“向对方开口讲话”。突然要称赞对方或许困难，所以先对太太开口讲些“早安”、“我先走啰”之类的话。

试着把过去只使眼色而不讲话的家庭沟通方式，改以开口的方式表达出来。习惯于开口之后，应该就能讲出更接近于“称赞”的话了，像是“你的衣服很好看”、“今天气色不错”之类的。

开口讲出来后，就能传递出“认同对方的存在”、“重视对方”的讯号了。

不少担任管理阶层的人都学过“教练式领导”的技巧吧？而家庭正是实践那些技巧的最佳场所。对太太或女朋友的称赞，可以直接提升你的工作能力！没有比这更棒的事情了吧？

结婚之后，家事几乎都落在太太身上……

我和同年纪的男友结婚已经三个月。为了让两人都能继续工作，我们事前已经分配好家事怎么分担，也做好家事分配表了。可是，展开婚姻生活后，我先生因为经常加班，常常无法做家事，最后多半变成我在做。对此，他说“谁比较有空就谁做，你的想法要更有弹性一点啊”，但我很担心，他会不会就这样一直耍赖下去，变成家事全都我一个人做呢？我也很担心，如果生了孩子，不知道又会变成怎样？

——C女士（30岁，制造商行政人员）

小室：假如订好规则，却又轻易毁弃，那确实很恼人啊！听起来，C女士的先生或许觉得可以较早回家的C女士应该直接把家事全都做了，会比较有效率。

驹崎：男性若是做家事的新手，或许因为突然接到自己不擅长的家事，因而产生超乎女性想象的心理负担。我一开始也是这样，甚至有种“和烦琐的家事相比，在公司待久一点还比较轻松”的感觉，以这种方式来“逃避”。

小室：或许有必要问一下先生：“什么样的家事你可以轻松做好？”先了解先生觉得不擅长或是觉得心理压力很大的部分，来调整彼此负责的项目。先找出先生擅长做的家事，让他在那个项目上发挥，应该是个好方法。这种让他累积成功经验的步骤是很重要的。

驹崎：男性对“权限”最没有抵抗力。假如把“帮忙做家事”，转换为让他们握有权限的“专责人员”，他们的干劲一下就全冒出来了。我也一样，自从我发现有一搭没一搭地做家事一点也不好玩后，就请太太让我“全权负责”简单的家事了（笑）。成效最好的是“洗碗盘”。当我发现“利用托盘可以很有效率地把餐具送进洗碗槽”时兴奋得不得了，心想：“这与丰田模式的理论不谋而合呀！”不过，看在女性眼里，或许会觉得这没什么啦……

小室：在这种情形下，做太太的可能会称赞先生“了不起”，也可能会说“事到如今才发现呀”。这两种不同的反应，可是先生日后做家事是否提得起干劲的关键！各位女性可千万要多留心啊（笑）。

我觉得，C女士之所以感到不安，本质并不在于“家事的负担变重”，而在于“我很想继续工作，但先生是否认真为我着想到这一点”。

正因为才刚刚结婚，更应该好好把自己的心情讲清楚才是。否则时间拖得愈久，要拉回正轨就愈辛苦了。

驹崎：您说得是。等到未来生孩子后，确实就需要先生帮忙做家事、带孩子了。两人必须有共识：“夫妻必须要分工合作。”

小室：假如C女士要让先生觉得她还行、有余力，那么还有一招，就是开始去学东西或读书。跟先生说“假如我考取这个证照就能加薪”，应该就能让先生了解到 “她是真的想要继续这份工作”了。

第二章

活用时间，沟通无时差

只要用心安排，家人之间应该还是有时间能够好好交谈一番、面对面感受一下对方目前的状况的。像是挪出半小时的晚茶时间、确实目送家人出门、全家一起洗晨澡、特地约好的午餐约会……

兼顾工作与生活，人生也变得更有趣了！

在提供“工作&生活平衡”咨询时，曾有在企业工作的女性，来找我商量：

“我因为要带孩子，没办法加班。这样算不算工作不够负责？”、“虽然我想运用公司的缩短工时制度，但工作量似乎会因而分散到同事身上，因此还在犹豫……”

我自己也是一样，在准备创业时得知自己怀孕，那时的我，也曾经惊慌失措过。不同于能够完全自由运用自己时间的单身时代，要想在结婚、生子、带孩子之余还能继续工作，关键在于必须妥善安排有限的二十四小时，尽量同时做多件事。尤其是在孩子还小时，甚至还必须在一定时刻之前，赶到托儿所把孩子接回来。

一面带孩子一面当社长的那五年期间确实辛苦，但现在回想起来，能够同时创业与生子，真的是太好了。一直到生子之前，我都对自己的瞬间爆发力深具信心。等到生子后，真正进入无法

图8 日本人的工作时间比各国都要长

每周平均工作时间在50小时以上的工作者所占比例

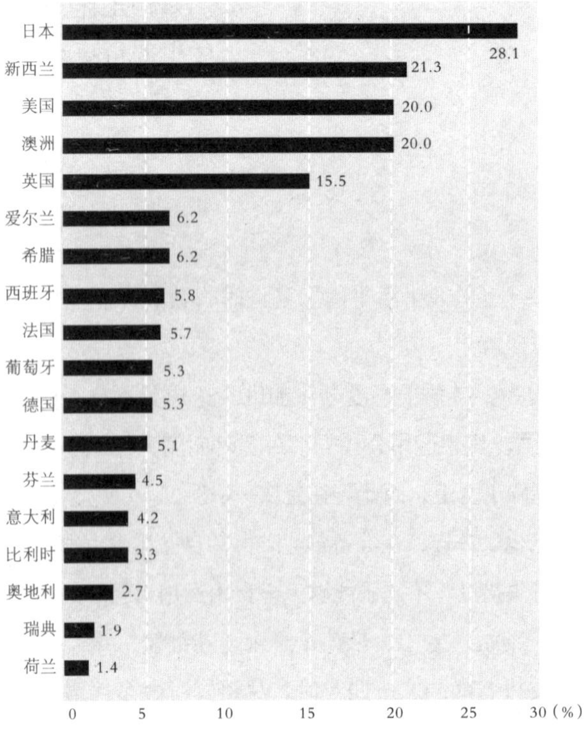

备注：1. 本图系根据国际劳工组织ILO“工业化国家的工时与工作者偏好：找寻平衡（*Working Time and Worker's Preferences in Industrialized Countries: Finding the Balance*）”（2004年）制作而成。

2.各国数据为2000年时之数据，唯美国为1998年数据。

3. 此为所有工作者中，每周平均工作50小时以上者所占比例。唯美国与日本为49小时以上者所占比例。

※取自内阁府·国民生活白皮书“每周平均工作时间在50小时以上的工作者所占比例”（2006年）

随心所欲的状态后，我对时间的运用方式，以及对于工作的意识，都大为转变，我学会了如何依赖别人。

我想，之前觉得“自己最能干”，真的是太过自信了。再等到我自己真正受到可支配时间的限制时，才深深了解到，那些立场艰困的人身处何种境地。同时，我也想到了许多可以每天落实到工作上与生活上的想法。

一讲到“同时工作与带孩子”，就容易给人“很不容易”、“好辛苦”的印象。不过，以我自己的例子来说，工作与生活融为一体，对工作或生活都是不可或缺的条件。我觉得，同时拥有工作与生活，可以让工作成果、能认识到的人以及人生的乐趣，都增加好几倍。而且，借由这种兼顾工作与带孩子的生活，我觉得自己对于时间的运用，也变得巧妙许多。

还有一点，**今后的社会，不光女性，任何人能否有效率地运用有限的时间实现成果，会变得非常重要。**综合以上事项来考虑，我认为结婚与生子真的给了我很难得的训练机会。

和各国比起来，日本人的工作时间明显很长，这在过去就已经有人提过了（参见图8）。然而，所产生的附加价值，并没有随时间等比例增加（参见图9）。

40年前的日本，人力成本还是全球最低，因此在和全球企业的竞争中，只要多花时间，生产出更多的产品与服务，利润也会跟着等比增加。也就是说，在40年前的日本，加班可算是为了在全球竞争中制胜的明确“战术”。

图9 工作时间增加，劳动生产力并未等比增加

经济合作暨发展组级OECD会员国的劳动生产力（按购买力换算）

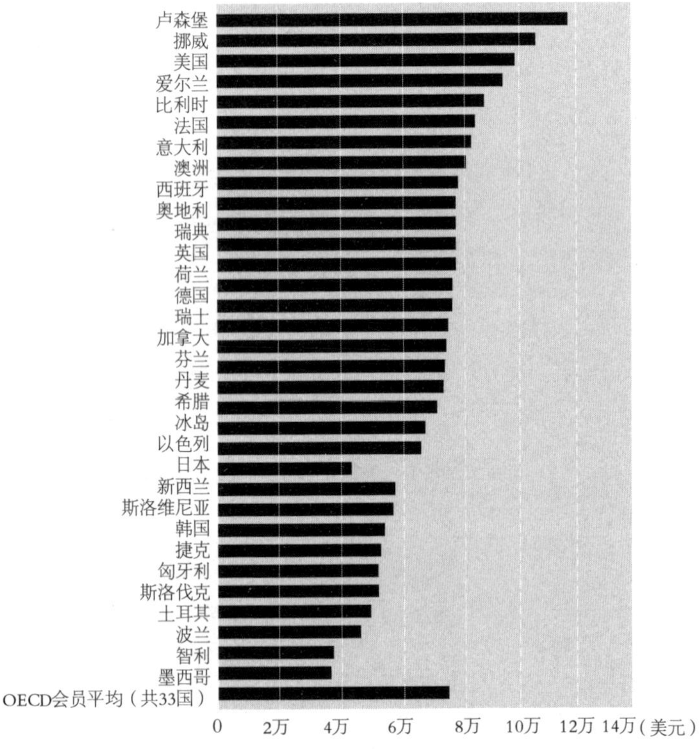

※取自公益财团法人 日本生产力本部・劳动生产力之国际比较（2010年版）

然而，现在的日本，人力成本已是全球最高水平，多花那么多时间，只会让成本增加、利润减少。今后，日本与全球企业竞争的优势条件在于能够“短时间”内生产出“高附加价值”的产品或服务。

东日本大震灾后不久，我拜访过一家企业的董事，他原本对于工作与生活平衡一事抱持着怀疑的态度。但他表示，“经过这次震灾后的计划性停电，我才了解到公司面对的是一场必须运用最短的时间、最少的人才，创造出最大成果的竞争”，也确切感受到那个情形正在加速发生当中。

此外，日本的少子、高龄化现象越来越突出。2007年，一次婴儿潮时代都退休了之后，劳动人口锐减。虽然可以考虑实施“接受海外移民”对策，但缓不济急，因此马上可用的应对措施，应该就是“活用至今并未被视为劳动力的群体”了。**其中最受到期待的是受教育水平高的女性工作者，因为她们兼具与生活密切相关的顾客角色。当务之急在于打造一个环境，让长久以来因为带孩子或看护而无法兼顾工作因而被迫离职的女性，能够不必离职，继续待下去。**

或许有很多休这类假的女性员工觉得“利用这种制度会害周遭的人工作量变多，很不好意思”，但是“日本社会需要这些受到时间制约的人也帮忙工作，否则将无以为继”。

把自己从愧疚感中解放吧！今后，因为要看护亲人而必须暂停工作的人，应该会比因为带孩子而休假的女性还多，特别是一些管理层级以上的男性员工。因此，对于“无法加班”的员工，他们势必得采取减轻其工作负担之类的做法。

日本社会要**想在短时间内创造出高附加价值的产品与服务、确保劳动人口持续增长，就必须“重新审视全体员工的工作方式”**。如前所述，由我本人担任负责人的公司，会提供企业一些关于重新审视工作方式的咨询。由于我自己的公司一定得先做到工作与生活平衡，才会有说服力，因此我们设想并推动了一些能够让全体员工准时下班回家的工作模式以及团队合作的方式。

下面几篇，我就稍微介绍一些实行过且把全体员工都拉进来共同参与的技巧。

安排工作的优先级并寻求协助，降低加班几率

假如你“不想加班”，却又迟迟无法在希望的时间内完成工作，或许问题就出在了工作顺序的安排上——不妨重新检视自己的工作方式。

生了孩子、送孩子到托儿所之后，为了赶上接孩子的时间，就会产生最晚必须离开公司的“最后时限”。等到有时限存在才开始改变工作方式，那可就辛苦了，因此要趁还没生孩子时就定出最后时限，练习在那之前把工作完成。

首先，要磨炼“安排顺序的能力”。

在这里，我想举个马上能够改正的事情当例子。

假设主管或客户突然有事要你做，你是不是会优先帮他们做好？或许对方会感谢你提早帮他们把事做好，但他们的事真的有这么紧急吗？假设对方说“希望明天之内完成”，你只要向对方确认“明天的几点之前完成比较好”，就能判断到底是应该马上着手就做，还是明天动手做都还来得及。

此外，在确知交办期限时，假如有其他正在同时处理的工作，就要确认何者应优先处理。

也就是说，培养安排顺序的能力，就等于培养沟通能力。逐步养成安排顺序的能力后，就能够掌握工作的进展状况，一面预测整体的动向，一面配置工作，有效地运用时间。

接着，要增进“商量的能力”。

只要是在组织里工作，就会经常碰到一些突然有事情交办下来，或是必须应对的突发状况。很多能力出众的女性，还是会有“在公司最好不要公开讲带孩子这种私事”、“就算有事情突然交办下来，还是应该摆出若无其事的样子把它做好，才是工作者应有的态度”之类的想法。

或许，她们是因为担心同事们会有“女性马上就会因为带孩子而离职”、“生孩子后，就不会以工作为优先”之类的猜疑，才会产生这些没必要的念头。

但换个角度，这样的女性，是不是也因为觉得“主管没带过孩子，和他讲什么他也不懂”、“同事根本没结婚，不想和他讲这种事”，只好独自承担所有的辛苦呢？**其实，好好把事情说开来，请周遭的人提供协助，也有助于组织解决问题。**

如前所述，今后男性也会面临看护父母或配偶的问题。未来，“只能在特定时段内工作”会变成一种“常态”，变成“人人都非得如此”。

虽然就现在来说，工作时间受到局限是目前极少数特殊员工碰到的问题，但假如考虑到未来，现在就把同事与主管拉进来协助，而成为公司先驱或先例的话，无论对组织或对公司而言，都是很有意义的事。或许也会有人告诉你“其实，我们家也有人需要看护”，表达出他能够体谅你的状况。

某家企业的男性部门主任，为了照顾家人，正准备辞去工作。但经由同部门一位曾经缩短过工时的女性部属推动、重新调整工作方法后，全部门的工作效率都比过去提升许多，全体成员加班的情形也大为减少。结果，主任就不必辞去工作了，到现在都还是一面照顾家人，一面在原本的职位上服务，而且只工作到五点，还是一样能够有成果。

请各位从“社会需要这种工作方式”的宏观角度思考，主动发挥“商量能力”，寻求周遭同人的协助，也趁这个机会重新检视工作方式吧！

预留时间进行数据的“整理＆确认”，提高工作效率

行程表假如安排得不好，就可能成为扯工作效率后腿的“陷阱”。请各位想想，自己有没有为了要更有效率运用时间，而尽可能把行程表都塞得满满，反而效果不彰的状况？

我之前经手业务工作时，就察觉到这样的问题。为了多谈一些生意，我跑了好多客户；全部跑完、回到办公室时，我发现自己已经不太记得和第一个客户洽谈的内容了。假如我在这种状态下制作要呈交给第一个客户的提案资料，结果漏了对方希望的重点，这笔生意也谈不成。

从结果来看，行程排得太满，反倒降低了成果。

于是，我把每天拜访四个客户减为每天三个客户，并在不同客户之间留下三十分钟的空当。在这半小时内，我会做两件事，“整理已洽谈过的相关资讯”，以及“确认要和下一个客户谈什么”。

首先，花二十分钟“整理已洽谈过的相关信息”。

趁着记忆犹新的时候把对方讲的话、提案日期及原因等先前谈话时来不及记下来的信息，全都写出来。这时，假如想到需要什么数据，也可以先把自己想到的先记下来，事后作业时，就会更为顺利。该记的记完后，马上写电子邮件向主管报告或找主管商量，并确认一下可能用得到的数据放在哪里。等到所有客户都谈完，回到公司开始作业后，万一找不到主管或相关部门的同事，或是找不到要用的数据，时间就白白浪费掉了。

一和客户谈完就马上整理信息，既可以尽快报告主管，又可以与同事共享资讯，从而对问题有更深入的了解，或是确保能够找得到需要协助配合的同事。

无论什么样的工作，都必须赢得“他人的信任”，为此，我们必须预留时间“尽速整理信息”。

其次，剩下十分钟“确认和下一个客户洽谈的摘要”。

花个二十分钟完成“整理”工作后，还剩下十分钟左右的时间，就用来“确认要和下一个客户谈什么”。

请在脑海中想象，对下一个客户要采取何种策略洽谈？绝不能忘记、非得传达不可的事项是什么？想要引导的最后结论是什么？把这些都记在备忘录上，有效地运用有限的时间，事前做好“把对方导向最希望的结果”的准备。

假如没花这一小段时间准备，直接拜访客户，可能会一直被对方的闲聊牵着走，最后忘了非讲不可的重点，变成必须再拜访一次。因此，这十分钟的确认时间，非常重要。

假如你也想像这样重新审视自己一日行程表的编排方式，请务必试用一下“改变工作方式导览服务”。

提高工作效率的诀窍：善用“问题、解答、未来”三阶段架构。

还有，想把工作做得又快又好，要诀在于从“找到对方的问题→提出解决策略→描绘执行后的未来”的角度去思考。工作时要意识到“对方面对的问题是什么”，一般人很容易只把目光停留在“解决策略”上，但只要制作一页的数据，就能有效地让我们意识到，一定要把这三项当成一组配套来思考。

无论是策划书还是书面报告，当对方询问“制作这个的用意何在”时，往往会发现 “为何需要这项策划”、“这是要报告什么”的原点，就等于是提醒我们“找到对方问题”这项，并没有交代得很清楚。

假如能把问题点诠释清楚，再提出“解决方式是××”、“执行解决方案后，未来会变成这样”，以三阶段的架构有条理地说明，整个策划案就会变得清楚好懂了。

在动手写策划书前，要先拟好“问题→解答→未来”的架构。

就算只以口头说明，也是一样。若能分为“××这件事已成为问题→我设想出这样的解决方案→执行解决方案后会变成这样”三个部分解说，就算没有数据或文件，对方一样很容易就听懂。

就算自己不懂“问题”在哪里，主管应该也懂。若为业务员，最懂问题的就是客户了，所以要好好聆听他们的发言。在策划、提案的时候，先确认“问题”、最后再加上“实施后会变成何种状态”，也就是“未来”会如何变得更好，应该就能确切提高工作效率。

外出拜访客户高效率诀窍：先花二十分钟“整理已洽谈过的信息”，剩下十分钟“确认和下个客户洽谈的摘要”。

避免营造“没有其他人帮得上忙”的窘境

——和同事共享能让工作顺利运作的信息

每个人应该都有他自豪于“这只有我做得到”的工作吧！

但这样的状况假如演变得太极端，一旦自己出差或是休假，就会造成工作无人可托的窘境。更别说是休完育儿假后回到公司的时候了，搞不好就连托儿所多次来电告知“你的孩子发烧了”，你都还得连续一星期无法提早下班。或者，你也可能因为父母突然病倒而必须长时间暂停工作。

因此，真正负责任的工作者，应该平常就要设法与其他人分享一些当自己休假时仍旧能让工作维持最低限度运行的信息。

为此，首要之务是把自己的工作“可视化”。

你可以从几件简单的事情做起：

· 整理办公桌面、抽屉

· 文件归档与电子化，使其一目了然

· 整理公司电脑的档案与目录

· 定型业务予以手册化

· 与公司外部联系时，也寄副本给公司内成员

· 扫描名片，共享资讯

只要平常做到这些事，万一哪天你非得休假，就不会带给其他人太大的负担了。可以的话，不妨制定一些团队或部门内部用于管理档案与目录的规则。

不过，不同单位适用的整理方法可能不尽相同。假如硬要其他成员完全照着在书上看到的方法去做，也未必有成效。

重要的是，要把其他成员拉进来一起做。例如，可建立一个能够长期维持的改善体制，像是在定期举办的会议中安排三十分钟左右的时间，请员工十分钟内于便条纸上写出十个能够让工作方式变得更有效率的方法，汇整意见后贴在白板上，再从成效看起来不错的项目中选出三项，并于下次的定期会议中决定实施方法。在这样的步骤下，应该会更容易促成大家的合作。

考虑“出差”的必要性，并事先做好适合自己的时间规划

孩子年纪还小时要出差，也是很令人头痛的问题。

大多数的人应该都是交由另一半带、暂时请父母带，或是找临时托育服务或保姆吧！我大概每年会到日本各地出差一百次左右，有时候因为要和客户谈事情或是演讲，因此难免得到外县市工作。

出差“多久”比较适合我？

在我出差变多的上一个工作时，还没生孩子，因此我原本的想法是“偶尔出差，所以就放松一下”，前一天就去当地住饭店，还找当地朋友吃饭。我的喉咙原本就不好，饭店房间的干燥环境常使得我喉咙痛，结果在隔天的重要工作中声音沙哑，最后还感冒——那时我经常出这种状况。而且，一旦要在当地住一晚，换洗的衣物与化妆工具等行李也会增加许多。好几次都是在身体不舒服的情况下还要背着那么多行李回来，真是累坏了。这使我突然有了想要检讨的念头。

我开始觉得，“过去出差都以住一晚为前提，但当天来回似乎也可行？”

有了这样的想法后，只要是在日本国内出差，几乎都能做到当天来回。由于演讲或会议的时间多半很早就决定了，只要我在对方敲时间时提出“你们的希望是两点开始，不知道有没有可能提早到一点半开始？”之类的要求，我发现对方多半都能配合调整。也有不少人邀请我顺便在当地旅游，但我都只收下介绍手册而已，要玩也是另找一天再全家一起去旅行。假如对方邀请我“会后一起吃个饭”，我都会试着请对方“改成在演讲前一起吃个午餐”。

自从我把出差的原则更改为“基本上都是当天来回”之后，无论北海道还是九州，我都只要带个轻便的包包就能成行了（日前，连冲绳出差我都当天来回，周遭的人甚至还认为我“这样做太超过了！”……）。

“当天出差”还有其他的好处。

最大的好处是可以保留与孩子相处的时间。假如是到大阪或福冈出差，可以一早先送孩子去托儿所再出发，做完工作后回来，还来得及六点去托儿所接孩子。当天远距离来回固然很累，但等到回家好好洗个澡、上床就寝后，疲劳出乎意料就消解了不少。而且，出差时还可以在交通工具上专心工作，无论写稿或是制作数据，效率都很高。此外，住宿费或在当地的花费也都减少了，对公司的经营也是好事。

这种“基本上当天来回”的出差，只是我基于自己的舒适性而考虑出来的一种形态，并没有建议大家都照着做的意思。

或许有人会觉得，“偶尔出个差，很想抛开家事与孩子好好放松、充电一下……”，那当然也是很有效的一种运用出差的方式。在下榻处吃美食、做做平常无暇前往的按摩或SPA，好好休息一下，应该也是很不错的。

出差“是否有必要”？

最重要的问题是，出差前要想想，“这次的出差到底是否真的有必要？……这次出差的目的是什么？”

身处文化较保守的公司，到各地视察或出席会议之类的出差，或许已经半成为习惯了。但现在信息科技这么发达，“真的非得双方见面才能做的事”应该已经不多了。

试着检视一下，是不是能够只用电话、电子邮件或是视讯会议代替出差。假如真的需要出差，也要事前与对方充分交流过信息，花点心思规划，好让出差的过程更加顺利，可以在更短的时间内，就完成预计要完成的公务。

主动订出自己认为最重要的“优先顺位”。

以我为例，我的第一优先顺位是“工作有成果，又尽可能确保陪伴孩子的时间”。为此，我每天都在设想要如何运用出差时间。不要被动地度过，而要主动设想对自己最重要的事项是什么，再回过头来规划时间的运用。不光是出差时如此，在任何情境中，我认为这都是很重要的。

与另一半的同事互动良好，同事间就能更体谅一些

结婚之后，时间管理就不再只是自己的问题了。特别在有小孩之后，另一半对于时间的运用也会大大影响到自己。女性在结婚、生子等人生阶段，大都会大幅改变工作方式，或说“被迫”如此。相较之下，男性则多半仍把时间花在自己的事情上，很难跳脱单身时的工作方式。

我先生也是。结婚后还是一样加班到深夜。他是公务员，在他们那个工作环境中，不时会碰到深夜才能回家或是必须睡在办公室的情形。婚后没有孩子时倒还好，但孩子出生后，先生还用这种方式工作，带孩子与家事会变成在家时间较长的我来做，久而久之，我也觉得快要受不了。

不过，我深知假如只要求他一个人改变工作方式，会非常辛苦。某个工作环境中会出现加班情况的原因很多，可能是公司文化视加班为理所当然，可能是工作一做完，主管又会再丢新工作给你，也可能是每个人都负责特定工作，没办法请其他同事帮忙……我认为，有许多因素都不是单以一己之力就能改变的。

因此，最重要的事情在于，和同事之间建立良好的关系。

第一步就是要了解同事的家庭环境，在了解彼此家中状况后建立起合作关系。我也认为，在这个阶段，另一半所扮演的角色很重要。

我的方法是在假日举办烤肉会，邀请先生公司的后辈来参加。

因为我觉得，让他们也认识我先生的太太与孩子，有助于我先生和他们建立关系。熟识后的后辈会带他们的女朋友来，结了婚的后辈也开始变多了。

双方都认识了彼此过去所不知道的家人后，就会开始意识到“工作与生活的平衡是必要的”，因而形成“想要改变工作方式”的基本思维。

同样地，我也会把家人介绍给公司同事认识，一有机会，也会见见同事的另一半、孩子、父母，或是正在交往的对象。我不是出于好奇心才这么做，而是因为身为他们雇主的我，认为那也是我工作中很重要的一部分。

工作与生活不可切割，家庭状况会直接影响到工作。假如能够熟知同事的状况，包括家中情形在内，就会更容易为对方着想，而乐于协助对方或帮忙分担工作了。

假如你很担心“我的另一半一直加班加个没完”，请务必运用假日的这类活动，试着与另一半的主管、部属或同事建立关系。

只要工作环境中有人知道你的状况，在你忙碌之时，他们就会多体谅一点。最后，组织应该可以成为一个沟通顺畅、工作有效率的地方。

想改变先生的工作环境，最重要的是和他的同事建立良好关系，我的方法是在假日举办烤肉会，邀请先生公司的后辈来参加。

就算只有三分钟，用心安排，两人世界也可以很窝心

双薪夫妻是很忙碌的。工作和家事已经够忙了，假如再加上带孩子，必然会变成“要好好做完每天的事就已经很拼了”的情形。因此，我经常听到有人说：“我们虽然知道夫妻间的沟通很重要，但是都已经这么忙了，哪有时间再交谈呢？”我也承认，事情确实就像他们所描述的。

现在，我正在学习“教导”，自己也找了一位“导师”。这位导师送了我一本书，书名是《三分钟教导》（伊藤守著），里头写道：“教导只要三分钟就足够。”所以我察觉到，只要花点心思，就能达到沟通的效果。

电子邮件、电话与社交网络系统等工具固然都要尽量活用，但是家人之间沟通时，这些工具的效率都不是最好。只要用心安排，家人之间应该还是有时间能够好好交谈一番，面对面感受一下对方目前的状况。虽然有些难为情，以下还是试着整理一下我们家所采用的方法。

喝晚茶

以我们夫妻为例，晚上哄孩子入睡后，两人会“喝晚茶”。我几乎喝不了酒，因此就泡个不含咖啡因的花草茶之类的东西，在这段时间好好喘口气。喝茶时间大概40分钟左右，两人谈的除了孩子的话题外，也会彼此闲聊当天在工作上碰到的事、现在正在学习的事、正在面对的问题等等，或是从对方那里听听自己可以当作参考的信息。

目送家人出门的动作要确实做到

每个家庭一大早都好像身处在战场，对吧！准备早餐、帮孩子打点、自己准备好出门后，就冲出家门了，根本没空去看先出门的另一半的样子，只出声讲了一句“路上小心”而已……

过去的我也是这个样子。

不过，从某个时间起，我就有意识地改掉这样的方式。先生与孩子出门时，差不多都是我化妆正在收尾的时候，但我还是会暂且放下化妆工作，来到玄关好好看着先生和孩子的脸，说：“你们要走啦？路上小心啊，今天也要努力哦！”我也会在玄关和儿子击掌，看着他们的眼睛说“路上小心”。虽然只是不到一分钟的时间，但是像这样“确实做好送家人出门的动作”，就已经是一种沟通了。

其实我是个怕生的人，很不擅长看着对方的眼睛说话。有一次，有个部属对我说："你给人一种好像没有认真听别人说话的感觉。"思考之后我才察觉，"是因为我没有好好看着对方的眼睛"。在那之后，我都会记得要看着对方的眼睛说话。

这么一来，别人对我的印象应该就完全不同了吧！

洗晨澡

我有一招要推荐给因为孩子还小而无暇交谈的夫妻：早上全家人一起洗澡，也就是"洗晨澡"。

在我们家，包括周末在内，每天一起床都会全家一起洗晨澡。由于浴室里没有报纸、计算机，也没有手机，大家沟通时可以不受这些东西的干扰。要晚上一起洗澡当然也行，但夫妻两人多半有其中一人会工作得比较晚。而且洗晨澡后人很清爽，早餐吃起来也特别美味。这个方法特别推荐给因为生活时间不同而经常碰不到面的夫妻。

平日共进午餐

还有一种沟通方法，我也要推荐给双薪夫妻，那就是平日共进午餐。虽然这得要工作地点相距不远才容易做到，但也可以利用其中一人有事外出的机会，来个两人小约会。借此看看不同于平常在家、工作中另一半的样子后，有助于双方聊一些新鲜话题。或许有不少男性会觉得“被同事看到和太太在一起很难为情”，但其实可以找个离公司有一段距离的餐厅，或是直接约在要去的餐厅。像这样有意识地从不同角度观察对方，往往会有新发现。

有了“家事计分表”，分担家事变成了另类的家庭情趣

我经常听到女性有这样的烦恼：结婚时明明讲好“家事要共同分担”，但不知不觉间，两人间的约定变得模棱两可，我一个人做的家事变得愈来愈多……

就算男性有心要分担家事，导致女性累积不满的原因似乎在于 “家事分担不完”。在分担家事时，你们家是不是只列出做饭、洗衣、打扫等大分类（即比较明显的家事）而已？

我建议，要先把家里的“所有”家事全都列得清清楚楚。把平常在做的家事好好列成清单后，就会发现还有许多“不明显的家事”存在，熨衣服、倒垃圾、洗厕所、折洗好的衣服、收拾报纸、浇花、擦纱门、擦鞋等等都是。像这些表面上不容易看出来的家事，多半都是谁注意到谁就做（往往是太太），结果演变成夫妻其中一人觉得自己负担愈来愈重，另一人却完全没有察觉。为去除这样的不公平，首先要把“所有家事”都列出来。

把所有家事都列出来后，就开始分配工作。

这时最重要的除了以“花时间和不花时间”区分之外，也要从“擅长和不擅长”的角度分配家事。就算为了公平而以是否花时间为基准来分配家事，但一般人对于自己不擅长的家事会有较大的心理负担，其结果很可能就是随便做做。

对此，我想推荐的方法是“家事计分表”（参见102页）。

分别为写出来的家事项目制订分数，每做一次就获得设定的分数，再以每周或每月为单位计算，以两人得到的分数能够相同为分配原则。可以先确认目前的家事分担状况，再设计想要达成的分担目标。粗略的原则如下所示：

·“花时间的家事”设定较高的分数。

·就算是“不花时间的家事”，假如“夫妻两人都不擅长”，就设定高分。

·将“明显的家事”细化……做饭就分为“早餐”、“晚餐”，打扫就分为“扫客厅”、“扫卧室”、“扫玄关”等等，分别设定分数。

我们公司会针对夫妻与个人举办“工作与生活平衡学院”的讲座。由于经常碰到有人询问“家事该如何分担”，才设计了这份计分表。因为大受好评，现在只要举办夫妻讲座，都一定会介绍它。

某对参加过讲座的夫妻，先生原本很有自信“我算是会做家事的那种先生”，等到实际计分后才发现，太太和自己的家事分担比例是八比一，吓了一跳。还有一对夫妻笑着告诉我们，在学会这套计分制后，他们开始抢着要做两人都不擅长的“清除排水口垃圾”，因为那一项的得分很高。

做饭与打扫等“内容较多的家事”，只要经过细分，负担也会变小，变成比较容易着手。我把“做早餐”切割给先生做之后，原本不擅长料理的他烹饪技巧明显进步了。本来他得花两小时才能煮好饭、做好味增汤，现在只要半小时就完成，还三两下就做了鱼和另外一道菜。

计分表的好处在于，它把原本让人觉得像“义务”的家事，转换为开心地玩游戏的感觉。

对方做得好就称赞一下，对方偷点小懒或是做得没有那么好，也不要责备。不过，为了不流于敷衍，也可以考虑根据计分表，采取“把没做到部分的点数加总起来，在年底改以现金偿付”、“根据双方点数的多寡互赠圣诞节礼物”之类的方式，设想适于两人的“特别玩法”，以快乐的心情持续实施下去。

某对参加过讲座的夫妻，先生对“做家事”很有自信，等到实际计分后才发现，太太和自己的家事分担比例是八比一，吓了一跳。

诀窍2 家事计分表

		点数（一次）	次数（周）	达也		里美	
				次数	点数	次数	点数
三餐相关	准备早餐	5	7	5	25	2	10
	洗餐具	3	7	5	15	2	6
	准备晚餐	7	7	2	14	5	35
	洗餐具	5	7				
洗衣相关	洗衣、晾衣	5	3				
	收衣与整理	5	3				
	熨衣服	5	1				
购物	买东西	4	2				
	向消费合作社订货	4	1				
打扫相关	扫客厅	4	2				
	扫玄关	2	2				
	扫洗脸台	3	3				
	扫浴室	3	7				
	扫马桶	4	3				
	浇花	1	2				
	丢垃圾（厨余）	2	2				
	丢垃圾（不可燃物）	1	1				
孩子相关	送孩子	3	5				
	接孩子	5	5				
	陪孩子洗澡	3	7				
特别事项	清除排水口垃圾	7	3				
	清扫厨房流理台的三角区与排水口	6	5				
	换寝具（床单、被单、枕巾）	7	1				
	……	……	……	……	……	……	……
总计					150		150

诀窍3　协助做家事的便利工具

对双薪夫妻而言，方便好用的家电产品是好帮手。只要能巧妙运用家电、缩短做家事的时间，每天的生活就会游刃有余。也许心里会舍不得花这些钱，这时不妨把家电想成能够有效运用时间的一种“投资”吧！

·附干衣功能的洗衣机

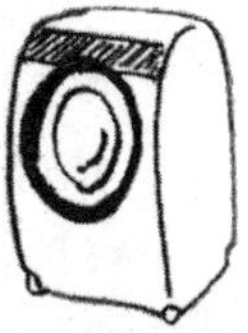

可以不必再担心碰到花粉季节或是在意天气了。不过，干衣功能的用法不同，有可能会使得衣服上容易产生皱纹，或者因为衣服的材质使然，反而变成必须再熨一次。建议：这类衣服可以在全干之前就先拿出来。

·洗碗烘碗机

注意：必须先确认有没有地方摆放，以及附近有无电源。不过，最近这种产品都愈做愈精巧，价格也更亲民。由于是以热水洗净与烘干，卫生也是一大卖点。一旦孩子出生、家庭成员变多，会更需要用到它。

·无线吸尘器

可充电使用的吸尘器。由企业用产品制造商所生产的功能更强，在清扫小地方与楼梯时很好用。

·硅胶调理盒

帮食材调好味后放入盒子，微波五到十分钟就做好了。光靠它，可能二十分钟就能做好晚餐。瓦斯炉在煮别的东西时，同时使用这个很方便。

·真空保温调理器

把材料装入锅中，煮开之后关火就行了。晚上睡觉或去工作时，就能做好需要炖煮的料理。

·食材宅配服务／网络超市

省下购物时间，可以有计划地开菜单。

诀窍4 收拾打扫的好方法

·决定东西的摆放位置

要决定好每样东西固定的摆放位置。决定时，全家人要一起参与。会忘记原本的收纳位置或无法联想起为何要收在那里，就可能因为找不到摆放地点而失去收纳的意义。决定摆放地点后可以贴上标签，以免自己忘了分类方式。

·地板不放东西

要使用吸尘器或扫帚，大前提是地板上不能有东西。地上堆着书之类的物品时，应该先找地方安放或是干脆丢弃。假如地板上一定要放东西，可以准备篓子之类的容器，以便移动。

·清扫用具要放在伸手可得之处

买了一台很吸引你的昂贵吸尘器，但因为太重，无法搬到二楼使用……这样不就失去意义了吗？与其如此，还不如牺牲一点功能，买个轻便好搬运的吸尘器。把打扫融入日常生活中，就不必进行大扫除了。

·检查是否有“适度的库存空间”

决定东西的摆放地点后，也要确保放置备用品的空间，以免调味料或洗发精等生活用品一旦用光，就得慌慌张张跑去买。定期审视库存空间可以避免时间的浪费，也可以避免漏买或买太多。

·高难度的就交给专家

有些家事自己做不了，像是打扫位于高处的窗户或厨房、浴厕等。每年可考虑请专业人员来打扫几次，一口气把这些家事都处理掉。女性比较细腻，男性比较有力气，可以视自己的需求找不同的专家来帮忙。

·在家举办聚会

这可能是很多人都会用的方法吧！“邀请客人来”可以强迫自己在某个期限内打扫。可以的话，不要每几个月才为了办聚会而大扫除，应该更常找客人来。只要力求把家弄得“随时都能邀请别人前来做客”，应该就能促成自己打扫得更有效率。

先生被任命调职，我该辞职吗？

我们的婚姻生活进入第二年时，和我不同公司的先生却接到了调职命令，而且是远到得坐飞机的地方。我自己在公司才刚接手责任很重的工作，虽然也考虑是不是要让先生一个人过去工作，但一调职就不知道要待几年了。到底我们是该分隔两地，都继续工作下去，还是我该辞去工作跟着去？真的很烦恼。

——M女士（35岁，金融业）

小室：很多女性的离职原因都是因为“先生调职”。她们都像M女士这样，被迫在工作与家庭之间二选一。

驹崎：嗯，想想真是很可惜。不过，这种“公司一道命令，就被调到国内某地工作”的形态，未来应该会愈来愈少了吧？

小室：是啊。一直以来，企业已经因为调职而失去许多优秀员工了。因此，最近有些企业改为在当地找人，或是设计一些制度，像是先把员工的配偶一并异动到员工要去的分公司，或采用“先离职，再重新雇用”的方式。

驹崎：过去的价值观都是“随着调职，生活形态也必须跟着改变”，但现在该是好好检讨这种价值观的时候了。

小室：我认识的一对夫妻，因为先生调职，太太辞了工作跟去。但两年后，先生又调回原本的服务地点，太太似乎十分懊悔自己当时离了职。M女士也一样，应该先舍弃“太太必须跟着先生到调职地去”的想法。

我自己也是，婚后一个月先生就出国留学，我们过的是一年只碰面三次的“远距离婚姻”。不过，为下次的碰面订计划，是一件很开心的事。再者，现在有网络、手机、Skype这些东西，要联络并非难事。以长远观点来看，夫妻要一起度过几十年的时间，就算因为调职而分隔两地，可能只是很短暂一段时间而已。假如为此就舍弃自己的职涯，我会觉得相当可惜。

M女士的选择应该不是只有“要不要辞”而已，也可以从多个角度想想看，像是问问公司能否把自己调到同样的地方工作，或是在先生要调职的城市，找找看有没有自己更感兴趣的工作。

先生调职，太太不应该先考虑“我必须离职跟着先生到调职地去”，还有其他考虑：调职时间多长？ 能否适应远距婚姻？ 是否也可调到分公司？……

超时工作的工作狂其实并不酷!

“我一直埋首于工作，忙成这样很厉害吧！”

恐怕不少人都觉得，自己一整天在公司里忙东忙西，电话打个没完，或是得不断下指示给部下，是一件很了不起的事。

我很能理解这样的心情，说真的自己也不时会沉浸在那样的想象里……然而，我们对于“自己好忙”的陶醉，有时候会不会只是一种造成他人困扰的自我满足而已？

我们很难凭借着这种“自己觉得醉心的忙碌状态”就顺利维系好婚姻、照顾好小孩。如小室女士所言，关键在于事情如何安排。事情排得太满，一定会有某个地方出问题。

就算未婚，假如工作时维持着这种“经常120%完全燃烧”的状态，随着年岁的增长，也会愈来愈难有成果。而且，那些“也很重视私生活”的后辈或部属，就不会想再跟随自己了吧！这样的话，将无法成为组织的领导者。

为维持夫妻都能工作，首先要重新审视工作方式。假如“每天都超过晚上十点才回家”，就会没有时间与另一半交谈或与孩子互动。

曾有一段时期，我也是个长时间工作的工作狂。但我发现，不可能这样长久维持下去，因此我大幅改变了思维与工作方式。既是老板也是员工的我，一样以晚上六点能准时下班作为经营公司的目标。

为跳脱长时间工作的情形，有许多事项都必须重新检视。

为维持夫妻都能工作，首先要重新审视工作方式，
假如每天都超过十点才回家，就会没有时间与另一半或孩子互动。

利用日课表
让工作产能透明化

自己做得了的工作量，称为“产能”。由于产能与时间有某种程度的比例关系，大家很容易会粗略地以为，“自己的工作时间=产能”。

这是很大的误解。因为，一天工作八小时就是八小时，我们无法把所有时间全都拿来工作。就算时间可以这样用，也会因为缺乏集中力，而浪费了宝贵的时间。

假设你只有三小时可以制作某份非做出来不可的策划书，第一个小时，你可能还没进入状况。到头来，事情多半是在最后的一小时内完成的——我想，谁都有过类似这样的经验吧？没错，掌握产能看起来简单，其实并不容易。

这时候，我会使用“日课表掌握法”（这是我随意取的名称），下面介绍一下。

首先要知道，**人类的集中力，大概一个半小时（九十分钟）就已经是极限了。**因此，就把一个半小时当成一堂课的时间。假设早上九点工作到晚上六点，那么可以把上午（九点到十二点）分成第一堂与第二堂。十二点到一点午休，接下来的一点到六点分为第三堂到第五堂。五点半到六点还空着，这个就当成缓冲时间，假如有什么预订计划乱掉或是推迟，就可以用它来候补。

像这样划分好后，就像学生时期“日课表”那样，制订自己的“工作日课表”。例如，第一堂是列出要拜访的客户清单，第二堂课是拜访客户，第三堂课是参加公司内会议，第四堂课是电话营销，第五堂课是制作应做未做的报告书之类的。

当然，时间或多或少不会那么精准，只要抓个大概就行了，但大体上还是要照着日课表走。这样就会强烈体认到自己一天只有五堂课可用，一星期有二十五堂课，一个月有一百堂课，自己的产能也就“清楚可见”了。

照着日课表工作，就会体认到自己一天只有五堂课可用，
一个月也只有一百堂课，自己的产能也就清楚可见了。

控管产能，确保工作能在预定时间内顺利完成

虽然未必要照我的方式，但只要能让自己的产能透明化、掌握住自己有多少产能，就能控管产能。

例如，我一天只有五堂课可用，因此大体上只能安排五项活动。此外，在五堂课里，如果考虑到要兼顾开会以及处理事情，就不能把四堂以上的时间用来开会，否则事情会处理不完，电子邮件会来不及回，也会无法制作策划书。

所以，在一天的五堂课里，我顶多只用三堂课开会或与人碰面。剩下的两堂课，一堂我会用来回信与定夺一些事，另一堂我会用来制作预算书等等。像这样分好工作时间后，就把预定时间表输入到公司的时程表软件中。这样的话，就不必担心部下临时占用你的时间，也可以确保处理事务的工作时间了。

不过，当然还是会有一些紧急事项出现，导致我们无法照着原订计划走。由于计划经常会有不确定性，因此必须花点心思，每两天就安排一堂课当成缓冲。

只要能像这样控管产能，就不会再因为安排太多工作而让自己焦头烂额了。

让自己的产能透明化，掌握住自己有多少产能，就能控管产能。

“提早先做”
强过“事后加班”

不过，还是会碰到忙得不可开交的时候，像是快要到期限之前。我建议各位可以利用“提早先做”的方法来解决这样的问题。

若以前面的日课表为例，一般人很容易会安排晚上六点到七点半（第六堂）、七点半到九点（第七堂），以“加班”的形式增加产能。

但来到第六堂与第七堂时，我们已经身心俱疲，脑子也无法好好运作了。假如是高中生晚上加课，学生一定都趴在桌上睡觉。同样花那么长的时间，我们可能只完成正常状况下三分之一到一半的工作而已，称不上是有效率。

我们该做的是，在上午九点前增加“第零堂”。虽然未必人人如此，但我都是在早上快五点半时起床，在五点半到七点之间工作。

这个“第零堂”不会有人来电，也不会有人来信，十分安

诀窍5 日课表掌握法

平日

9:00～10:30	10:30～12:00	12:00～13:00	13:00～14:30	14:30～16:00	16:00～17:30	17:30～18:00
第1堂	第2堂	午休	第3堂	第4堂	第5堂	缓冲时间
列出要拜访的客户清单	拜访客户		公司内会议	电话行销	制作报告书	

忙碌时期

5:30～7:00		9:00～10:30	10:30～12:00	12:00～13:00	13:00～14:30	14:30～16:00	16:00～17:30	17:30～18:00	
第0堂	通勤等	第1堂	第2堂	午休	第3堂	第4堂	第5堂	缓冲时间	不安排第6之后的部分
集中心神做事		日常业务	日常业务		日常业务	日常业务	日常业务		

静，而且又必须在上班时间前就把事情做好，因此在这一个半小时里，做事的效率很高。而且，等到第一堂时，由于你早已处于运转状态，马上就能进入状况做事。

这是附加效益。

不过，一般上班族可能会把“提早先做”认为是“免费帮公司加班”，因此有工作必须“提早先做”的那一天，当天的下班时间一到就会想准时离开公司。

所以，这个方式或许比较适合自己是老板或主管之类可以自行控制上下班时间的人。

掌握三个小技巧，
做事更有效率

避免质量超标

在交办事情给部下时，很容易会发生“质量过剩”的问题，也就是部下做得太过仔细，超出必要的程度。就算交办者想要的只是“帮我整理成一张A4就好，反正只是在公司内部传阅”，但可能因为没有和对方讲清楚，导致对方整理出十张资料。这是交办给年纪轻、工作经验少的员工时特别容易碰到的状况。有这样的情形时，交办者就要明确交待“数据的用途”、“最晚什么时候要整理出来”，或是也提供“过去的类似数据”，应该就能减少双方在理解上的落差。

想象完成后的样子

例如，有人要你整理某项资料时，就先想象一下最后做出来会是什么样子。像是“由于结论是这样，因此中间的情节应该是这样，为此，会需要用到那一年的资料，以及把海外的数据放进来”之类的，就会知道该放哪些东西了。

设定不同的“达标率”

人并不是随时都能发挥出百分之百的力量。**而且工作是一种长期持续的活动，假如无时无刻都使出全力，自己会喘不过气来的。**

不妨试试为不同项目设定不同的质量达成度：“这个案子做到80%的水平就好”、“这个案子要以120%为目标”，或是每隔比较长的时间就调整一下完成度高低。或许这部分得需要一点经验才知道要怎么设定，但只要把时间与质量放在一起管理，就算花较少时间工作，也一样可以有成果。

今后，“总是忙碌地在赶工作”，可能会变成工作能力不足的象征。假如希望自己的工作持续有成果，减少加班是最好的快捷方式。

设定“工作离线时间”

——与另一半交谈时，请专注看着对方的脸

其实，我家也有小室女士所推荐的“晚茶时间”。不过，我们是在吃完晚饭、收拾过后泡茶。找寻配茶用的零食，也是我平常的乐趣。虽然只是夫妻两人闲聊而已，却是一段两人好好坐下来讲话的重要时光。

我把这段喝茶时间，当成自己的“离线时间”。

在我的生活中，经常都在查看电子邮件，或是到推特之类的地方写东西。回家后我也不由得会去看这些东西，**唯独喝茶时间，我会特别注意要远离计算机与手机，专注地看着太太的脸交谈。**

以前，我曾经因为听太太讲话的时候一边看信或一边看推特，变成只是随便回答或复述她讲的话，而经常惹得她生气。自从我察觉到“这样不就等于没有交谈一样”之后，就不再“在交谈时做别的事”了。

和别人讲话时要好好聆听，是再理所当然不过的事；但殊不知，假如没有清楚地意识到这件事，往往会做不到。

所谓的婚姻，就是两个在不同环境下长大的人展开共同生活。双方有不同价值观或文化是很正常的，必须在不断磨合的过程中，才能逐步学会如何过彼此都感到舒适的生活，以及两人想要共同实现什么样的生活形态。

婚姻生活就是一直在做这样的事！虽然我也才刚展开婚姻而已，但已经体认到，这必定会是个需要不断精进的功课。

婚姻就是两人在不断磨合的过程中，学会如何过彼此都感到舒适的生活，以及两人想要共同实现什么样的生活形态。

全权负责、专属导向

——拥有掌控权，让老公更有动力做家事

我决定工作“绝对要在晚上六点结束”，之后时间都用来做家事与带孩子。这是因为我希望自己与太太两人无论工作面或生活面，都能过得充实。

说真的，一开始我并不爱做家事。但因为我深深觉得“连家庭都管理不好的人，怎么可能管理好人生呢！”，所以即使不擅长做家事，还是决定从做得来的项目开始做做看。

一开始做的是打扫。但是尝试过后实在觉得打扫很无聊。我心想，可能打扫不适合我吧？于是又试着洗碗盘，但还是觉得很无聊。

“为何我无法乐在家事呢？”我左思右想下，得到的结论是“因为这些都是片段性的作业”。假如只是别人说“请你做这件事”，而把一件我不知道全貌的事情交给我做的话，我总觉得这种工作似乎没有什么做的价值。我察觉到，自己在上班时也是这样。于是，我想到自己可以负责“有裁量权的工作”，从原本由太太负责的“所有家事”当中，把以“洗碗盘”为首的几项家事都变成“我的专属工作”，既握有裁量权，也负有责任。

前面已经提过，在“洗碗盘”的时候，我想到可以用“托盘”创新（笑）。我的个性就是喜欢钻研，因此接着我又拿秒表试着计算自己洗碗盘的时间。一开始得花二十五分钟清洗，后来我发现，只要花点心思改变洗法，可以缩短到十五分钟。只不过，这已经是极限，再怎么努力都无法再缩短时间了。

我心想，“既然这样，那就来个设备投资吧！”于是向太太提议购置洗碗烘碗机。太太有些抗拒，说：“碗盘这种东西，用手洗不就好了吗？”但我向他说明购置的好处、回答了她一些疑惑，还真的做了估价单向她简报。当然，我也试算了水电费，发现若把我的“时薪”也包括在内的话，每月可省下五六万日元。

在我热情建议下，太太总算首肯了。把送来的洗碗烘碗机安装起来、首度使用时，我觉得很兴奋，就好像工厂的厂长看到生产线首度动起来时的那种感觉。

以简单易懂的口诀
维持做家事的动力与乐趣

“收拾”也是我负责的业务。这部分我也是每天在思考创新的可能性。

身为收拾的负责人，我首先觉得，应该在家里彻底执行的是，“OUT火速IN！”。想用什么东西时把它拿出来，用完后却丢在那里，房间就会开始凌乱。把东西拿出来称之为“OUT”，用完后火速将它们“收回=IN”。但因为“拿出来用过之后马上收好”实在太过平凡，我就取了个“OUT火速IN！”的口号，让它比较有节奏些。执行过后，我发现轻轻松松就变成了一种习惯（笑）。“OUT火速IN！”之后，我的第二个收拾法则是“提高可寻性”。

想做什么事时却找不到必要的东西，着手去做的动机就会降低。因此，物品的收纳处，应该要让任何人随时都能找到。这就是“提高可寻性”（这样听起来不是比直接讲“东西要收在好找的地方”更有经营事业的感觉、听起来更酷了吗？）。把同种类的物品整理在一起，再标上一目了然的标签。我自称是“标签魔”，很喜欢标签机，东西只要收在哪里，我一定会用它仔细地标上去。“连接线”、“数字相机”、“充电器”……我的分类已经细到外人看了会感到讶异的地步。还有，由于标上“工具”往往还是无法得知里头有哪些工具，因此我决定收纳盒要全部使用透明的，才能看得见里面。

为了不让自己把不想做的事往后延，好好整理东西是很重要的。因为，“把时间花在找东西上实在很浪费”。

要提高生产力，除了想着提高做事效率，维持动机也非常重要（太太总是露出苦笑，温柔地守护着我，看着我钻研这门“收拾学”……）。

由于我在家里推动的“OUT火速IN！”以及“提高可寻性”运动达到了一定的效果，因此我决定在公司把早上的三十分钟订为打扫时间。实际实施过后，我发现不但东西整齐，业务也变得更顺畅。除了这些原本的目的之外，还产生了附加效益：不同部门的员工借着打扫有了交谈的机会。

从“做菜”过程中得到做家事的灵感

我很不擅长做菜。我们夫妻两人都上班，太太晚回来时，会要我帮忙准备晚餐，但我不是买便当，就是到外面吃。太太似乎很不满，说这样会增加饮食支出，也会有营养不均衡的问题。可是，我工作好累，回到家还要做自己不擅长的事，实在觉得很提不起劲。

——D先生（22岁，研究工作）

小室：要维持健康，就不能轻忽饮食，因此做菜是一件很重要的家事。不过，单身时不常做菜的人，一开始会觉得负担很重吧。

驹崎：是啊。其实，我也和D先生一样，很不擅长做菜。以前一个人生活时，我都会觉得一个人吃还要开伙，实在太浪费时间，因此都吃外食，也很热衷拿定食店的集点卡集点，一点都不觉累。婚后也是，饮食都交给不以做菜为苦的太太。不过，孩子出生后，渐渐地就没办法完全丢给太太了……

小室：万一碰到太太病倒之类的非常状况，怎么办？考虑到这样的情形，先生如果也会做菜，绝对更令人放心吧！

就像先前提过的，我家的早餐是由我先生负责。由于只是早餐，一开始只要弄个煎蛋之类的简单料理就行了，也不用做太多道，新手就比较不会抗拒了。再来是孩子的断乳食品，这我觉得也是简单一点就行。还可以弄点高汤，或是水煮一下青菜，学点做菜的基本功，所以我很推荐这几项可交由先生来处理。

驹崎：我也觉得不能再这样下去，因此研究过“为什么会觉得做菜好难”。

小室：你又在研究了啊（笑）！

驹崎：是啊！结果我发现，原因可能在于，我没有记住菜色与食谱，以致不知该从哪里开始下手。为了克服这样的问题，我想出了一种叫“前置工作料理法”的策略。

小室：那是什么样的策略？

驹崎：我并非不擅长做菜，而是不喜欢那种“不知道该做什么菜的迷惘感”。因此，我会先和太太一起决定菜色，也请太太帮我准备食材。等到太太在喂奶或帮孩子洗澡时，我就照着她教我的做。由于绝大部分的前置工作已经完成，我就可以单纯享受做菜这件事了。

小室：所以你现在可以轻松自在地做菜了吧？进步很多！

驹崎：因为做菜的门坎突然降低了。我觉得，男性做家事如果像这样先请太太“做好前置工作”，会很有效。

如果要举学术性的佐证的话，就像是人类学家珍·拉弗（Jean Lave）与爱丁纳·温格（Etienne Wenger）所讲的，“合法的周边参与”（Legitimate Peripheral Participation, LPP）。例如，在以学徒制培育人才的“裁缝店”，新人一进来只先让他做缝扣子之类的事，慢慢再让他回过头来做流程中更为上游的部分。

也就是并非依作业的先后顺序一路学下来，而是从能够想象出服饰最终样貌的简单作业开始做起。他们的理论是，这样会比较容易学会整套作业。

小室：原来如此。你的作战策略还有理论的佐证啊（笑）！以公司工作来看的话，就是由前辈帮新进员工“完成前置作业”，只把案件最后的“签约盖章”留给新进员工去做。然后，再慢慢让他做较为核心的工作。

驹崎：没错。在工作上有效的理论，在家事上也会有效。一开始先请另一半帮忙，再慢慢地“逐步参与更为核心的家事”，我想应该可以算是一种有助于克服做菜恐惧的创新！

我觉得，男性做家事如果先请太太做好前置工作，会更快上手，之后再让他做更为上游的部分，就容易学会整套作业。

第三章

怀孕·生子2+1的幸福未来

无论男女，在休育婴假时固然必须做好准备，
为周遭的人设想，但若能把交接与授权工作做到位，
对于休假者以及其他同事而言，
更是大好的成长新契机。

变身拳击教练，成为太太的“最佳后盾”

太太怀孕时，做先生的可以做些什么?

2010年，我太太怀孕生子时，我一直问自己这个问题。她是我人生的伴侣，我当然希望尽可能帮她的忙，但我也是想归想，实际上好像也没有真的帮到什么。虽然我经营病童托育事业，对于怀孕、生子与带孩子，拥有比一般男性更多的知识。但事实上，等到自己太太怀孕时，我还是一样不知该如何是好。

太太怀孕生子时，做先生的应该要体认到，主角是太太，自己只扮演从旁协助、辅佐的角色。

我觉得，很多男人在工作等场合喜欢自己当主角，不习惯当辅佐的角色。

我打个比方，太太怀孕的这段时期，夫妻间的关系就好像拳击手与教练的关系。教练充其量只是辅佐拳击手的角色，最后还是只有拳击手——太太——独自踏上了名为“分娩”的拳击台。

身为教练，必须熟知拳击手目前面对的状况。

首先是身体状况。怀孕时的女性，身体会因为周数的不同而产生各种变化。最先碰到应该就是害喜吧！每个人害喜的情形大不相同，有的人很严重，有的人很轻微。随着怀孕周数增加，也可能会因为双腿疲累或水肿而感到困扰。

由于怀孕会导致荷尔蒙发生很大的变化，太太经常会焦躁或是感到不安。因此，重要的是体认到太太的身体状况和平常大不相同。

许多女性在怀孕时对于体重的增加变得很敏感，先生要记得别和平常一样随口就说“你好像胖了点”，反而激怒了太太。就算因为太太的言行而生气，也要记得“只有这段时期才会这样”，冷静以对。

每位孕妇的怀孕生活与烦恼各不相同，扮演教练的先生除了理所当然该做的家事外，还要注意太太的心情与身体，听她说话，陪伴她，缓和她的不安等等。教练要尽可能在各个层面提供支持，像是身体状况管理、饮食管理、心理情绪管理等等，好让拳击手能够在最佳状态下踏上拳击台。

多参加怀孕讲习课程，有助于掌握及交换更多的信息

最近，地方政府或医院都会主办一些夫妻可以共同参加的生子、育儿讲习会（父母班），里头还会准备各种活动。

我参加的讲习会准备了“怀孕衣”，让先生们可以“穿上它，体验孕妇的心情”，我当然也主动穿上它。怀孕衣前面有大大的胸部与肚子，整件重达12千克。穿上后，沉甸甸的好重。穿着它试着躺下来时，有很重的压迫感。

实际穿过后，我才真的体会到“怀孕中的女性平躺没办法睡”、“就算东西近在脚边也够不到”等等感受。吸收的信息与实际的体验二者的确大不相同。

另外，也有帮假婴儿娃娃洗澡的讲习课程，可以在脑海中形成对于育儿的具体想象，我觉得是很好的机会。由于是夫妻共同参加，不会只有单方面拥有信息，可以在双方共同的体验下讨论各种话题。

上过这样的课之后，我有些在意的是举办的时间。

“父母班”由于顾虑到男性，多半在星期六日举办；但只以女性为对象的“母亲班”，多半只有平日的白天举办。我太太那时还没开始休产前假，困扰地说“目前正忙着交接工作，没办法为了参加那个课程而请假”。

这样一来，除了无法收集到信息，也会因为在同一地区、同一医院参加这种讲习的准妈妈们会形成人际网络，没参加的准妈妈就形同从这样的信息网中脱队。很多在都会工作的女性，在自己居住的地区没什么熟识的朋友，错过这样的机会是很大的损失。

以前专职家庭主妇较多，我就不清楚，但考虑到现在许多已婚女性仍旧工作，假如能正视她们的需求，把举办时间设定得更有弹性，那就更好了。只要地方政府、医院、NPO等机构能够密切合作，应该不会太难。

积极向过来人请益
并搜集“第一手信息”

男性对于怀孕、育儿的信息来源要比女性少得多。不过，最近支援“男性育儿”的信息，已经比以前来得多，像是孕妇或育儿信息杂志会附上男性别册，以及出现不少专为男性设置的育儿网站等等。这样的演变我觉得很好，只是，我也看得出来这类刊物所提供的信息可能隐含一些煽动读者不安，再引诱读者购买相关商品的意图。由于待产的女性接触到太多信息常常会感到不安，男性若能扮演客观检验资讯的角色也很好。

任何信息都一样，有人能够现身说法、提供“第一手意见”是最好的。幸好我们公司里有许多已有育儿经验的员工，我得以从他们那里收集到育儿信息，也从学生时期的朋友们那里得到很多信息。

小室女士也曾跟我分享，有一种产品叫“加压训练服”，我就穿着它与怀孕中的太太一起散步。穿上这种服装，就算只是轻微运动，也会马上出汗。在和太太交谈、沟通的同时，又可以有可观的运动量。这也是口耳相传得来的信息。

或许男性不太会和朋友交换育儿信息，但只要自己先开口，周遭应该能够找到许多曾经带过孩子或是正在带孩子的朋友。还有一些专门提供给新生儿父亲的育儿社群，参加这样的社群或许也不错。

以我而言，我积极向周遭的人请益的结果是，收到许多别人已无用处的育儿商品，日后也变得很容易收集到育儿信息。我深深感受到很多人的关心与帮助，未来我自己也想像这样协助其他新生儿父母。

中小企业同样具有
做好“育婴假管理”的弹性与本钱

目前少子化现象正扩大当中，主因虽然不只一项，但父母很难一边上班一边带孩子的状况绝对是主因之一。可能是办公环境弥漫着一股不易请育婴假的氛围，也可能是请育婴假会对自己的职涯造成很大的影响……让员工能够一边工作一边生孩子、带孩子，是很理所当然的事，但在日本却做不到，这样的工作环境实在太奇怪了。

我太太公司的制度很完备，有产前、产后假与育婴假，也没有什么让人裹足不前的因素，我觉得相对而言环境算不错。只是，由于休育婴假时公司不会另外找人，休假时就要担心会不会影响到同部门的同事。即便是在休假制度完备、也展现出支持态度的公家机关或大企业，大多数孕妇在休育婴假时还是会有内疚感，觉得“因为自己休假而造成别人的困扰”。

再讲到中小企业，他们多半还不像公家机关或大企业那般展现出高度支持女性员工生子与育儿的态度。中小企业的经营者会说，“我们的人才与资金没那么充裕，无法做到”或是“支持准妈妈的制度，要行有余力的大企业才可能做到”。但是我觉得，这样的想法大错特错。我在自己经营的NPO做过各种尝试后深信，只要舍弃自以为是的想法，用心设想，即便是规模不大的企业，一样能马上建立让女性员工兼顾育儿与工作的支持体制。

我所带领的NPO法人佛罗伦萨，目前有近90名员工。由于组织不大，共享信息的制度又很完备，第一线的信息能够马上传达到身为经营者的我手中。也因为我们做的是病童托育事业，许多女性员工目前都自己带孩子，或是未来打算生孩子。

我总是告诉员工，“怀孕了要赶快讲哟”。一旦有谁告知自己怀孕，我们会马上调整公司体制。因为，在怀孕初期，很可能就会害喜或身体不适，因此早讲可以确保充裕的交接时间。得知有人怀孕后，我们就会盘点她所负责的业务内容。接着，我们会开会把她的工作分配给其他员工。这时，假如会造成其他员工负担过重，我们会以补充人力或运用派遣员工的方式来应对。假如我们觉得该员工原本的业务已无须保留，也可能就此结束。

原本只是为了做好“育婴假管理”，却也成了我们重新审视事业人力配置的好机会。

由于有这样的经验，我可以断言，经营者不该以自己是中小企业为由，就说无法照顾生子与育儿的员工。正因为组织规模小，经营者才更容易一声令下，采取更弹性的人员配置。可以灵活应对，不正是小规模企业最擅长的吗?

部属在得知怀孕时，若能具体告知目前的身体状况如何，以及手边工作的进展如何，对经营者或主管而言也等于帮了大忙。只要清楚该员工手边工作的现况，就很容易知道人力该如何调派、哪个部分的工作该由谁来接手了。

为此，公司必须推动业务的“可视化”，好让员工在怀孕前就能把自己的工作内容规则化、手册化，任何人看了都能一目了然。

育婴假新契机！调整公司管理方针并促使员工成长

已有高达七成的男性觉得“想要一起带孩子”，想休育婴假的男性也达四成以上。只是，2009年实际上休育婴假的男性也才1.72%而已（图10）。

我和小室女士在2010年获选为厚生劳动省“男性育儿项目”的推动委员。因此我自己也想过，一定要休育婴假看看。只是我身为经营者，负有经营全组织的责任，真的能够休好几个月的假吗？说真的我也觉得很不安。

我决定先准备看看。在正式休育婴假的六个月前，我开始把九成的工作分配给部下，一些重要的决策就在家做。休育婴假一个月前，我开始预作练习，减少到公司的天数，让员工们习惯我不在公司。一开始部属们有些不适应，但慢慢就习惯我不在办公室的日子了。

在那之前，我早已经改变会导致不断加班的工作方式，把自己的时间与产能调整到游刃有余的状态，这个改变此时就发挥它

图10 男性休育婴假的比例上升，但依然停留在1%的水平

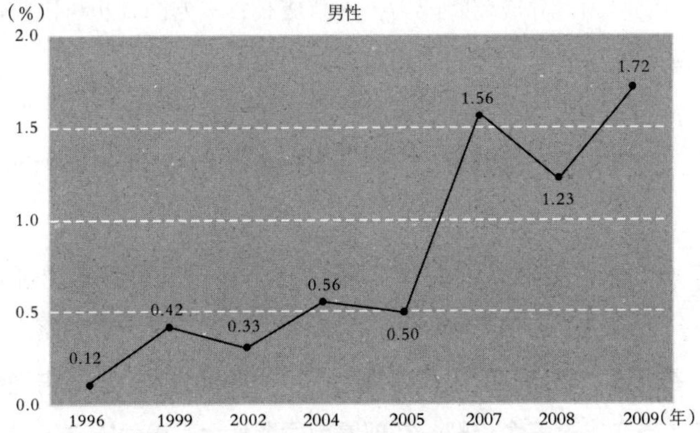

※资料来源：厚生劳动省·雇用均等基本调查结果概要（2009年度）

的作用了。

假如我还是像以前一样以120%的产能工作，可就无法顺利把工作交接给别人了——别人可能会需要不停发挥奇迹般的力量，才可能接得下来。

接着，我就开始休两个月的育婴假了。休假期间，我并不是完全丢下工作，还是会在家里发电子邮件下指示给员工，偶尔也会电话沟通一下。

以工作量来看，大概是原本的十分之一左右。虽然带孩子真的很辛苦，但公司在我完全没去上班的情形下还是毫无问题地运作着。

我除了松口气外，也因而开始思索，那九成被我分派给别人的工作，到底是不是真的非我不可。

我一直都很想改善自己与员工的工作方式，但是也一直都还

有改善的空间存在。假如我可以信赖部属、把工作交给他们，一方面他们可因而养成判断能力，不断成长；一方面我也可以把心力用来多做一些身为经营者真正该做的事……

我的脑中很清楚这套道理，但是等到我真的“不进公司”以后，才逼得我自己与同事们，开始着手改善工作方法。我们都实际感觉到，自己更进步了。

为了休育婴假，我们就必须让办公室“没有我在也能运转”。一般员工自然必须如此，但为人主管者，更应该如此。

要透过“将自己的工作可视化”、“授权他人”、“告知他人工作方法”这三个步骤，在部属或后辈身上，培养出与自己同样的判断能力。

平常应该就要有这样的体认，而休育婴假刚好给了我们能够在短时间内做到这件事的好机会。

无论男性或女性，在休育婴假时固然必须做好准备、为周遭的人设想，但若能把交接与授权工作做得确实，对于休假者以及其他同事而言，更是大好的成长新契机。我认为，这样的认知，会愈来愈普及。

在休育婴假时，若能把交接与授权工作做得确实，
对于休假者以及其他同事而言，更是大好的成长新契机。

以信息公开化的方式
降低工作可能承受的风险

关于男性休育婴假，我想再补充一点建议。

不少男性都有一种根深蒂固的想法：希望借由“没有我在，工作就不会顺利”的状态确认“自己是能干的”，认为“假如这项工作不再存在，我似乎也就失去了自己的价值”。这种想法就像万里长城一样，坚不可摧。

只是，这种“唯有我才能做好它”的认知，对组织来说却是很大的困扰。在组织或经营者的眼中，每个员工都可能在任何时候病倒或离职，因此是很不稳定的存在。假如某项工作只有一个人做得来，这对组织而言完全是一种风险。

真正对组织有贡献的人，会经常想着帮组织减低这样的“风险”。因为他们知道，这有助于提高工作成果。

任何工作方式，假如只有自己能用、只有自己觉得最好，就决不会是最好的方式。

与其一个人尝试错误，不如把自己的方式透露出来，向公司内外广泛征求改善方式，会更快找到更好的做法。

网络开放原始码领域已经证明，这种公开集思广益的手法是很有效的。这年头流行的做法是，把某些原本只有少部分人知道的信息不断公开后，由许多人吸收那些知识，展开讨论。

今后的工作方式，流行的会是社交媒体般的风格，也就是把所有做法都公开化，任何人都能得知。

与其一个人尝试错误，不如把自己的方式透露出来，
向公司内外广泛征求改善方式，会更快找到更好的做法。

找到同是孕妈咪的好朋友

每个人怀孕生子的状况都不相同。我自己是害喜严重的那一类人，怀孕期间听到“似乎有人一直害喜到分娩前”的消息，使我变得更加不安。

我是典型“想太多”的那种人，因为收集过多信息而感到不安，导致身体状况真的变差。从这样的经验中，我领悟到对于身体的变化还是不要想太多，自然地接受会比较好。

为了不被各种手册或信息牵着鼻子走，我认为要尽可能多认识与自己同一时期怀孕、生子的朋友。

每天都会出现怀孕生子的新信息，光看杂志或网络上的报道，有时候也会有不太懂的地方。孕妇若能找到多个口头传述的信息来源，对自己应该是最有帮助的。

例如，怀孕时的穿着。我本来以为怀孕只是一时的事，穿穿宽松点的衣服就行了。但由于我仍在工作，碰到洽商或做简报的场合，实在不适合穿那样的装扮。我到百货公司的孕妇装专柜去找，但全是一些会翩翩飘动的甜美风服装……

那时，我从同为孕妇的人脉网络得知有些网站可以买到适合上班穿的孕妇装。以前我常去的是一个叫“VIRINA”的网站，但最近似乎多了不少网站，都可以找到适于上班穿的孕妇装。这种服装很适合孕妇的身型又很时髦，穿了之后，可以在好心情下一直工作到接近产期。我之所以能很快得知有这种“为上班族孕妇设计的孕妇装”，都是因为交了状况类似的朋友。

生完孩子后，有一些家里有两三岁小孩的朋友给了我不少协助。由于有这样的朋友，我可以从他们那里接收旧衣或是交流玩具。

孩子从零岁到三岁真的长得很快，如果有朋友能够借你一些只用一次而已的东西，像是正式服装或季节性用品，真的是省下不少钱。

还在公司上班时，公司或主管会告诉你必要信息。但开始休育婴假后，就突然进入了几乎无信息可言的生活。因此，在怀孕期间就应该确保人际网络与信息来源，休育婴假时就不会觉得与世隔绝而不知所措了。

准妈妈也别忘了
帮助孩子的爸爸进入育儿模式

怀孕生子的当事人固然是女性，但这段时期却也是先生的宝贵时光，因为他们会碰到一些难得的体验。太太要把自己的状况告诉先生，让他们意识到肚子里孩子的存在。这样先生会比较自动自发去思索自己该做的事。

我自己的状况是，怀孕期间因为害喜，大部分食物我一直都食不下咽。那时，我先生会贴心买来我想吃的食物，我很开心。

此外，像打扫浴室这种很花体力的工作，我先生也接手去做玄关或走廊上如果有什么可能会绊到人的东西，他也会把它们收拾掉，这些都让我很欣慰。

另外，我认为“太太怀孕时，好好听她说话”也是很重要的。怀孕时，女性的身体会发生一些变化，因而产生前所未有的经验，像是无法平躺或趴睡之类的。假如先生能好好聆听太太讲述这些的变化以及随之而来的不安，她们会安心许多。还有，怀孕时多半会有体重增加、脸部发肿的情形，但医院现在又会很严格要求孕妇要控制体重，因此不少孕妇看着镜子里的自己都会觉得沮丧。这种时候，做先生的只要讲一句“你还是一样漂亮呀”，我想太太就会宽心不少。

怀孕后期，我的身体状况很糟、心情很不好时，我先生会说“某一家的孕妇装很好看哟”，要带我出去购物。但因为已经是怀孕后期，我说“都已经快生了，不用了吧”，他还是催促我说“那个不重要，我们去买吧”。我还记得，好久没出门的我买到新衣服后，原本低迷的心情一下子就好起来了。

还有，最令我开心的是先生对于我肚子里有小宝贝这件事表现出十分高兴的态度。每天他都很晚回来，但无论再累，他都会对着我的肚子出声道：“我是把拔哟，我回来啰。”对此感到开心的我，也告诉他 “男性的音调，似乎比女性的音调更容易传达到肚子里”、“把拔一开口，肚子里的小宝贝就动得厉害呢”之类的话，让先生感觉自己也是很重要的。

怀孕的当事人是女性，男性很容易产生一种“被排除在外”的感受。只是，在太太怀孕期间，男性应该也会想要和孩子产生某种联结。

我建议准妈妈不要一个人独占怀孕这样的特殊体验，也要用

心安排机会，让先生也能和肚子里的孩子沟通。虽然只是一点小心思，应该就能够让做爸爸的顺利进入“育儿模式”。

太太要把身体状况告诉先生，让他意识到
孩子的存在而自动做该做的事；先生若好好聆听太太
讲述身体的变化以及随之而来的不安，她们会安心许多。

让大家都明白
育婴假制度实际的运作情况

休育婴假时，似乎很多人都会觉得“造成公司或部门的负担”、“造成别人困扰”。也有不少人觉得，休假时公司还是会付某个百分比的薪水，而很不好意思。

其实，若单纯只看费用，员工休育婴假时，公司并没有直接负担什么成本。休假者所领取的育婴假给付金是由就业保险给付（参见图11），休假时的就业保险费、厚生年金保险费、健保费、照护保险费等社会保险费，现在也都全额免除了。公司假如有什么负担，大概就是要另外雇人接替休假的员工吧，但由于休假者清出一些薪资空间来，应该可以用来支应。

只是，人事、总务负责人固然能够理解这套制度的细节，但主管与周遭的人却常常容易误解。他们会自以为是地认为，“一旦公司有人休育婴假，成本就会增加”。因而不让想休的人休，或是要想休的人干脆辞掉工作算了。今后准备要休育婴假的人，

图11 日本生子可领取的款项、津贴

	发放对象	金额（日元）
生子育儿慰劳金	加入健康保险或全民健保者	33万元
育婴假给付金	在同一单位受雇一年以上者	日薪×0.5×支付天数
生产补助	加入健保者	产前42天、产后56天的标准日薪的三分之二
儿童津贴	养育孩子者	15岁以下的小孩，每人每月4,200元
医疗费扣除	一年花费9万元以上医疗费	报税后退还
乳幼儿医疗促进制度	养育孩子者	到一定年纪以前，孩子的医疗免费（视地方政府规定）

※以上均为目前制度，有改变的可能，要事前确认

应该平常就把正确知识告诉自己的主管或同事才是。

除成本外，休育婴假者最在意的应该是接手自己工作的同事负担会增加。

公司很少会为了有人休一年左右的育婴假就另外雇人，大部分都是把休假者的工作切割给其他员工接手。这会使得接手工作者很容易觉得，“都已经这么忙了，还增加我的工作！”因而觉得休这种假的人造成他的困扰。

在此我要建议一种称为“骨牌人事”的做法。

这原本是户外用品制造商巴塔哥尼亚（Patagonia）公司的做法，只要有人休长假，休假者的工作就交由同部门或同团队内的成员暂时升一级代为处理。

例如，休假者若为经理，就由低他一级的主任代理；主任的

工作就由中阶员工代理；中阶员工的工作就由新进员工代理。新进员工的工作无人可接手，就由打工者处理，或是重新检视该工作的必要性，或减低工作量，或直接把剩下的工作删除不做。

在这套方法下，就不必从其他部门调人来，或是另外雇用新人了。由于大家做的都是比自己职位高一级的工作，也有助于自己的成长。

像这样，除了可趁机看看工作的安排上有没有冗赘之处，也可以为每位员工的成长提供契机。谁要是在这段时期表现良好，可能下次人事调整时就有晋升的机会。

我要给休假者的建议是，最好不要太过执著于“重返职场时一定要原职原单位”。

在那个休育婴假者多半会失去升迁管道的时代，政府部门才会下令要让休完假的员工回到“原职原单位”。但是目前的企业经营讲究速度，实在很难预测一年后公司的哪里人手不足。休完假回来就工作异动固然辛苦，但换个角度想，由于工作方法已经改变，换个新环境也许反而好做。

虽然休育婴假是法律保障的工作者权利，但我建议不要过度主张自己的权利，可以试着从更长远的角度重新检视自己未来的职涯要怎么走。

准备休育婴假的人，应该平常就把正确情况告诉主管或同事，重返职场时也不要太过执著于“一定要原职原单位”。

和接手的同事共享交接行事历

假如不想因为休育婴假“造成周围的人困扰”，就要在怀孕期间做好休假的万全准备。

第一件该做的事是“身体状况好时多帮助别人”。

可以找害喜症状暂时减缓之类的时候，趁着身体状况好，主动协助部门内偏带头者的人。假如因为“反正我快要休假了”，就在工作上变得消极，周围的人就会觉得“这个人会因为休假就在工作上偷懒”，因此这种时候更该积极表现。这样别人会对你刮目相看，觉得“这个人平常就会观察状况、积极做事，也很重视团队”。

接着该做的是“将工作彻底可视化”。

周遭的人之所以觉得休育婴假的同事会造成困扰，原因大半在于双方的信息共享没有做好。“何时起休假？何时起回来？何时起交接？”这些信息一定要告诉所有相关的人。不要只是自己

诀窍6 交接时间表

确知怀孕、决定休育婴假时，要做一张自己到预产日为止的交接表，以正式休假前一个月完成所有交接项目为目标。重要的是，不只要呈交主管，还要提供给接手工作的部门同事及所有相关人员。此外，休假时你所在的地址与联络方式，也不要忘记写进去。

（自己用待办清单）

（10月中） 11月~1月	向主管报告、讨论交接时程 向同事报告、制作交接时间表 制作工作手册（请主管审核）

2月1日	交接会议→营业2课全体同人	A会议室
2月8日	“项目A”的交接讨论	
2月10日	“项目B”的交接讨论 →佐藤小姐、山口小姐、诹访小姐	讨论区
2月15日	“项目C”的交接讨论→远野先生	C会议室
2月15日	公司内负责业务交接→田泽先生	
3月1日	交接完毕、向课长报告进度	
3月12日	与总务负责人讨论	
4月2日	预计开始产前产后休假	
4月15日	前往娘家	联络方式：○○○
5月7日	预产日	
6月下旬	回到住处	联络方式：△△△
8月	寄发每月报告信件	
11月上旬	预计到公司一趟	
3月1日	预计回公司工作	

和主管商量，只把交接计划放在脑子里默默做事，却没告诉最重要的、要接手你工作的那些人。他们会觉得，“接手工作也需要准备，这家伙到底想怎样？”

准备交接时间表。

一旦确定要休假，就要做出交接时间表，在团队内公开。交接不是单方面的事，对方也要能配合你的时间表，才能照计划完成交接。在订时间表时，要注意以下几点：

· 设定时间点：容易发生状况的产期一个月前……产前一个月，身体可能会变得很不舒服，或是因为可能早产而必须休息。千万别想着要工作到最后几天，要考量到可能得提早休假的状况，在正式休假前一个月就完成交接，剩下的日子，就在分头并进下与接手的人同时处理工作。

· 要提供联络得到你的方式……休假时，要把地址与联络电话等信息告诉同事与主管。尤其是要回娘家生产时，可能因而在休假期间改变联络地点，因此要把不同期间的联络地点区隔好，列出“实际找得到人的联络方式”，或是信件的转寄地。由于信件的回复并未交接，假如客户寄来什么重要信件写的是本人收的话，就有可能几个月期间都放在办公桌上。我建议的方式是，准备几个月份够用的信封，写上自己的姓名与住址、贴上邮票，每个月请同事帮你把寄给你本人的信件放到那个信封里，转寄给你。也就是做好“前置作业”，帮同事省下查询你住址的工夫，帮你确实把信转寄到。我在前一个工作时，有个前辈就是用这种方法，巧妙地把工作交到我的手上。负责转寄信件的我，只要每个月用她给的信封，再附上要给她的一些话，寄给她就行了。

· 要公布在人人看得到的地方……交接时间表最好先贴在办公室墙上等易于看到的地方。一方面自己可以掌握手边还有哪些工作，一方面周遭的人也能清楚知道交接内容与时期。

休育婴假前，最该挂心的既不是“会造成人家困扰”，也不是“这是我的权利，理所当然”，而是要尽最大的努力，让未来也会持续维系关系的工作伙伴们，都能安安心心、顺顺利利地持续工作下去。**休育婴假原本就不是个人的事，因此要趁还在公司时，就设计好应对这件事的制度。**由于未来还是会有其他同事用得到，因此就把制度建立起来，实际展现出成果吧！

什么时候生孩子比较好呢？

我结婚第二年了。进公司服务已第八年，目前带领策划小组，总算有一种在公司内获得肯定的感觉。现在我烦恼的是，何时生孩子比较好？虽然我想过要生个孩子，但是在目前的工作有成果之前，我实在无法休假。就算有好成果，公司也会交给我更重要的工作，我的责任应该也会变得更重。主管与前辈们一直都很栽培我，我自己也很想响应他们的期待。未来，我该安排什么时间生孩子才好？

——K女士（29岁，市场调查公司）

小室：嗯，我很能理解这种烦恼着何时生才好的心情。不过，我想主管应该不会只期盼你在短期内成长而已，而是希望你借由生子与育儿工作拓展视野，长期下来有所成长才是。请先别想着“生孩子一定有最好的时间点”，要想得更有弹性一点。

驹崎：女性烦恼的是生子与工作无法兼顾，男性则和结婚一样，会担心“我真的可以当好爸爸吗？”。或许要两个人一起想比较会有好结论。

小室：我在怀孕生子后，才感受到“人生之中有些事无法尽如人意，也有些事就算努力也强求不来”。

驹崎：太太怀孕时，我也有那样的感受哩。她的身体状况每天都不同，往往无法照着自己的希望维持。

小室：怀了孕就会害喜，肚子也会变大。虽然每个人感受不同，但是都会碰到无法随心所欲做到原本做得到的事，或是得要请别人帮你忙的情形。但我认为这样的状况，正是我们学习的大好机会。请人家帮忙或是借此培育后辈后，应该会形成足以在团队合作下创造成果的新工作方法。

驹崎：身为人夫，这也是学习如何支持太太的好机会。

小室：我觉得，之所以会疑惑“何时生才好”，是因为只把生子这段空白期看成是有损于职涯。但只要善用育婴假，就不会只是“休息”而已，也会是磨炼技巧的好时机。最重要的是，生子这件事在漫长的人生中只是很短一段期间的事。

长远来看，不要认为“生子与休假有损职涯”，应该换个角度，想着“借着这个机会，自己与先生都会成长，公司也会朝好的方向改变”。当心里想着是否该生孩子时，当下就把它当成生子的好时机。还有，请各位务必要从长期角度规划自己的人生与职涯。

会疑惑“何时生孩子才好”，是因为把这段空白期
看成是有损于职涯，但只要善用育婴假，
就不会只是“休息”而已，也会是磨炼技巧的好时机。

第四章

要家庭，也要事业！

不要等自己回到公司工作后才和先生分担做
家事与带孩子的工作，而是要在休育婴假时，
针对迟早会再次碰到的双薪生活未雨绸缪，
和先生商量好怎么分担、预做练习，会比较好。

立刻让先生一同参与育儿工作

孩子总算出生，身为母亲除了有一份感动外，应该也会觉得“所有带孩子的工作全都要自己来，不想假手他人”。确实，在孩子出生没多久时，哺乳是只有母亲才做得来的工作。但除此之外，其实没有什么事是非母亲不可的。重要的是，不要把先生排除在育儿工作外，要尽可能早一点让他成为“当事人”之一。在工作上，假如主管只切割一部分的事情让你“作业”，你做起来也会觉得没意思吧？育儿也是一样，在展开名为“育儿”的伟大项目时，一定也要请先生一起来成为项目的成员，太太则以领导者的身份，从背后好好把这个项目推动下去，这才是最重要的。

假使这时候太太一人把育儿工作全部包办，或是全都拜托娘家帮忙，先生没有出场的份，就失去了参与的机会。与父亲接触机会不多的孩子，或许会变得和先生比较不熟悉，使得先生和孩子间的距离愈来愈远，形成一种恶性循环。

孩子撒娇地叫着“妈妈，妈妈”，需要你帮他做些事时，固然是一件开心的事，但如何让孩子也叫着“爸爸，爸爸”，请先生做点事，就要看太太高不高明了。

假如能让孩子觉得，就算妈妈不在身边，有爸爸在也可以，育儿工作应该就会轻松许多，变成一件很快乐的事了。当妈妈的，请别独揽育儿工作，要早点创造先生参与的机会。起步起得早，日后的帮助会很大。

没有什么事是非母亲不可的，别把先生排除在育儿工作外，
尽可能早一点让他成为“当事人”之一。

休育婴假的同时，夫妻俩也要确实做到家事分担

孩子出生后，生活会有几个月时间变得大不相同。新生儿每隔几小时就要喂一次奶，做妈妈的连睡觉时间都不够。先生可能也会跟着忙碌，因此不太可能制订什么时间管理计划。但这样的状态不会持续太久，大概过了三个月，孩子半夜哭的次数减少，喂奶的间隔也变长，生活步调或多或少可以稳定下来。

以我而言，产后大约四个月，我已经习惯于带孩子，孩子也已经可以睡得稍微久一点，时间上也变得比较游刃有余。在这种情形下，除了照顾孩子外，先前由先生做的家事，也变成全部都由我接过来做。一方面是觉得“我自己做比较快”，一方面也是出于一股拼劲，觉得“我是为了带孩子才休假的，所以什么事都应该我自己来才对”为了在带孩子的空当有效率地把家事做好，我变得急着要早点送先生出门，好赶快把事情都做一做。

结果，带孩子和家事变成全部由我一手包办，一直到再回公司上班为止。休育婴假时，带孩子和家事就已经快要忙死了，现在再加上工作，想当然耳，我马上就撑不下去。于是我告诉先生“我已经不行了，一个人做不完” 。再次找他商量分担家事。但我先生早已习惯不必做家事的生活，变得很懒。在刚回公司上班的那段忙碌时期，我经常和他吵架。那时，我先生的回家时间平均是深夜两点左右。我从要求他每星期先安排一天早点回家开始，再慢慢调整他的工作方式。

休育婴假时，有比较多空闲的太太，假如把过去由两人分担的家事全都拿来做，先生会变得太轻松，渐渐的就习惯成性……这可能是其他家庭也会碰到的一大陷阱。

从我自己的经验来看，不要等自己回到公司工作后才和先生分担做家事与带孩子的工作，而是要在休育婴假时，针对迟早会再次碰到的双薪生活未雨绸缪，和先生商量好怎么分担、预做练习，会比较好。

自我充实并跟公司保持联系，为重回工作岗位做好暖身

我想，大部分的人应该都和我前面讲的一样，到产后三个月为止，都忙着带孩子以及半夜喂奶等事项，无暇再想其他的事。

不过，自产后四个月起，渐渐回到日常生活后，要是拖拖拉拉地持续沉迷于整天看电视的生活，会变得愈来难跳脱这种状况。好不容易休长假，享受带孩子的乐趣固然无可厚非，但除此之外的时间，最好还是能够善加运用。

至于该做些什么好，可以在生子前就预先订好计划。像是列出自己觉得尚待加强或想要学看看的东西，购买学习所需要的书籍、报名函授教育、到才艺教室逛逛等等，在可能的范围内尽量做好准备。我那时是因为觉得自己运动不足，因此到健身房看过后，决定要加入会员。

在做这些事的时候，重要的是要当成是在“提升自己、迎向未来”，而不是在“填补空白时间”。

休育婴假时，难免会担心回到公司后的工作与生活，但我们

可以先利用这段时期挑战新事物，充分建立自己的自信，去除不安。假如只是浑浑噩噩过日子，可能会因而觉得“自己明明时间很多，却什么也没做”、“我休息这么久，工作跟得上吗？”、“后辈会不会已经追过我了？”，因此失去了自信。

最后可能会导致自己以“找不到适合的托儿所”等借口，放弃回公司上班。从产后第四个月起，除了要自我磨炼外，也要同时展开与公司的联络。

但真正重要的是，**接下来应该要每个月以电子邮件等方式向主管报告自己的近况，同时得知公司的近况。**有些企业可能会要求女性员工休育婴假时也要定期汇报，但就算没有这样的规定，也要自己积极向公司汇报近况。

报告时，也可以把孩子成长中的照片附上。在报告时顺便让主管看着你的孩子渐渐长大的照片，一方面可以让他实际感受到你正在带孩子，一方面也应该可以向主管传达，你在休假期间还是想着要回公司的事。

和先生一起
制订完善的托育计划

大都会圈都有隐性的托儿所不足的问题（图12）。假如你居住于这样的地方，就必须事前想好，什么时候要把孩子送到托儿所去。

主要由行政机关经营的官方认定的托儿所，会在11月至12月接受申请就读，并在来年2月底决定申请人是否申请到4月起新年度的入所名额（各地方政府或多或少在时程上有所出入）。虽然只要有空缺、又符合入所条件就能入所，几月都没关系，但是在新年度开始的4月就入所，应该还是最容易的。由于所方会让托育需求紧急度较高的人优先入所，因此预计在5月后才回公司上班的妇女，就会碰到几乎很难申请到托儿所的情形。为此，也有许多人提早结束休假，在4月就回去上班。此外，孩子若在年底出生或是提早出生，导致尚未到达规定的年龄时，也可能无法在4月入所就读。因此，应事先查好居住地的托儿所现况与申请标准，尽早取得资讯，等到孩子一出生，就赶快制作包括回去上班

图12 仍有许多幼儿等着进托儿所

1.等候托儿所名额的幼儿人数

	4月	10月	10月对4月的人数比
2008 年	19,550人	40,184人	2.1倍
2009 年	25,384人	46,058人	1.8倍
2010 年	26,275人	48,356人	1.8倍

2.不同年龄层的等候幼儿数

	2010年4月 等候幼儿数	2010年10月 等候幼儿数
未满3岁（0–2岁）	21,537人	42,410人
其中0岁的幼儿	3,708人	17,432人
其中1–2岁的幼儿	17,829人	24,978人
3岁以上	4,738人	5,946人
所有年龄总计	26,275人	48,356人

※资料来源：厚生劳动省之“托儿所入所等候幼儿数”数据（2010年10月）

时间在内的时程表。

对于孩子还小的双薪家庭，夫妻双方的父母，也就是孩子的爷爷奶奶、外公外婆，会是照顾孩子的一大助力。万一没有申请到托儿所，或许可以请他们暂时帮忙带一下。再说，就算申请到托儿所，孩子也可能因为突然生病而无法到托儿所去，这种时候，多半也都要暂时托给老人家一下。不过我认为，就算夫妻双方的父母不住在附近，倒也未必就无法兼顾上班与带孩子。

以我们夫妻为例，由于两人的父母都住得远，平常几乎无法请他们帮忙照顾孩子。虽然我们幸运申请到托儿所，但孩子如果生病，夫妻两人中就必须有一人请假，不然就是得要委由病童托育服务机构或是民间保姆代为照顾。一开始我们经常会觉得“要

诀窍7 向公立托儿所申请入所的时程表

※各地方政府有不同规定，请先向居住地主管机关确认。

日本时程表			要做的事
4月 ↓		收集资讯	●到居住地的主管机关收集信息： ·托儿所入所申请书。 ·托儿所清单。 ·了解其他官方能够提供的育儿帮助。 ·确认申请时程与审查方式。
11月	上旬	开始受理来年4月入所的申请 ↓	●尽可能到多家托儿所看看，参观一下。 ●夫妻两人讨论挑选托儿所的标准与原则。 ●事前研究好托儿所之外的托育方式。 ●先预做模拟，假如申请不到的话，要托给谁。 ●也有可能必须等待尚无官方认可的托儿所。有时候只要先申请一下就行。
	中旬		
	下旬		
12月	上旬		
	中旬		
	下旬		
1月	上旬		
	中旬		●利用临时托育服务或找保姆。 ●收集在孩子生病时如何应对的相关资讯： ·病童托育。 ·病童中心。 ·夫妻俩的父母等等。
	下旬		
2月	上旬		
	中旬		
	下旬	申请结果发表	
3月	上旬	事前说明会、健康检查、所长面谈等	●联络主管、告知托儿所相关状况，并且商量销假上班时程。 ●建议可以在销假前带孩子到公司打个招呼。
	中旬		
	下旬		
4月	上旬	入所／开始熟悉托育环境	●调整好生活步调，准备回公司上班。 ●做好入所准备。
	中旬		
	下旬	正常托育	

是能拜托父母就好了……”，但夫妻两人携手照顾孩子的结果是，夫妻之间的关系变得更紧密，也和邻居们形成了人际网络。而且，我在生孩子前一直持续义务为学生开设简报讲座，讲座的学员们还曾经帮我带过孩子。

或许有人会觉得“怎么会把婴儿交给学生照顾”，但是在欧美，当保姆其实是学生最喜欢的打工方式之一。对于少有机会接触到婴儿的年轻人来说，当保姆是很珍贵的机会。经常有一些男大学生，一开始觉得“不知道怎么照顾婴儿”、手足无措，最后却都爱上了当保姆，觉得“哇，习惯之后，觉得婴儿真的好可爱”。对孩子也有好处，可以有大哥哥、大姐姐陪他玩，也是很快乐的。尤其是孩子三岁过后就会活泼地玩耍，若能有陪伴游玩的大学生保姆，我觉得对孩子的成长也是好事。

像我这种身边没有父母可托顾的人，除了找托儿所外，还必须多准备两三重“保险代打”，像是能够在孩子生病时代为照顾的民间托育服务机构，或是地方政府的家庭支持服务等等。驹崎先生经营的佛罗伦萨病童托育服务，应该也是当地的父母们可以安心委托的对象。此外，也请务必找找看，有没有亲戚能帮忙，或是在住处附近有没有可以找来当保姆的学生。可以付他保姆打工费，也可以用协助求职或教他当个社会人的技巧交换。即使只有夫妻两人，还是可以运用智慧与心力，克服许多带孩子的难处。

爷爷奶奶、外公外婆固然是以满满的爱帮忙照顾孩子的一大助力，但根据我看到的例子，如果做太太的过于仰赖娘家帮忙的话，先生会有疏离感，变得不好参与育儿工作。凡事都一样，夫妻应该先了解事情的正反两面，好好商量一下要怎么带孩子比较适合自家状况。

不需要急着
把钱花在孩子的教育上

孩子出生后，要不了多久就会有人来推销学才艺或是卖学习教材。看看周遭，有些家庭似乎会急着让孩子学很多才艺。各个家庭固然都有自己的教育方式，但要是能慎重厘清投资的成本效益，或许会比较好。

很多人常说，假如因为父母觉得有些才艺很好，就送孩子去学，孩子可能因为年纪还小，很多东西都还学不好；但假如是孩子自己想学才送他去学，他们会比较快学会。还有，教育真正花钱的是孩子高中、大学等成长阶段，因此孩子的教育费用要有长期的规划，千万别等真正要花钱时才发现已经把钱花光。

为人父母的，想必都希望“让孩子接受比我还优质的教育”吧！然而，孩子出社会后，还是要靠他自己一边碰壁一边开拓人生，因此我认为，学会克服困难、走出自己的一条路，才是重要的。孩子要是能在自己擅长的领域活跃，或是有过当领导者的经验，应该就能在进入社会前建立起“我做得到”的自信。因此，做父母的要多让孩子累积这类能够建立他们自信心的经验。

我觉得，父母（尤其是母亲）之所以会对孩子的教育热心过度，往往是因为觉得“把孩子教育得好，是一种获得其他人（包括先生）认同自己的方式”。很多时候，父母都是出于一种“害怕社会不认同自己”的不安心情，才会钻牛角尖地觉得 “假如没把孩子教育好，自己就失去了存在价值”。

如果你觉得自己的另一半“对孩子的教育过度投入”，不要责备，记得要先认同对方。请在你的态度与言词中表达出“我很爱你，我觉得你很重要”、“我认同你在工作上与做家事上创造的价值”。

无论对孩子或对大人来说，能够确知“自己获得了认同”、“自己原本那样就已经很好了”，都是身心健康发展所不可或缺的。

把下班后的应酬
改成家庭聚会

我经常听到有人担心，结婚或生子后，会变得无法下班后再接待客户或是去喝酒。因为他们觉得，做生意免不了要晚上边喝边谈，要是无法再如此，工作的成绩也会变差。

确实，喝酒等“交际应酬”对生意往来很重要。我自己也觉得，找个气氛与平常不同的地方和别人沟通，有助于建立人际关系。

只是，是不是非得喝酒才能沟通，就有商量的空间了。我自己本来就喝不了酒，因此生孩子前就不太出席这种酒聚；生孩子后，机会就更少了。

我经常活用的是举办家庭聚会，邀各种人到我家来，有公司的员工，也有工作上的往来对象。

比较特别的是，我已经持续十年会找七个女性员工一起到我家来构思新商品的策划。这七人一开始都是单身，慢慢地开始有了变化，有人结婚，有人生子，聚会也成了大家分享怀孕、生子、育儿、购房等生活智慧的场所。

日本人下班后很喜欢“晚上、在外”聚会。假如是去喝酒，可能不太看得出对方的家庭背景，而且常去喝酒也很伤财。喝得太晚，和家人相处的时间就少了，酒喝太多也会导致经常性的睡眠不足，使得健康恶化。假如能把其中几次的晚间酒聚，改为“白天、在内”的家庭聚会，家人既可以自然而然参与，还可以在适切的时间结束聚会。

孩子让夫妻间的联系更紧密

“不能像以前那样做想做的事了……”

男性似乎比较容易看到“孩子成为人生负担”的那一面。但我自己实际生了孩子后，倒觉得那样的看法，只是看到诸多层面的其中一面而已。

孩子出生后，确实无法像以前那样想喝酒就去喝，或是周末想去哪就去哪。而且，做父母的还必须随时随刻跟在还不会说话的婴幼儿身边照顾，因此与太太间的联系也会变得比过去还要紧密。这样的生活，和过去所想象的“会变得什么事都不能做”、“会有受拘束的感觉”完全不同。

如前所述，我休了两个月的育婴假后，回到了公司，后来就一直过着配合孩子的生活。具体来说，我会在早上五点半起床，独自集中心力工作一个半小时，到七点为止。我发现，早晨这个时段不太会有电子邮件或社交网络服务上的往来，非常安静，精神可以很集中。七点起我就做早餐，全家围着餐桌用餐。再来就继续工作，然后在九点左右出门上班——大概是这样的流程。

晚上六点，我就收拾工作下班，七点多到家，全家吃晚餐，洗个澡，十点半就寝。基本上，一天就是这么过的。

由于我希望十点多上床睡觉，几乎不会去酒聚，就算去了也是提早回家。原本我担心“和他人交谈的机会变少，有些信息会漏掉”，但其实可以用早餐会或是午餐会议代替，目前对于我的工作或交友，都没有产生任何影响。一旦跑去喝酒，就会聊得比较久，不像早餐或午餐的时间有限，发言会比较紧凑、有效率。

以我来说，生子给了我改善生活习惯的好机会，也让我把工作安排得更好；当然，孩子的存在本身就是一件让人很宝贝的事。我最直接的感想是，生孩子不会让你失去任何东西。

新手爸爸们
请从旁观者变成参与者！

“孩子出生后，太太所有心力都只放在孩子身上……”

有些男性会有这样的抱怨。但之所以会有这种感觉，是不是因为他自己没有参与“育儿”这项有趣的“新事业”？太太会一直讲带孩子的事，当然是因为带孩子很快乐，很令她着迷呀！既然这样，先生应该也可以参加看看。

不管是足球还是棒球，最乐在其中的不是在一旁观看的观众，应该是在场中比赛的选手。带孩子也是一样，只要你成为选手，事情就会突然有趣起来。

或许有些长辈会说 “当爸爸的应该要等孩子碰到大问题时才出面，指引孩子方向”，但相对地，这不就等于“平常什么都不做”了吗？

仔细想想，一个平常都不练习的选手，比赛中怎么可能会有好的表现呢？

我认为，带孩子“平常时候才是最重要的”。

例如小室女士提到刚生产完的时期。那两三个月的时间，每隔几小时就必须不分日夜喂奶或是换尿布，睡眠时间也会缩减，因此有时候对刚生产完尚未完全恢复的女性来说，无论体力上或精神上，都可能撑不住。先生不但要帮忙照顾孩子，还应该多负担一些原本由太太负担的做饭、打扫等家事，减轻太太的负担。我那时负责半夜喂奶，像个值班人员一样，只要孩子一醒，就要马上喂奶。太太也因而能够睡得比较久一点，白天带孩子时心情也比较好些。

喂奶、换尿布、帮孩子洗澡。带孩子其实就是每天老老实实把这些事情都做好。我认为，做父亲的如果平常无法练习好这些事，“碰到大问题”的时候，根本不可能帮得上孩子的忙。我期许自己不厌其烦地把这种看似小事的事情做好，成为一个实力雄厚的爸爸选手。

一起做个快乐的“育儿爸爸”

2009年日本修法完成的《育婴及家庭照料休假法》中，规范了“父母育儿休假Plus”制度，也就是“父母同时休育婴假”时，休假期间可再延长两个月。

这里所讲的“父母同时休育婴假”，指的不光是两人同时请育婴假，也包括父母轮流请育婴假的情形在内。这次修法的一大目的在于“促进父亲参与育儿工作”。

·父亲若在母亲产后八星期内请育婴假，日后可以再另行请假。

·过去一向是根据劳资协议，将太太是专职家庭主妇的先生，排除在可以请育婴假的范围之外，但修法后，已禁止企业不让这些人请假。

这几项改变，等于打开了一扇让所有男性都能请育婴假的大门。由于是政府主动从政策面打造一个让男性更容易请育婴假的环境，我希望各位男性要多多利用，一起加入“育儿爸爸”的行列。

“育儿爸爸”是指积极参与育儿的男性，也是2010年起，以厚生劳动省为中心的男性育儿促进活动中的关键词，小室女士和我都扮演了该活动的推手。不过，“育儿爸爸”这个关键词，有些人认为“很好懂”，有些人却提出了批评的意见，像是“男性本来就该参与育儿，这样称呼会显得好像很特别”、“这个字听起来太轻浮”、“在宣传的时候，似乎比较偏重陪孩子玩耍等等育儿工作中比较快乐的一面而已”等等。

但依我之见，就算可能或多或少会带给民众某些不尽正确的印象，我还是希望能有愈来愈多的人知道“育儿爸爸”一词。无论什么样的活动，一开始都要先有能够朗朗上口的名称。例如，过去都说“保护地球环境”，后来改用民众易于记忆的“ECO”一词，广为人知后，环保的概念才深入人心，也使得日后许多环保政策都受到民众的接纳。

我很期待“育儿爸爸”一词普及之后，能有更多关于男性参与育儿工作的讨论，进而让男性育儿成为社会上一股稳定的潮流。

在我还是学生时，曾经到补习班打工当过老师。那时，我察觉到一件事：“成绩一直进步不了的孩子都有共通点。”

我的感觉是，问题不在孩子身上，而在于他们的父母过度干涉孩子的读书或升学事宜。这样的父母会坚持孩子“一定要进入世人认为优秀的学校”才行，因而不断对补习班提出各种要求。这些事情，孩子看在眼里，会变得讨厌读书，最后演变为休学。

父母的过度干涉，伤害到了孩子觉得“我做得到”的自尊。这样的父母又以母亲较为常见，父亲多半是不太参与育儿工作的那种类型。母亲独自一人教养孩子的状况，等到孩子长大后也依然持续，成为影响到孩子未来的一大风险因子。

若要避免这样的情形发生，总之就是先生要以自己的方式参与育儿工作。夫妻平常若有交谈习惯，理论上就能把教育孩子的方向拉回正轨。这不光是减轻太太教养孩子的负担而已，也会大大有益于承担起下一个时代的孩子们的人生。

育婴假期让人有时间与空间
从全新角度思考未来

小室女士总是说："休育婴假是女性提升技能的好机会。"但我自己的感觉是，"休育婴假是男性的休假研究期！"

"休假研究"是学术领域的词汇。据说，一个研究者再怎么优秀，假如长达几十年都研究同一领域的东西，很容易在不知不觉间变成只懂得以狭隘的角度看事情。

为此，应该暂停埋首于自己专业的研究领域，好好休一段假，或是暂时研究截然不同的、其他领域的东西，借以找到新的想法，或是拓展自己的视野。有些研究者为了提高成果，很需要新想法或是以全新角度看事情，就经常会采取休假研究的方式。

休假研究的概念，未来应该也会成为上班族的必备行动。任何人要是重复同样的生活形态，和同样的伙伴在同样的组织中工作，思考的时候都会变成只以那个小范围内的认知为出发点。由于现在的上班族必须经常创造新的价值，也就是必须创新，因此，“休假研究”的想法也开始在商业领域中变得重要起来。

过去有一段时期，牵引日本经济脉动的都以制造业为中心。只要能够“以较低的价格生产更好的东西”，就能赚取稳固的利润。今天只是昨天的延长，只要能改善已经存在的系统，就能打造出畅销的产品与服务。然而，过去日本用于制胜的这套方程式，早已无法再通用下去。假如只是推出同样的产品与服务，不可能赢过人力成本便宜的新兴国家。现在已经进入了重复同样的做法会使得利润无法提升的时代了。

在今后的时代里，我们必须创造出前所未有的新附加价值。倘若缺少“唯日本能”、“唯自己公司能”的产品，终究还是会在与来自全球的对手竞争时败下阵来。要想找出胜过竞争者的新想法，就必须强制改变自己所处的位置，吸收各种不同的观点，再借以自行开拓出新的人际关系或生活形态。

这种时候，“休假研究”会很有效。只不过，除了留学之外，目前一般上班族大概很难暂时离开工作岗位几个月到几年的时间。**这时候，休育婴假就成为脱离固有价值观、拓展狭隘视野的大好机会。**

我自己也是，有小孩后，会开始把社会看成是“孩子们存在的世界”。我会一面抱着孩子，一面思考“未来这孩子长大时，自己又在从事什么样的工作呢？”、“我能够为这孩子成长于其中的社会，做些什么呢？”、“再过十年，再过二十年，我能够创造出何种工作成果呢？”等问题。

如果只知道一个劲地往前冲，脚是会累的。

对我来说，休育婴假让我能够暂时休息，确认应该前往的方向，进而给我带来各种丰硕的收获。

“本地社群”
将成为未来人们解决问题的一大助力

在思考育儿这件事时，也必须考虑到“本地社群”，因为孩子未来是要在本地生根长大的。过去的本地社群，是由一直住在同一片土地上、自小就认识的一群人所组成。但现在都会里人的流动性很高，想住哪就住哪，大家似乎觉得，就算与居住地之间的联系不深，问题也不大。

不过，今后可不是这样了。除了育儿与教育问题外，另一件日趋重要的看护问题也同样无法光靠国家或行政力量就能解决。今后的时代，人们必须与周遭的人同心协力，共同以自己的双手解决自己的问题。

面对这种状况，为人父母必须要有“建立本地社群”的想法。**社群不会自己产生，必须“主动参与、主动建立”。**要花时间、花工夫建立它，透过社群力量，把身边的难题一一解决……我们现在正处于需要这种新社群的时代。

小室女士在育儿方面是我的前辈，她们家住在新兴的大规模住宅区。据她说，一开始她们家认识的都是新搬来的居民，因此她举办了孩子的生日派对，邀请在托儿所认识的其他父母来参加。小朋友的父亲们因认识，而组成五人制足球队，一起踢起球来。现在，孩子们也一起玩五人制足球，父母之间也会互相帮忙照顾孩子。

我印象最深的是小室女士讲的："爸爸们建立此一社群，不是为了自己。他们自己固然也很乐在其中，但说穿了还是为了孩子们着想。**自己现在建立起来的社群，未来对孩子而言会是一件好事。**"

只要上班，公司或多或少都会帮你安排"发挥的空间与扮演的角色"。

然而，在你所居住的区域里，你有"发挥空间"吗？请看看自己的周遭，应该有各式各样的人存在吧。有的人擅长踢足球，有的人擅长弹钢琴，有的人擅长画画。此外，对于邻居的为人，你又了解多少？本地社群就是像这样，由各式各样的人所组成，只要你稍微注意一下，应该就会明白这件事。

要在本地建立新社群时，孩子是很有力的"武器"。参加陌生人的家庭聚会或许会使人抗拒，但如果是上同一家托儿所的小朋友的生日会，因为背后的原因是"为了孩子"，相较之下就比较能够轻松参加。

还有，各地方政府也会举办"父亲讲座"之类的活动，我们应该可以在这类因为孩子而开始形成的本地社群中，找到自己的另一个发挥空间与可扮演的角色。

假如现实生活中没有机会，也还有推特、脸书等各种网络工具。一起来巧妙运用它们，逐步建立起新社群吧！

为人父母必须要花时间、花工夫“建立本地社群”，
透过社群力量，把身边的难题一一解决。

与其提早学习才艺，不如先打好孩子的人格基础

如同小室女士先前提到的，孩子出生后，才艺班的信息之多，令我讶异。一看到像是“如果你希望孩子的英文讲得像母语一样，请在大脑的语言区停止发育的五岁之前就施以英语教育”之类的广告词，我不禁怀疑，这是不是和我同样经营儿童相关事业的人所设计的“引起恐慌的营销手法”。

再重复一下前面讲过的，我自己经营托儿所，也学过基础的发展心理学。我认为，**父母在孩子还小的时候，应该做的是建立孩子的“自我肯定感”与“自我胜任感”。**我觉得，重要的是亲子之间讲讲话、一同围着餐桌用餐的时间，而不是花钱购买外语教材，或是送孩子去学些他根本不想学的东西。我新开设的托儿所事业也一样，**注重的不是技能的投入，而是为孩子打好人格的基础。**

这种想法不光是根据托育理论而已，也包括我个人的经验在内。

在我还是个高中生时，曾经到美国一个小镇去留学。

和我同时期到那里留学的同学中，有一位是新西兰学生。对她来说，英语是母语，因此和镇上的人可以自然地交谈。相对地，我只会讲简短的英语，再加上拼命比手画脚，才能和同学沟通。

但这位新西兰女孩，却一直迟迟无法融入当地社会，反倒是不太会讲英语的我，走在镇上时，都会有当地人露出笑容和我讲话。

我在日本没有碰过这种事，感到很不可思议，于是问同学："为何大家都很亲切地和我讲话？"这位同学回答我："在这样的乡间小镇里，你凡事都感到很新鲜，什么都想挑战看看，不是吗？相较之下，那位新西兰同学则是一直抱怨个没完，说什么和她们那里比起来，这个也没有，那个也没有。"

这件事让我了解到和外国人沟通时，最重要的是有没有想要了解对方的好奇心与行动力，以及一颗坚强的心——就算言语略有不通，也不因而感到泄气。外语能力本身反而是次要的。

在学习外语前，需要的不就是强烈的自我肯定感吗？"就算我发音不好，我本身可是很棒的！"不以发音不好为耻。

婴幼儿期是人类建立"操作系统"的时期，目标是把基础打造好，就算没有花钱去买未来才用得着的应用程序之类的东西，也没有必要因而感到不安。

很多业者都想透过"贩卖不安"提高销售额，但以英语为首的各种才艺，等到孩子自己说想学再送他去学也不迟。

先生要能成为
太太重回职场后的坚强后盾

太太结束育婴假、回到职场后，才真的是双薪夫妻面临考验的时候。先生必须支持太太由育儿模式转换为工作模式。

太太回公司前，夫妻要重新研究一下如何分担接送孩子的工作与家事。看看我的周遭，多半是采取“父亲送、母亲接”之类的方式。在托儿所的入所说明会中，也看得到许多男性参加。

此外，精神面也要顾虑到。我以经营者角度观察那些休完育婴假回公司的员工，会觉得她们有一种“工作与家庭必须完美兼顾”的心情，而且因为做事的手感还没有恢复，心里焦急，工作起来没有像以前那么游刃有余。

我固然会告诉她们 “一开始先慢慢来没关系”，但如果主管、同事以及家人都能给她这样的建议，原本心情紧绷的女性，应该就能够放松下来了。请各位当先生的务必要体贴地告诉太太“不要着急”、“慢慢做应该没问题”。

如同小室女士先前讲的，现在大都会的居民要找托儿所相当辛苦。很多家庭都感叹，在距离家里还不算远的范围内，都申请不到任何一家托儿所。我想这是政府部门应该带头整合各团体、迅速改善的部分。

不过，我要强调的是，可别因为找不到政府认可的托儿所，就放弃工作。

除了这些托儿所外，还有民间企业或NPO经营的托儿所、专业保姆等，有很多托育的服务可以享用。

当然，这样的服务往往会收取比政府认可的托儿所还高的费用，只是托育毕竟只是一段期间的事，在比较忙不过来的时候或许会觉得好像一直要把孩子托育在那里一样，但孩子长大的速度快得教人吃惊，很快你就不必再把孩子托在那里了。

假如申请不到托儿所，或是虽然找到托儿所但孩子常常生病，有些父母就会开始犹豫（尤其是女性），孩子还这么小，“我是否真的能够一直工作下去？”、“我这样工作下去真的好吗？”但这时假如辞掉工作，出现一段空白时期，未来再想上班，就不见得能找到同等条件的工作了。和维持原本的工作比起来，多半会面临因为职涯中断，导致所得减少的情形。因此，包括我所经营的病童托育事业在内，**我认为做父母的应该把托儿费用当成是持续工作下去的“投资”，巧妙运用这样的服务，同时兼顾工作与带孩子。**

请各位当先生的务必要体贴地告诉即将回到职场的太太“不要着急”、“慢慢做应该没问题”。

小规模托育才能解决孩童挤不进托儿所只能干等的问题

每次听到有人说“因为找不到托儿所，我无法继续工作下去”，我都会觉得很难过，很可惜。都市幼童排队等着进托儿所的问题一直没有解决。我也试着要设法解决这个问题，但目前尚未成功。很多父母应该都觉得，“只要找得到就谢天谢地了，不敢再想要选哪一家”。

但我深信，幼童找不到托儿所的问题一定能够解决。因为这是人自己制造出来的问题，因此也是人能够解决的。行政机关可以放宽托儿所的设置标准，让有意愿与有能力的团体加入。只要政府有心，应该五年不到就能解决这问题。问题一解决，女性就有了能够回到工作岗位的客观环境，进而带来莫大的经济效果。我希望在此言明，今后这对我们国家是很重要的。

现在来看看各国的托育状况。

美国最低限度的社会保障制度（安全网）很薄弱，所有服务都交给市场，因此，不同居住区域与不同经济状况，就可能导致托儿难易度有很大的落差。

在一部由茱莉亚·罗伯茨（Julia Roberts）主演的电影《永不妥协》（*Erin Brockovich*）中，有一个场景是，主角打算工作时，能够托顾孩子的就只有某个恶劣的保姆而已，这时她讲了一句话："尽管如此，能有地方帮我照顾孩子，就已经很谢天谢地了。"

其他有些国家是日本应该学习的。法国正举国努力提高出生率，其中一项政策是设置小规模的托育设施，以及让一般人取得认证后也能代为照顾孩子。在实施时，也会听取当地女性的意见，很有集体照顾孩童的热情。

瑞典则有一种制度是，各小区或村、镇可以自由成立当地的托儿所，甚至于可以由父母们同心协力自己成立托儿所。

应该向法国和瑞典学习的关键词是"小规模托育"。

目前日本的托育行政问题在于公立托儿所的规模很大，都在100人左右。但如今日本各区域的年龄层变动很大，需求也很容易变动，只要有大规模的住宅建案或是受到经济的影响，托育需求就会变得大不相同。但托育设施一旦规模太大就难以调整，容易发生一种矛盾的现象：有些托儿所因为名额未满而必须花费成本维持，有些地区却有愈来愈多等着进托儿所的幼童。而且，少子化是无可避免的趋势，在这种状况下，如果还像以前那样斥资成立大规模的托儿所，实在是一种无谓的政策。

因此，应该设立的是小规模、机动性高的托育服务才对。包括修法在内，政府应该逐步打造一个让这样的服务易于开展的环境，融合托育政策先进国家的一些出色做法，力求为负债累累的日本，创造出特有的一套“最佳实务做法”。

大家都是这个社会的一分子，希望各位也能向政府机关反映想法。

别再当“阻挡妻子去路的先生”！

我们家有个三个月大的孩子，我太太目前正在休育婴假，预计要回公司上班。不过，我心里无法赞同把孩子托给托儿所。我的想法是，孩子在上幼儿园的年龄前，都应该由妈妈带着，假如才一岁前后就交给托儿所带，不就太可怜了吗？还有，太太也说，“希望偶尔能把孩子托给别人，夫妻两人一起出门”。但我觉得，照顾孩子不就是母亲的工作吗？她不就是为此才休育婴假的吗？我很担心她不疼孩子。

——J先生（35岁，制造业）

驹崎：唔，真的有这种会出手阻挡太太去路的先生存在呢！我觉得，会以为孩子托人照顾很可怜的先生，大概都是因为自己没被别人照顾过，才会有这种想法。

小室：可能是各种不同的信息，在他们的脑海中形成了“母亲一直待在家会比较幸福”的刻板观念吧！

驹崎：我爸妈都上班，从学校回来，我都是一个人过，但那段时间可是我的天堂呢（笑）。而且，假如像J先生所讲的，孩子托在托儿所会对人格的形成造成负面影响，那么上过托儿所的我以及几百万名日本人，不就都变成“个性有缺陷的可怜人”了吗？（笑）

无论托给托儿所，还是父母自己带都没关系，重要的是“质”，美国的实证研究结果也是这么讲的。儿童心理学也已经证明，高素质的团体生活，对于人格的成长有正面影响。

小室：J先生的心情我也不是不能了解，但只因为太太在休育婴假，就要她二十四小时带孩子，我觉得毕竟现实了点。

驹崎：谁要是说“妈妈应该二十四小时盯着孩子”，我会很想问他：“难道你会每天二十四小时一直工作下去，从来不休息吗？”不让太太有暂停带孩子的时间，就好像在马拉松中硬撑着一直跑下去一样。

我曾经问太太，要不要把孩子暂时交给别人带，两人一起看个电影。暂时放下孩子，夫妻两人聊一聊，既有转换心情的效果，双方又能借此沟通，我认为是很重要的。

小室：要是先生能向太太提议 “你偶尔也暂停带孩子、休息一下”，太太应该会觉得松口气。而且，我希望 J 先生知道，他所成长的时代，和现在已经大不相同了。

驹崎：嗯。过去的本地社群很牢固，也有很多专职的家庭主妇。在日常生活中，妈妈与孩子都有一些熟稔朋友可以沟通。但遗憾的是，现在都会区并无这样的社群功能。

若要求“只能由妈妈一人带孩子”，很可能等于强迫她在脱离社群的环境下孤独地一个人带孩子。

小室：托儿所或是临时托育服务，其实也是把类似的家庭串在一起、形成新社群的地点。我在托儿所认识的一些妈妈，都会告诉我关于幼童疾病或是附近医院的信息，真的帮了我很大的忙。请 J 先生务必要从这样的角度和太太沟通看看。

第五章

全家都幸福　财务规划

一直以来，所谓的“自我投资”，

比较偏向于让自己存活下来的方法，或是高收入的方法。

但我认为，今后的自我投资应该会渐渐偏向“追求幸福的自我投资”。

我们的价值观，应该从“怎么做才能成功”，转换为“怎么做才能幸福”。

双薪家庭最好先拟定
家计管理的大方向

我和驹崎先生的父母亲那一代，应该很多家庭都是父亲把薪水全部交给母亲，再从中领取一定金额花用，也就是采取“零用钱制”吧？我娘家也是这样。小时候曾经觉得很不可思议，“为什么领薪水回来的是父亲，却是他向妈妈拿零用钱呢？”之所以如此，原因之一应该在于某种强烈的价值观：男性不要太过在意收入的去向，应该把家计全部交由太太管理，比较干脆。

相对地，在我们这个时代，双薪家庭变多了。一般家庭的家计管理，不再是先生把薪水全部交给太太，而是双方都交出自己工作所得中的一部分，用在家庭上。

尽管如此，许多杂志经常都会制作“如何省钱”的专题，却一直没有杂志谈到双薪夫妻该如何管理家计。或许是因为金钱这种话题，即使是亲子或朋友之间，也有点不方便谈吧！

其实，很多双薪夫妻都是在不清楚彼此的年收入或存款金额之下就结婚，也不太探询对方的花费，一直到生了孩子后，才总算知道对方的金钱状况。但是，夫妻之间的关系一旦恶化到离婚之类的地步，背后往往都和金钱有关。因此，夫妻应该尽早讨论及思考金钱方面的问题。

身处于这个不确定因素很多的时代，夫妻之间绝不可能避谈金钱话题。两人必须**先建立运用金钱的策略，才能充分发挥双薪夫妻的优势**。可以多利用我在第一章介绍过的“未来电子表格”，根据不同的人生阶段，分别掌握所需资金，并且预先决定如何用钱及如何存钱的大概方向。

公平负担家计是基本原则

虽然夫妻都工作，但两人的收入多半还是会有差距。除了职涯、职种、工作形态、在公司的业绩等重要因素外，留职停薪、准备创业、留学等不同人生阶段，也会让收入产生变动。这种时候，家庭经济重担可能会集中在其中一人身上。

这种状况当然也要考虑在内，但基本上，还是要以夫妻两人公平负担为目标。就算其中一人的年收入比另一人高上许多，收入较低的另一人还是应该要有好好分担部分家计的意识。夫妻或许会有一种“都已经结婚了，钱是共有的，谁出都一样”的想法，但金钱问题在心理上的影响很大，因此还是应该试着保持公平性。

例如，假如房屋头期款与房贷都由先生负担，就算夫妻双薪，多半还是会有家事几乎是太太在做、孩子也几乎都是太太在带的倾向。重点是应该避免因为金钱的缘故，导致夫妻间地位出现高低之分。

太太应该要有自己的存款账户，也分担一些房贷，就算比例不高也无妨，维持“两人共同分担家计”的意识。尤其是像房贷这种必须长期支付的款项，假如太过仰赖夫妻其中一人来付，他的心理负担会变大，可能导致想换工作却不能换，或是变成无法摆脱长时间劳动等情形。

那么，夫妻的家计负担比例，应如何决定才好?

我们家的方法是以两人前一年的年收入来决定今年的负担比例。这种方式可以让双方的收入透明化。当我先生出社会后跑去美国留学两年左右，家庭收入减少，当时的生活费与房租就几乎由我负担；我后来创业、收入减少时，就变成先生多负担一些。现在，我们两人差不多是各负担一半。虽然还是会视目前的状况，弹性调整负担比例，但理想状态还是要力求公平负担。

家计分担等金钱问题会导致夫妻间地位出现高低之分，
因此还是应该试着保持公平性。

诀窍8 各种家计分担法

全额由其中一人负担

由先生或太太全额负担，另一人负责存款等

依项目区分

依项目分担，比如房租由先生出，餐费与水电费由太太出

由共同维持的财源负担

夫妻两人讲好每月各出多少固定金额，以同一账户管理

※ 参考数据：《三十多岁夫妻，双薪存下4000万日元资产的观念与投资方法》（平野泰嗣、平野直子著）

我推荐最后一种，依收入决定分担比例后，再用同一账户管理。它的优点是，夫妻可以在同样的目标意识下厉行节约与储蓄。

“全额由其中一人负担”会使心理上的不公平感变大，未负担家计的那一人，容易变成要一手包办做家事与带孩子。

“依项目区分”可能会变成两人的自我意识互不相让，比如负责水电费的那一人，比较会去挑对方忘记随手关灯的毛病，或是负责餐费的那一人会想要节省食材费用等等。这会使得夫妻比较难有共同的目标意识。

制订计划时
要通盘考虑整个人生

日前我参加某个电视节目，讨论到一个话题："假如六十岁退休，为了接下来的生活与看护所需要的费用，每个人至少要存三四千万日元才够用。"这充其量只是试算，有无房屋、想过的生活水平、居住地点等条件都可能造成金额大不相同。不过，现代人的寿命变长，60岁以后所花费的支出，确实有必要事先估算（参见图13）。我们在计算一生的花费时，很容易只算到孩子长大成家为止，但就算孩子自己成家，我们也还有三四十年的人生要过。

储蓄也有容易存与不容易存的阶段。二十多岁时收入还不多，要收支相抵就已经很辛苦了，但三十多岁大概已经能够抓准支出的范围，有余裕可以存点钱下来，因此可以在这个时期开始储蓄。我们家在"未来电子表格中"，也列出了按月的储蓄目标，一直列到未来十年以后，而且是配合年收入慢慢提高。就算存得不多，只要持续存下去，还是能够存到不少钱。开始的时候

图13 退休后大概需要的生活费（每月／日元）

夫妻两人21.6万x12（月）x25年＝6480万元。（包括退休金在内）

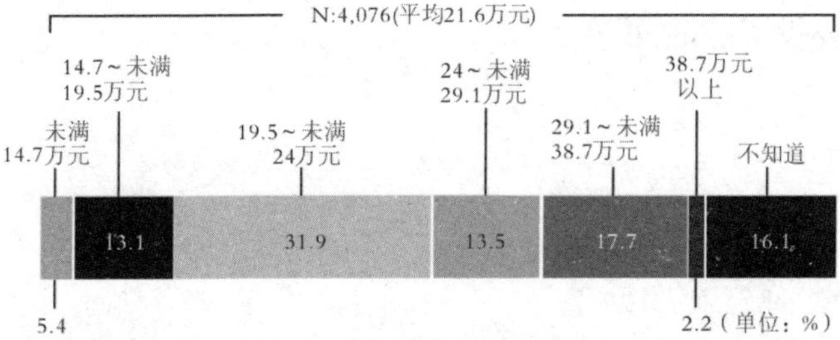

※ 资料来源：人寿保险文化中心·生活保障相关调查（2010年度）

不要勉强，从不至于影响生活的金额着手，等到两年后、五年后或十年后，可以重新拟定要存的金额，配合人生的不同阶段重新调整。

储蓄不只是“把钱存下来”，也代表着“未来会需要这么多钱”，以及要提早拟定好计划。现在固然是收入难以增加的辛苦时代，但只要有计划，就不会陷入无谓的不安中，活出自己想要的人生。

投资“金钱”，
也要投资“时间”

广义来说，我们每天都在“投资”。不仅仅是“该选哪个金融机构的哪种金融商品？”而已，也包括“该考什么证照，活用在工作上？”、“该买哪套衣服，才能给人好印象？”等等。

然而，从小学、初中到高中，学校几乎没有安排过什么“金钱教育”。

不少人都是在一成为大学生后就跑去投资高风险的金融商品，或是被诈骗集团所骗，或是在一出社会后，就买了对单身者而言保障过多的保险。

明明只要略具金钱知识，就能节省下来的钱，就这样不知不觉飞了，真的十分可惜。

投资不仅限于金钱而已。“为了将来，该如何分配手边有限的资源？”也是一种投资的思维。

我尤其希望各位意识到如何运用有限的时间，也就是“时间的投资”。

一直以来，每当我遭逢困难，都是过去我所认识的朋友们拉了我一把。这辈子我都很重视“把时间投资在与人结缘上”，也认为这是一种有必要的思维。

夫妻两人都工作
便是最好的投资

为稳定家计、增加储蓄，最确切的方法不是投资或以钱滚钱，而是“夫妻都健康，一直好好工作下去”。

看了日本政府单位的数据，我很讶异的是女性一辈子的薪水收入，可能因为“结婚时离职，日后再打工赚钱”与“休了几次育婴假后，回到公司继续上班”的不同选择，而有五千多万日元到两亿多日元之多的差距（图14）。

一直以来以“女性担任家庭主妇”为蓝本设计出来的社会保险制度，现在正慢慢朝着以“双薪家庭”为蓝本的方向，重新设计。诸如所得税扶养扣除额的废止、提供上托儿所的补助金等等，在税制上有利于双薪家庭的政策，未来将会愈来愈多。

一位大企业的主任讲过一段让我印象很深刻的话。他说：“我在晋升女性担任主管职时，不只会考虑她本人的能力，也会考虑她先生对太太的工作有多尊重。”

事实上，一家企业活用女性员工能力的经验愈长，就愈会去

图14 继续就业的所得多很多

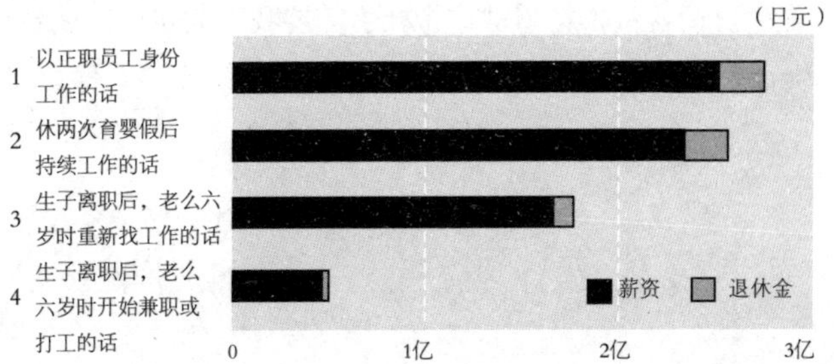

备注：夫妻要想都持续工作下去，就应该彼此尊重、巧妙分担家事与育儿工作、相互支持。辞去工作就等于失去赚取约1亿到2亿日元收入的机会。就算很难一毕业就全职工作到退休，但只要以某种形态再回到职场，整体来说，家庭的经济收入还是会比单由先生赚钱来得多。

※资料来源：摘录国民生活白皮书（2005年度）的资料制作而成

看她的家庭是不是支持她的工作。企业端的现实判断是，背后有家庭协助与支持的女性员工，继续工作时比较会有成长。

在过去很多家庭都有全职家庭主妇的时代，大家会认为，上班族男性在背后获得家庭的支持，是理所当然的。

在今后夫妻双薪的时代，为提高家庭收入，就必须处理一个问题：夫妻之间要如何支持彼此的工作。

假如你现在是家庭主妇，但是有想工作的念头，请务必开始采取行动。我已多次提及，由长远来看，女性活跃的空间会愈来愈多。假如觉得过去的一段空白期，会让你感到不太敢突然进入职场，那可以先到NPO之类的团体帮忙看看，也是一种方法。等到承担责任、找回工作的手感后，再慢慢把家事、育儿等工作分摊给先生。请各位抱持着“这个社会需要我”的自信，试着踏出这一步吧！

薪水冻涨的时代，
没有钱才更应该结婚

在金钱方面，不少男性在婚前似乎比较容易想到负面的部分，像是“我的存款不够，不能结婚”、“结婚就无法随心所欲地花钱了”等等。其实，并没有这回事。夫妻双薪的话，就算结婚时没存款，（只要住的不是租金很贵的房子）不但房租与水电支出都能减少，外食等项目的支出也会减少。**过去一直无法存到钱的人，展开两人生活后，会变成有多的钱可以拿来储蓄。**也许有人会建议，“要结婚，最好要存个五六百万日元当准备金”，但我认为这种想法不切实际。在这个薪水不涨的时代，与其以存款不足为由而延后结婚，还不如快点结婚，两个人一起存钱，还比较符合逻辑。由于女性在生物学上有着“生育年龄”的一大限制，对于时间会比男性更具急迫性。因此，**针对结婚，男性真正应该忧虑的是，因为担心金钱的问题因而浪费掉的“时间”。和婚配对象最应该先步调一致的是“对于时间的感受”。**

很多人心一横就结婚了，但是生孩子就是另一回事了……

确实，和各国相比，日本的家计花费中，教育费所占比例明显偏高。如果只想给孩子最高水平的教育，确实得花上一千多万日元的费用。孩子还小时，有些东西或许可以利用周遭的人淘汰下来的东西；但孩子长大后所花的教育经费，已经不是“加把劲多赚点钱”就能够凑到的（图15）。只是，到大学为止如果都能读公立学校，或是采取申请奖学金等方式的话，确实还是能省下不少这类教育费用。孩子的存在，可以成为夫妻之间好好讨论金钱运用、好好把钱一步步存下来的大好机会。我想，夫妻应该可以利用这个机会沟通一下彼此在孩子教育上的价值观，像是要花在什么项目上、花多少、要学什么、要节省什么，以及在这个很难看出未来会如何的世界里，要让孩子受什么教育、要教他什么等等。

图15 孩子的教育费得花多少？

从幼儿园到高中为止所花的教育费用（每年金额的概略值）

此为每年的金额，包括所有和学习相关的费用在内。
从幼儿园（3年）到高中全都读公立＝5328000元。
从幼儿园（3年）到高中全都读私立＝16128000元。

单位：万元（日元）/年

日本学习费用总额	幼儿园		小学		初中		高中（全天制）	
	公立	私立	公立	私立	公立	私立	公立	私立
	22.2	52.5	29.7	135	46.5	120	49.5	95.1

备注：学习费用总额是把“学校教育费”、“学校餐点费”、“校外活动费”加起来。

※资料来源：文部科学省·孩子学习费用调查（2008年度）

日本大学所花的学费（大一时的概略值）

单位：万元（日元）/年

	教学费	注册费	设施费	大一合计
国立大学	17.5	9.1	—	26.6
私立大学文学院	23.8	8.3	5.1	37.2
私立大学理学院	33.5	8.8	6.1	48.4
私立大学医科、牙医	96.1	36.7	32.4	165.2

※资料来源：文部科学省·学生学费调查（2009年度）

“零用钱制度”的诸多坏处

我经常看到一些已婚男性，因为碰到同样的境遇而互吐苦水。他们会感叹道：“我们家都是‘零用钱制’，没有什么能够自由花用的钱。”不过，在这样感叹前，请先暂停一下想想看。

零用钱制是“家计全委由太太管理”的代表做法之一，从家计管理的观点来看，这种做法可以把支出控制在一定量以下，优点是很容易管理。假如是先生自行选择零用钱制，那倒无妨；但若是太太强制先生这样，我觉得就弊多于利了。

与太太关系变得僵化

零用钱制就象征着与太太之间的关系。一方面对太太决定的事唯唯诺诺，另一方面却向周遭的人宣传“我太太很可怕”，这乍听之下像是抬高太太的地位，事实上不正是一种贬抑吗？没有好好面对太太就逃走，还把“河东狮”的角色硬推到太太身上。

此外，“我太太很可怕”这样的形容方式，其实也会影响到太太的性格。这被称为“皮格马利翁效应”[①]，也就是“人会渐渐变成他人所期待的那种样子”。

假如你一直把“太太是河东狮”的讯息传送出去，太太就会在无意识间更想要控制先生。假如你不希望家里有个“河东狮”，最好别采用这种只会带来页面效果的方法。

投资的自由受限

很多东西，你都会觉得“想要”对吧？或许有些并非只要稍微忍耐一下，就可以变成不需要的“物品”，还包括价格稍贵的专业书籍、为了考取证照的补习费，或是为了实现未来而想要前往的一些地点等等。这些费用假如超出零用钱的范围，会变成样样都得征求太太的准许才能支出。假如向太太申请时演变成争吵，你的投资意愿会渐渐降低，搞不好就因而失去了难得的成长机会。

零用钱制以及与之相类似的“家计全委由太太管理”，一旦实施之后，就很难停止。**我认为，不要觉得“谈钱的事伤感**

① 皮格马利翁效应（Pygmalion Effect）：在希腊神话中，皮格马利翁（Pygmalion）是塞浦路斯（Cyprus）岛的国王，他爱上了自己创作的雕像，后来女神阿芙洛狄忒（Aphrodite）赋与了该雕像生命，让她成为人。后世引用了该神话，以皮格马利翁效应指称“人会照着外界的期待行动”，主要应用在教育学中。

情”，也不要采取一切委由太太处理的方式，应该和太太讨论，什么样的制度对于你们两人才是最好的。

假如你一直传递“太太是河东狮”的讯息，
太太就会在无意识间更想要控制先生，只会带来负面效果。

别急着买房子

很多人都觉得，结了婚之后，接下来理所当然应该买房子。尽管现在日本住宅价格一直跌，呈现供给过多的感觉，我还是认为没必要急着买房，原因如下：

贷款金额庞大

在薪资持续增加的前提下，买房自住理所当然——这也是旧时代的价值观。

以前不只薪水持续增多，不动产价值也一直上涨，因此早点买房某种程度是合乎效益的。不过，那样的前提如今已不复存在，买房等于花去全家全年收入的好几倍，还得持续付出高额利息，很难称得上是合乎效益。当然，如果你手边有充足现金，可以不必贷款直接购买住宅，那就另当别论，只是大多数的人购屋还是以办理房贷为前提。以企业的会计为例，假如斥资数倍于年营收的金额在投资上，那可是非同小可的事。

无法应对不确定因素

孩子会读什么学校？公司会不会调动工作地点？自己会不会换工作？与邻居的关系如何？这些都是未来无可预知的因素。一旦买了房子，就可能比较难以应对像这样的不确定因素。

例如，很多人应该都想过，要买个有院子的家，在里头舒舒服服把孩子养大吧！但假如在生孩子时买房子，手边的预算往往只能买到郊外的地段。在部分人口增长的地区，托儿所也严重不足。就算家里有院子，假如上班地点很远，到托儿所的距离也很远，“和孩子相处的宝贵时间”也就变少了。日本的人口正急速减少，就算周遭在房子盖好时很便利，等到房贷付清的二三十年后，同样的地方是否仍一样便利，就没人敢打包票了。

是否要购屋自住，是人生的重要问题之一。只是，人生唯一能够确定的，只有“不确定因素很多”而已。

购屋在固定地点居住的利害得失，还是应该冷静比较、检讨过后再决定。

有自己的房子未必就能幸福。买房象征幸福的时代已渐渐过去，幸福的样貌已呈多样化。“拥有自己的房子代表独当一面”只是一种借此实现自我幻想的消费心态而已，是不是差不多也该清醒了？

幸福的生活
要比成功的人生来得有意义

小室女士提到，“要储蓄以为老年做准备”。知道这句话固然很重要，但我的想法是，“假如人民必须为了老年而保有巨额储蓄，这个国家也太奇怪了”。我认为，应该要逐步改变这个社会，让人民可以不必在这样的恐惧下度过一生。政府应该尽早安排能够维护人民尊严、让人民安心的社会保障，像是充实公共年金或社会安全网等等。

除了“形塑理想的社会样貌”之外，也有一些个人就能做得到的事——我一直在讲的，“夫妻要同心协力继续双薪下去”，以及“不要吝于把时间投资在幸福上”。

在这个看不到未来的时代，最重要的是，无论处于何种状况下都能确保自己的主体性，也就是“能够维持自己想要的样子”、“能够持续做该做的事”。

最低限度的金钱知识固然重要，但金融商品每天都在变，需要花很多时间与心力，才能够跟得上它的步调。相较之下，投资自己就不一样了，不但任何时候都能开始，风险又很低。

这里讲的“投资自己”，指的不只是去补英文会话、取得MBA（管理学硕士）学位之类的事，也包括与重要朋友碰面、加入小区各类运动团体、让自己流流汗、和孩子一起做点心等等。

把时间投资在这些与人共享会觉得幸福的体验上，可说才是风险最低、报酬最高的投资。

而且，以我一个创业家的角度来看，创办新事业的经验，就像是把人生学到的东西全部浓缩在一起。我因而了解到自己的实力到哪里，也深切感受到必须提升自己的能力，像是资金的募集、公司的管理、伙伴的找寻等等。

一直以来，所谓的“自我投资”，比较偏向于投资在让自己存活下来的方法，或是提高收入的方法。但我认为，今后的自我投资应该会渐渐偏向**“追求幸福的自我投资”**。

假如工作不单单是为了赚取收入，也是要获取广义的充足感与幸福感；假如时间都用在家人、朋友以及重要的事情上，就算是一种自我投资了。

应该会有愈来愈多人体认到，打造幸福需要的不是金钱，而是时间。

我们的价值观，应该从“怎么做才能成功”，转换为“怎么做才能幸福”。

我们必须改变工作方式，创造出可以追求“幸福”，而非追求“成功”的时间。

在这个看不到未来的时代，建议朝“追求幸福的自我投资”而努力，将时间用在家人、朋友、重要的事情上，以获取广义的充足感与幸福感。

担心太太一旦离开职场，自己能否独自支撑家计

我在一家老企业工作，十年前进公司时，公司曾讲过“绝对不会倒”，但如今业绩低迷，我只能怀抱着忐忑的心继续上班。我每天忙着工作，根本没时间投资自己、考一些有利于换工作的证照。我太太是正职员工，却表示“生孩子后，想辞去工作”。我很担心，自己一人能否扛起家计？我们公司不会有问题吗？

——T先生（33岁，食品业）

驹崎：首先，关于自我投资，我前面已经提到，它不只是用来“提高自己收入”、“在公司里存活下来”而已。

假如你觉得“没时间”，那么只要稍微改变一下时间的运用方式，就会有新的发现。光是比平常早起一点，就已经是对自己很好的投资了。

小室：太太说“生孩子后想辞去工作”的部分让我很在意。假如是因为没有自信能够双方面兼顾，是不是因为现在就已经工作和持家两头烧了，生了孩子后，觉得一定撑不下去？

假如是这种情形，T先生最该做的“自我投资”，应该是增加做家事的时间吧！因为，想提高家庭收入，最好的投资是让太太能够继续工作下去。

驹崎：先前我提过，夫妻共同讨论如何带孩子很重要，像是“孩子谁接谁送”之类的。一旦太太辞去工作，再想把那么多的收入补回来，其实很困难。

这可能也会导致T先生工作过度，以及太太一个人孤独带孩子的新问题发生。身处不安定的时代，最好的应对方式是夫妻两人都继续工作。两人要共享生活方式，T先生也应该做好准备，帮忙分担家事与带孩子的工作。

小室：要如何让太太想继续工作？举个例子来说，我觉得可以在当太太提到工作的情形时，刻意说“你的判断很对”之类的话，试着给她一些促进她自信心的鼓励。

终　章

持续幸福，做好每件小事！

或许有的人会觉得，家事或育儿的小细节“不是那么重要”。

但所谓的日常生活，绝大部分都是由这种“不是那么重要”的小事累积起来的。既然日常生活占去我们人生的大半，那么把这些“不是那么重要”的小事做得更好，不就能让我们的人生过得更好吗？

每个人都可以是“工作&生活平衡”概念的推手

可能很多人会有这样的想法：就算希望从育儿与看护问题的角度改变工作方式，但自己只是组织里的一个成员，能做的事实在很少；尤其是改变老板的想法，那更是难如登天了。但事实上，改变老板的想法并非得靠什么特别的机会才办得到。以下就来介绍几个我们公司在协助无数企业实施“工作&生活平衡”的做法时，曾经接触到的例子。

利用公司内部传阅信息

正准备结婚的A小姐，想要在公司推广“工作&生活平衡”的想法，但主管却完全没有认同的意思。于是，她在主管平常都会认真阅读、来自高阶干部的传阅信息中，偷偷加入了一些与“工作&生活平衡”相关的报道。

主管看了之后，以为“最近有这么多这类报道，想必是公司高层也很关心吧”，于是也慢慢关心起这件事来。等到看准时机后，A小姐就试探主管，“为什么最近的企业都很积极地采取一些追求‘工作&生活平衡’的措施呢？”

主管听了之后的反应是，“什么，你连这个也不知道？”还说明给她听。

A小姐听了以后说：“原来如此！是我自己不够用功。我也来找找相关的书看看好了。”然后在自己事前买好的相关书籍中贴上重点标签，过一阵子再把书拿给主管，说，“读了以后，获益良多！这样的想法，我们公司也很需要。一些我深有同感的部分，都已经标出来了。”

借此，她和主管共享了这样的知识。在主管吸收更多知识后，恰巧有其他同事碰到父母看护的问题，她们部门就借着这个机会，开始实施一些实现“工作&生活平衡”的措施。

想要传达什么想法给老板或主管时，未必要正面进攻，也可以像A小姐那样，利用书籍或报纸的报道。

利用公司内部刊物

B小姐在公司负责推动“工作&生活平衡”的活动，但是她觉得，老板对这件事颇为冷淡。因此，在新年预计要发布的公司内部刊物中，她设计了一场对谈报道，由老板与公司外部专精于“工作&生活平衡”问题的专家对谈。

对谈的过程中，也自然而然引导老板说出“今年我们会采取这方面的措施”。等到这个讯息透过刊物在公司内部广为流传，管理阶层也读了这篇对谈的内容，后来在推动时，就变得顺利许多了。

安排老板上台座谈

C小姐公司的老板，过去并不是那么关心“工作&生活平衡”或支持员工的育儿措施。于是，C小姐请人事部门帮忙，在当地政府的论坛活动中，加进了由老板以“工作&生活平衡”、“工作方式改革”等等为题发表演说的机会。

为了提升自己公司的形象，老板拼命研究与“工作&生活平衡”相关的议题。C小姐也帮老板撰写演讲稿、收集相关资料。事实上，由于媒体也报道了那场活动，引起广泛的回响，老板也就更积极实施相关做法了。

像C小姐这样，透过地方政府或业界活动，为公司干部创造演讲的机会，一方面可以让干部吸收这方面知识，又有对外的宣传效果。假如演讲中可以提到未来打算实行的措施，或是希望达成的目标数字，帮公司宣传的效果也会更好。

利用新闻稿

在D小姐服务的公司，已经实施了一些“工作&生活平衡”的措施。但因为公司觉得“别的公司也都在做了吧？”，因此只在公司内部公告，没有太多对外的宣传。

隶属于公关部门的D小姐，于是频频以醒目的标题发新闻稿，对外告知公司又采取了什么措施。新闻稿到达一定数量后，引起了媒体的注意，报道公司的机会也变多了。

结果，D小姐的公司成了外界眼中“实施工作&生活平衡措施的先进企业”，回过头也使得公司内部推动的速度变得更快。

此外，D小姐也把发布的新闻稿内容都上传到公司网站，由于搜寻引擎可以搜得到，日子一久，来找公司采访的媒体也变多了。

假如每位员工都能像这样把握机会，成为推广“工作&生活平衡”的推手，就能改变公司的态度，进而改变我们自己的工作方式。

夫妻相互支持，
突发状况便不会措手不及

除了生子、育儿外，夫妻还会碰到另一个大问题——“看护”。我自己也是，日前婆婆病倒，我和先生曾经非常慌张。虽然后来婆婆康复，但我先生的老家因为婆婆住院而累积了许多家事，于是我每周末都要和先生轮流过去帮忙。看护问题不同于育儿，真的是突如其来，而且不光是当事者病倒，也会对整个家庭造成莫大影响。对此深有体会后，我借着这个机会开始准备考二级的看护资格。

今后十年以内，一次婴儿潮时代就会开始成为需要看护的时代。他们的子女，也就是二次婴儿潮时代，兄弟姐妹都很少，应该会有不少人必须一面工作，一面照顾父母吧！过去固然多由全职家庭主妇担任看护工作，但是双薪家庭就无法这么做。目前，日本都会区请看护假的男女比例已经是女性六成、男性四成了（根据东京都产业劳动局的《劳动情势月报》）。

为了不因为突然的看护需求而必须辞去工作，个人应该事先

收集好关于看护的信息、拟定对策；企业的人事部则必须提供看护信息给员工，有弹性地运用公司的制度。

对那些目前一面工作一面看护家人的人来说，最大的问题在于白天能够暂时代为照顾的服务，多半都只提供到下午四点半为止。这会导致夫妻两人势必有一人要辞去工作、专心照顾家人。

从政府预算的角度来看，现实上也不可能大规模成立能二十四小时代为照顾的看护机构，好容纳今后开始需要人家看护的一次婴儿潮时代。

我们做孩子的，一旦碰到父母病倒，也只能一面继续上班，一面兼顾在家看护的工作。为此，当务之急固然在于延长日间看护服务的提供时间，在另一方面，我们自己也必须调整工作方式，变成能够在固定时刻就把工作做完。

进入2011年后，来请我们公司举办研讨会、谈谈“如何兼顾看护事务与工作”的单位，比以前增加了许多。研讨会内容谈的不是如何做看护工作，而是“如何借助看护保险制度，以及看护师与地方行政部门的力量，好让自己能在照顾好家人的同时，能够继续工作下去”之类的内容。企业员工的需求似乎还蛮高的，甚至于企业一公布研讨会消息后没几天，报名名额就满了。

此外，在我们设立了专门让人搜寻看护机构，以及刊登兼顾看护与工作实例供人参考的网站“看护与工作兼顾Navi”之后，企业申请使用该网站服务的需求也非常高。

双薪家庭由于有比较晚生孩子的倾向，不少人都是在孩子还小时，就开始碰到父母的看护问题。虽然目前对于育婴假制度的认知已经变高，但对于看护假制度，知道的人就不是那么多了。

某企业曾做过关于看护的员工问卷调查，发现更多人希望公司采取的做法是“重新雇用制度”。也就是说，很多人希望在自己有看护需求时能暂时辞去工作，等看护需求消失了，公司可以重新雇用他们。

然而，现实生活中，不少看护工作都会持续十年、二十年，假如在这段时期都不工作，就等于没了收入，那么生活费和看护费不就没着落了吗？

因此，应该要体认到，**看护不同于育儿，不应该采取暂时休假、专心照顾的方式，而要从“一面维持工作，一面与周遭人们合作”的角度思考。**

看护假制度所认可的休假天数为93天。和长达一年的育婴假比起来，大家或许会觉得太短。不过，这93天并非用来让你“休假当看护”，而是要让休假者“做好家人看护准备”之用，也就是让你取得“需要看护”的认定，找看护个案管理员商量，安排好请看护人员到府的手续，或是选定要把家人送去的看护机构或疗养院（家人康复后，未来如果再次需要看护，可再次申请93天的看护假）。

父母亲的看护问题要尽早思考。夫妻之间请尽早商量，假如发生类似事情，要如何应对？要如何在两人都继续工作的情况下，克服老人家住院或看护的问题？由于必须向“地区整体支持中心”申请，才能获取“需要看护”的认定，因此可以先查好居住地区该单位的联络方式，实际展开信息的收集。

开始带孩子后，我先生学会了做菜，现在他的技术已经好到可以利用冰箱里现成的材料，在三十分钟以内做好晚餐。这一点，在这次婆婆住院时大大派上了用场。假如只有我能煮饭，假如只有我懂得做家事，必然会变成都是由我到先生的老家去帮忙，想必对我的工作会造成很大的影响。**由于“育儿爸爸”发挥了他的能力，在碰到家人的看护问题时，夫妻照样能够“相互支持”。**

还有最后一点。

平常隐隐约觉得身体不适的人，最好能够尽快处理。很多忙碌的双薪夫妻，就算觉得“身体不太舒服”，也没去看医生。要是你的配偶说身体不适，请务必提醒对方“快去看医生”。由于对方可能会担心“搞不好得请病假”、“收入可能会中断”等问题，因此重要的是让对方知道“不用担心这些问题”。**要让家庭生活与工作都充实，最基本的条件就是夫妻都要处于身心都健康的充实状态。**

夫妻生活一久，难免会碰到突发状况或是看护等重大问题。但我想在某些状况下，两人一定会觉得“可以两个人都工作、两个人相互支持，真是太好了”。也期盼各位都能成为这样的夫妻：两人共同克服重重难关，带着成就感光荣地从选手的身份退休，感情融洽地一起走上人生的颁奖台。

育儿妈妈如何得到
职场前辈的认同与体谅？

我们公司的女性员工很多，起用女性担任管理职的做法也比其他企业先进，有好几位前辈都是一边工作一边把孩子带大。我自己已生了孩子，休完了育婴假回到职场工作，但不时会因为孩子生病等原因而迟到早退，有时候前辈们会讲得很难听，说一些“我以前只有生产时休假而已，马上就回来上班了”、“我以前如果请假，都会把工作带回家做到深夜”之类的话。

我原本是觉得这个地方可以让我兼顾工作与家庭，才来上班的，没想到压力变得很大，每天都好忧郁。是我自己想得太天真了吗？

——U小姐（28岁，零售业）

小室：U小姐的前辈们，是在那个社会环境都不完备的时代努力兼顾工作与育儿的先驱女性，因此看到U小姐这样，才会觉得“你过得太舒服了”吧！

驹崎：我确实听过这类情况，企业里一些带过孩子的女性前辈，会对现在这一代的后辈很严苛。我自己一直很希望能改变女性在社会上难以兼顾育儿与工作的情形，因此很能体会那些前辈们的辛苦。不过，我也希望，她们能为这些后辈也加油打气一下。

小室：其实，这些前辈过去也休过育婴假，我想应该也受过别人的帮助吧？不过，由于她们在那个公司支持不多的时代，都是做好了觉悟，才得以同时兼顾双方的，因此都有一种自豪感，才会不由得想要念一念U小姐。

但我觉得，那只是沟通不够而已。我建议U小姐可以主动向她们示好，像是找前辈去吃午餐，然后提出“今天早上，我儿子有点发烧，我带他去看病。以前像这种时候，您都是怎么撑过来的呢？”之类的问题请教她们。等过几天，再告知“托您日前建议之福，现在状况好转了！谢谢！”

不论是谁，只要有人依赖自己，都会产生一种“想要帮助那个人”的心情。只要再展现出“自己已经做好觉悟，希望在工作上有成果”，我想前辈们应该就不会再那么严苛对待你了。

诀窍9 可用于调整工作方法的服务

· SlimTimer——驹崎

http://slimtimer.com/

为了有效率地运用时间，首先得掌握自己做什么事时花了多少时间。有个叫“SlimTimer”的免费软件很好用，可以分别建立“处理电子邮件”、“写企划案”、“写报告”等工作项目，在开始与完成时按下计时钮，就能计算所花的时间。各个项目可以一直累加，就知道每星期、每个月，花多少时间处理那件事了。计算出来的结果，也可以再分享给别人知道。

· 改变工作方式导向服务——小室

http://www.work-life-b.com/hatachen.html

就算有心改变工作方式，假如只是自己一个人做，也很难长久维持。过去我一直很想给那些想要实现“工作&生活平衡”的人提供协助，于是设立了“改变工作方式导向服务”这个手机网站。除了可用来制订一天计划的“早晨邮件功能”以及回顾一天成果的“报告邮件功能”外，还设有工具，可用来分析一个月的时间运用方式，让工作做得更有效率。此外还有“回家键”的功能，可显示在当天早上按过“早晨邮件”按钮的用户，有多少人已经下班回家了。看到这样的讯息，就算办公室弥漫着一股“没办法这时候下班”的氛围，应该还是有心理上的支持作用，让人觉得“我也来按照原定时间下班吧！”本服务可透过电信业者DoCoMo、au以及Soft Bank的官网连接。

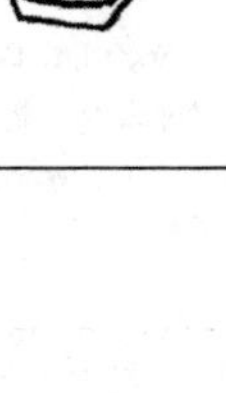

诀窍10　协助父亲们育儿的社群

· 各地方政府的官网或刊物

地方政府都会为父亲们举办育儿研讨会，或是父子可共同参加的育儿社团，请至居住地政府的官网，或向育儿支持的负责单位洽询。

· Fathering Japan

http://www.fathering.jp/index.html

从各种角度提供男性育儿支持的NPO法人，像是父亲的育儿学校、会员的育儿烦恼咨询、育婴假支持、社交网络服务等。小室与驹崎二位也是他们的合作对象。

· PAPA Switch

http://papaswitch.nifty.com/

为父亲设置的育儿信息综合网站，除提供各种育儿信息外，也收集父亲们写的育儿博客。

· 育儿爸爸计划

http://ikumen-project.jp/index.html

厚生劳动省为父亲设置的育儿支援网站。内容包括育婴假制度之解说、育儿男经验谈、育儿男支持活动，以及父亲育儿及工作生活平衡相关的研讨会或活动信息。此外，也可以像驹崎一样，上网登录自己的“育儿爸爸宣言”，或像小室登录“育儿爸爸支持者”宣言。

· “工作＆生活”平衡粉丝团（脸书）

http://www.facebook.com/worklifeb

由Work．Life Balance公司经营的脸书粉丝团。提供最近工作生活平衡的动向与企业案例、提升工作效率的小技巧及书籍信息等等与工作生活平衡有关的最新信息。关心这方面议题的一般人也会在此留言。

来自网络的建议

在撰写本书时，我们在由Nifty公司经营的父亲育儿网站“PAPA Switch”（*http://papaswitch.nifty.com/*）上，征求网友提供“双薪家庭的小技巧”，以下介绍一些网友（皆为男性）留下的意见。

· **首先，最重要的是，夫妻之间应该要好好谈谈“为何要两人都工作？”**。夫妻之间要讨论家庭在十年后、二十年后以及老年时的事。

· **要彻底活用信息科技**。可利用Google Calendar分享行程表、用个人维基网分享信息、设置可自动转寄到夫妻两人电子邮件信箱的网址、设置向父母或好友报告近况用的共享私密博客、制作ToDo清单、使用Skype（到国外出差时，也看得到孩子的脸！）。

· **和太太交换日记**。要联络什么事（因为酒聚而晚回的日子等等）或两人吵架时，可以写写自己的心情。

· **总之要早点起床，做些早晨可以做好的家事**。我现在会五点起床，做些“洗衣”、“洗碗盘”、“做自己的便当”、“准备早点”、“打扫玄关”之类的家事。我觉得，男性比女性还擅长把这样的作业当成每天的例行公事做好。

· **要注重饮食。**现在我都做两人份的便当，才不会因为两人都吃外食而花钱，又导致营养不均衡。平日的晚餐由太太做，午餐的便当及周末的三餐由我负责。

· **早晨主要由我送孩子去托儿所。**同时把孩子到达托儿所时的样子以及和老师之间的对话情形，以电子邮件寄给太太知道。

· **明确划分夫妻间可互相干涉与不可互相干涉的事项。**我们有一项规则是，要拿钱包付费的由太太支出，要从账户扣款的由先生支出。

凝聚社区的力量，关心在地生活

大家都说：“日本只有上班族，没有市民。”确实，日本虽然有许多共享企业伦理或价值观的“上班族”，但不可否认，人们对于本地社群都漠不关心，也没有什么联系。不过，如同第四章谈到的，现在开始出现一些与居住地各式各样的人们重新建立联系的现象，像是通过学校或运动项目等渠道参与本地社群。日前发生的东日本大震灾也是，灾区各区域间的相互扶持，让外界注意到本地社群的力量。

我认为，此刻正是长久只受到公司束缚的日本人改变生活方式、在地方有所贡献、找回“市民”意识的时候。我觉得，只要我们每一个人都参与在地的活动，应该可以形成“市民阶层”，成为民主主义的真正后盾。

我们若能抱持市民意识，对企业而言也有好处。

例如，在当地与小朋友有所接触的人，假如知道自己服务的公司，借由剥削发展中国家的童工而获取利益，应该不可能当成不知道吧！一直以来，企业的CSR（企业社会责任）活动，多半仅限于遵守法令或环保等层面。过去之所以会展开CSR活动，也是因为有愈来愈多的员工在市民的视线关注下，才开始对过去一直没有表示异议、持续至今的事项，提出了疑问使然。而CSR活动的结果，应该也有助于降低企业爆出负面事件或发生意外事故的风险。

只要市民对地方的投入程度高，对于行政单位的期待也会跟着变化。假如像过去那样，只把自己的住处当成是“公司下班后回来睡觉用的地方”，对于地方行政的关心就会一直高不起来。但若能借由孩子参加在地体育组织，进而对在地环境产生感情，应该就会跟着察觉到“当地的运动场不足”、“不便于父亲参与”等各式各样的问题。这么一来，就无法再对行政单位的施政漠不关心了吧。只要开始关心在地的各项政策，应该就会关心起选举，投票率也会跟着提升。

当今的社会，每个人对于行政单位都没有表示意见，就好像“正在开股东大会，股东却没有参加”一样。我认为，各地居民对于地方政府的施政，监督的程度还不够。我曾经担任过某地方政府施政的监督委员，却发现令我愕然的现象：花上千万日元的预算举办卡通人物展。

在企业中负责编列预算或评鉴成果的各位，请带着这种“常识的角度”，检视行政单位的所作所为，提出你们的建设性批判吧！现在的日本约有高达一千多兆日元的负债（公债、地方债等等总计），这可说就是我们对行政部门漠不关心所造成的。

一个人的力量，也有可能改变大环境

为了让夫妻都能够持续工作、享受家庭生活，又以市民的身份参与地方事务，过个充实的人生，我们必须从现在起就改变工作方法。改变工作方法就必须先改变工作环境，乍看之下很困难。但如同小室女士前面提过的，就算只是个人力量，也有很多能做的事。

各企业推动“工作&生活平衡”措施时，实施的难易度会因为企业规模而有所不同。假如像图16一样，以企业规模为横轴，以实施的容易度为纵轴画成图表，会发现大企业整体而言制度完备，小企业则是机动性高，因此不论是大企业或小企业，事实上都很容易实施“工作&生活平衡”的措施。

小企业的行事弹性大，只要员工间的人际关系良好，经营者有心要做的话，马上就能转换为“工作&生活平衡”型的企业。例如，某家新创企业的员工，连续好几天都加班到深夜。女性员工们觉得“这问题非解决不可”，于是团结起来，直接向社长简报，告知“深夜加班会对公司造成的影响”。社长大惊之下，马上着手改革工作方式，成功减少了加班的情形。正因为规模小的企业中，员工与经营者的距离很近，员工所发起的行动，才会这么容易有成果。

在图16的U型曲线中，最难以改变工作方式的是中规模（员工人数在一百人左右）的企业。不过，只要方法得宜，并非不可能对公司带来任何改变。

那么，该以何种方式发起行动好呢？

这里要举的是全球知名方块地毯业者英特飞（Interface）的故事。

这家公司的一位女性员工，收到了女儿送来的一本书，书名是《商业生态学：商业很生态》（*The Ecology of Commerce: A Declaration of Sustainability*，保罗·霍肯著，新自然主义出版）。她的女儿还随书附上一封信，信上写着：“这本书里写到，妈妈的公司做了很过分的事。请让你们社长读这本书。”这个女性员工马上读了这本书，才知道自己的公司存在着很严重的问题。于是，她透过主管，把这本书放到了社长雷·安德森（Ray Anderson）的桌上。

安德森是英特飞的创办人，现在仍担任董事长，以经营手腕高明著称。那时，该公司在生产地毯的过程中所使用的药物，以及所产生的废弃物，造成了很大的环境负担。但这个手腕高明的经营者，对环保问题根本毫不关心，那本书也一直放在桌上没有碰。

几个月后，雷·安德森在社员大会上，不得不和员工谈谈关于环保的事，于是才伸手拿起放在桌上的那本《商业生态学》。一读之下，他才知道，自己公司引发的环境破坏行为有多可耻。那一晚，据说他夜不成眠。隔天，雷·安德森在员工面前流着泪宣布："从今天起，我要把公司变成一个积极处理环保问题的企业。"自那时起，英特飞公司不但成为全球知名积极处理环保问题的公司，还因为调整为不易产生废弃物的制造工程，而实现了大幅删减成本的成果，业绩因而提升。

一名员工的行动，就能改变公司。

这样的现象，我称之为"在公司内部当个圣方济各·沙勿略"。这么说有一半是开玩笑，但一半是认真的。无论公司规模大或小，员工应该都能在公司内成为沙勿略般的传教士。这个世界上，已经有许多例子证明，一开始只是如蚍蜉般微不足道的力量，最后却能撼动大树。

由于社会与企业制度都是人建立起来的，人应该也能够予以改变。而我相信，那可以开始于个人的微小行动。

为了让夫妻都能够持续工作、享受家庭生活，
我们必须从现在起就改变工作方法、改变工作环境。

后 记

跳脱旧时代的思考模式，开创新时代的幸福人生

——驹崎弘树

现在的我们，应该正处于时代的过渡期！

小室淑惠女士的工作与生活方式，是很有名的典范，尤其受到年轻女性的欢迎。现在想想，那时会答应与她对谈的邀约，应该也是因为原本茫茫然的我，想要确认一下自己对于时代的认知吧！

我在书中也提到，自己属于在20世纪90年代度过青春期的所谓“失落的一代”。初中时，姐姐碰到的阪神大震灾，我等于也间接体验到了。同一时期，我又目睹了史上最凶恶的宗教恐怖攻击，也就是东京地铁沙林毒气事件。接着，我体验到以裁员风潮为首的日本经济衰落，也从水手服制服风潮中体验到社会的某种毁灭感。后来在大学时期，又正当求职冰河期严重之时，于是我以学生身份成立信息新创事业，并借着遭逢挫折的机会创办NPO，一直到现在。

以我对于时代的感受，日本并不存在着“明天会更好”的现象。从青春期到现在，我从来就感觉不到日本的状况曾经好转过。我既无从得知上一代的人曾体验过的泡沫经济，像《Always幸福的三丁目》所讲述的美好旧时代就更不用说了，只能在电影里去体验。

过去，人生都有固定的轨迹可走，像是进入大企业就能安心、结婚生子后就贷款买房、尽可能工作到很晚以求出人头地，也能够一直工作到退休。虽然我知道过去是这样，但我也很清楚，包括自己在内，身旁和我同时代的人们，应该没有机会再过那样的日子了。

那块曾经支撑着我们时代的大地，早已经在不知不觉中流失、消失无踪。如今，已经没有什么是确切的。和我同时代的人，多半都会有这样的感觉。

然而，我们对于家庭与日常生活的想法又是如何呢？**既然支撑着我们的根基已经远去，对于未来生活的想法，总不能还停留在过去的模式中吧？**

长时间工作就代表认真工作。

独力养活妻儿，才是独当一面的男人。

孩子年纪还小时，太太应该尽可能陪伴着他。

购买房屋自住，才是幸福的象征。

这样的观念似乎在不知不觉间成为理所当然，限制了我们的意识与行动。假如现在是时代的过渡期，那么，我们不是应该建立起位于河的彼岸那样的新观念，才能把我们所生存的时代，与我们脑中的意识，天衣无缝地叠合在一起吗？

我认为，为此，我们需要能够参考的“典范”。

什么样的“存在样貌”才能融入我们的时代，为我们带来真正的幸福，而非我们自以为的幸福呢？尤其是双薪夫妻（可能有孩子或没有孩子），什么样的“存在样貌”，才是真正的幸福呢？

这年头的幸福，并非20世纪60年代政府曾奖励过的“充满拼劲的上班族与专业家庭主妇”的组合，也不是一个时代前的“长时间工作的男性上班族与年收入不到100万日元的兼职太太”，而是夫妻双方都正常工作、正常分担育儿与家事、相敬相爱的夫妻。那是一种在自己父母亲那一代身上不太能够看到的夫妻样貌。

我无意向各位表示，小室女士和我就是典范。我觉得，我们反倒属于一直在尝试错误的那种人。我们比谁都还想找到典范，但因为身处过渡期，眼前并无标准答案可言，我们不断发现，当那个不行、这个也不对，只能不断修改自己的生活形态，到现在都还在为了尚未看出全貌的理想而挺直身子努力追寻着。

因此，这本书并非小室与驹崎两位“老师”要把“典范”指导给大家，反倒是希望各位对我们两人动不动就做得过度的错误尝试能够一笑置之，就把它当成是帮助各位减少错误尝试次数的辅助信息。

或许有的人会觉得，家事或育儿的小细节“不是那么重要”，但我们还是予以列举出来，因为我们认为，这可以点出我们错误尝试的轨迹，让更多人在读过本书后，马上就能踏出付诸行动的那一步。

所谓的日常生活，绝大部分都是由这种“不是那么重要”的小事累积起来的。**既然日常生活占去我们人生的大半，那么把这些“不是那么重要”的小事做得更好，不就能让我们的人生过得更好吗？**

我前面写到了“日常生活”四个字。其实，在我们两人完成对谈、只剩下写后记的此时，刚好是2011年4月。我的感觉是，自己从来没有像现在这样，真切感受到“日常生活”是那么无可替代的东西。

各位应该都知道，2011年3月11日，我们日本人，失去了许多东西。

我太太的娘家就位于福岛县。当地的社会基础架构遭到摧毁，我岳母也只能到位于埼玉县的我家来避难。太太看着每天播出的惨痛画面都会流泪，我们全家也因为核电造成的不安而感到惶恐。

讲个难为情的故事，大震灾发生后的那两个星期，我可以说几乎无法集中心力在工作上。不是因为我太过忙碌，反倒是因为许多预计要开的会都取消，变得比平常还闲。但由于恐惧、不安与难过，我的工作几乎没有进展。

一直以来，我都以为自己的工作受到了“时间”的制约，恨不得“一天能有四十八小时可用”。但现在知道自己错了，真正

制约我的，是“心”。

唯有太太开开心心、孩子笑容满面、社会适度发挥身为社会的功能、日常生活依旧是日常生活的样子，我才能全力投入在工作上。我沉痛地重新体认到，让我坚持工作下去的，其实是太太、孩子，或说是名为社会的“他人”。

而这和本书的主题是相契的。面对时代的改变，“什么是真正幸福的夫妻与家庭？什么是真正幸福的工作方式与生活方式？”之所以没有单单只谈工作方式，就是因为工作方式与家庭样貌是密不可分的。我们就是因为有家人或重要的人存在，才有力量工作下去，绝不是反过来。

既然这样，为了让家人或心爱的其他人能够幸福，我们每个人先在心中描绘出理想中的家族样貌，再采取策略性的行动，可就绝非和自己的幸福毫无关系了。应该说，**借由他人形塑出自己的幸福，或是由他们支持的人生，才是真正追求幸福人生的快捷方式与正确道路。**

本书若能从后面推你一把，让心动的你踏出那一步，会是让我最开心的事。

最后，我要打心里感谢以下人士：英治出版帮忙设定对谈情境的杉崎先生、在受灾的福岛拼命帮忙整理稿子的写手满井先生、成为我最棒对谈对象的小室女士，以及让我的人生真的散发出光辉的太太美纪与女儿新，还有我的其他家人和佛罗伦萨的各位伙伴。谢谢你们。

中国史学与世界史学

杜维运　著

商务印书馆
创于1897　The Commercial Press

2015年·北京

图书在版编目(CIP)数据

中国史学与世界史学 / 杜维运著. — 北京：商务印书馆，2010.12
(2015.7 重印)
ISBN 978－7－100－07482－7

Ⅰ. ①中… Ⅱ. ①杜… Ⅲ. ①史学－对比研究 －中国、西方国家
Ⅳ. ①K207 ②K091

中国版本图书馆CIP数据核字(2010)第210308号

中国史学与世界史学

杜维运 著

商 务 印 书 馆 出 版
(北京王府井大街36号 邮政编码 100710)
商 务 印 书 馆 发 行
三河市尚艺印装有限公司印刷
ISBN 978－7－100－07482－7

2010 年 12 月第 1 版 开本 880×1230 1/32
2015 年 7 月北京第 2 次印刷 印张 8 5/8

定价：22.00 元

目　录

序　言

1952年当我从台湾大学外文系转到历史系时，就立下志愿，研究中国史学史，从清代始，向上逆溯。1962年负笈英伦，侧身剑桥大学，与西方世界相接，了解西方史学的兴趣骤增，于是倾力阅读西方论史学之书，如醉如痴，迄于1964年回国，阅读约数十册，初见西方史学的美富，无限欢欣。惟在阅读之际，偶然遇到西方史家论及中国史学处，觉其议论有极精当者，亦有甚值商榷者，于是草成《与西方史家论中国史学》一书，于1966年出版。此后继续钻研西方史学，所见及西方论中国史学的言论益多，乃于1978年至1980年之间，改写《与西方史家论中国史学》一书，字数增至一倍以上，学林许其有沟通中西史学之功，然自我评论，则觉不足。西方史学，浩瀚无涯涘，中国史学，自己所认识者，亦未至彻底。因此从1981年起，一方面继续深入了解西方史学，一方面计划撰写一部全面性的中国史学史，以扩大对中国史学的认识。2004年三卷本的《中国史学史》写成，字数近八十万言，中国史学的大脉络、大建树涌现，亦于关键处与西方史学相比较，所得的新认识，与以前迥异者，为中国史学的世界地位，有不亚于西方史学者。西方史学，论述精辟，方法新颖，分析细微，组织周密，中国史学，落于其后。然中国史学有数千年史官记事不绝的传统，大量直接的史料存留下来，世界万国，皆无此制度；中国设立史馆修史的制度，为中国留下最详实的一部正史，举世无此史学遗产；中国自上古时代起，即出现了世界史的观念；中国史学的和平思想、人文精神，弥漫于史籍之中；中国史学，记实、求真，传统悠久；中国史学，精细、详赡、博大，甲于全球；中国史学亦汲汲以人类文明史为旨归。凡此，都是中国史学的世界价值，可济西方史学之穷，而为世界新史学辟新猷。在此观念下，遂决计新写《中国史学与世界史学》一书，以宏扬中国史学于世界。非局限于本位主义，只望中国史学能为世界正视而已。

苹果能否与橘子放在一起作比较，是西方反对比较史学的理由，然而站在水果的大范围内，二者是可以互作比较的。其所采用的方法，则与一般的研究不同。一般多采用原创研究（original research）的方法，自原始资料，深入细致地研究。比较史学则以所涉广阔，一一作原创研究，势所不及。于是不得不采用综合研究（synthetic research）的方法，博采中外的论述，济以个人的研究，期于到达新创的境界。集众腋以成轻裘，比较史学乃大。

拙著综合了中外学者的论见，也综合了个人以前的研究。近六十年沉淫于史学之中，凡遇到中外学者讨论史学的言论，皆劄记别纸。其精当者，置于座右；其待商榷者，亦存留之，期于参伍错综以求其是。个人的研究，《与西方史家论中国史学》一书，是初步比较中西史学的异同优劣；《中国史学史》一书，系自原始史学资料，归纳分析，以见中国史学的世界价值；《史学方法论》一书，目的则在融合中西史学方法于一炉。三者作了本书的前驱。借综合以创新，是作者的微愿。

在麦当劳、星巴克遍布世界的今天，中国史学进入世界之林，应为顺应潮流。是书之作，或不容已。惟幸海内外博雅君子有以教之。

2008 年 3 月杜维运自序

第一章　引　论

茫茫宇宙之中，被希腊诗人形容为最神妙的人类[1]，出现于其间，是极富诗情画意的。宇宙初开，浑浑噩噩，万物并生，人类生于其间，可能历时已数十万年或百万年以上。“草木榛榛，鹿豖狉狉，人不能搏噬，而且无毛羽，莫克自奉自卫。”[2]洪荒时代，人类能生存，像是意外。近代考古人类学家从地下发掘出来的石器，说明原始人类以石器取食及自卫的情况。处于洪水横流、禽兽逼人[3]的环境，人类历尽艰辛以生存，写成历史，必然精彩。惜其时文字未创，书简阙如，曲折过程，尽变虚无。“万古飞鸟过”，百万年岁月，遂如一瞬间过去了。

四五千年前，人类发明了文字，人类真正的文明，自此开始。用文字记事，是人类文明史上的盛事。人类的生活情形，演化状态，所创造的优美文化，所掀起的惊心动魄事件，一一记载，人类近五千年遂尽现绚丽、生动、变幻、扰攘的新页。百万年漆黑，五千年光辉闪耀，历史的珍贵，谁能否认？

历史怎样写成？写历史的史学家，所采用的方法，是否客观谨严？所保持的态度，是否公正超然？其思想与观点，所发生的影响如何？其写成的内容，周密可靠的程度如何？这一些，又涉及所谓史学的问题了。所谓史学，西方相对的名词是 historiography，犹如历史与 history 相对。历史事件发生了，当时或稍后被记录下来，这是原始的历史记录，也就是所谓原始的史料。这些历史记录是史学家据以写成历史的基本。史学家批评其真实程度，运用独特的思想与方法，参伍错综各方面的证据，写成体大思精的历史巨著，一套历史著述的史学，于是就展现了。至于历史如何发展，其轨迹是否可寻？其意义是否可见？决定历史发展的因素是什么？历史的远景怎样呈现？讨论这类问题，就是另外一套历史发展的史学了。孔子写《春秋》，笔则笔，削则削，是历史著述方面的史学；孟子“天下之生久矣，一治一乱”④之说，是历史发展方面的史学。史学，史学，如此界定，应属适当。

世界上出现的民族，不是都有兴趣记录往事。有些民族，永远无意于知其过去。他们有时为视发生于过去的事件若泡沫的哲学或宗教所支配，看一切像在风中飞舞的枯叶，了无意义。有些民族像是离说神话故事的阶段不远⑤。两个大的例外，是中华民族与西方民族。中华民族在上古时代文字发明的伊始，就已有兴趣记录往事了。西方可溯至古典的希腊，远一点可溯至美索不达米亚与埃及，也已有了记录往事的事实。记录往事是史学出现的前驱。大约记录往事的传统延续到相当时期以后，而史学出现。人类的历史时期，长不过五千年，人类的史学时期，不超越三千年。有些民族与地区，甚至从与史学无缘⑥。从悠久的历史，蔚为绵延不绝的史学，在人类文化史上，是极为值得珍视的一种发展。这种值得珍视的发展，也最能从中国与西方世界看到。

中国自上古以来，史学赓续发展，两千余年，未尝一日中绝。其盈积的历史记录，可以用浩如烟海、汗牛充栋一类的名词来形容；其写成的历史，从通史到断代史，具体、详赡，创世界未有的记录；批评史料、讨论史学的专书，出现于 8 世纪，像是史学的奇迹。凡此，都说明中国史学的卓越成就。其余力复开辟了邻近国家日本、韩国、越南的史学⑦。

西方世界自希腊、罗马时代起，史学即现夺目光彩，中间虽有将近一千年的史学黑暗时期，然自文艺复兴以后，史学继续发展，浸假至19世纪而出现史学黄金时期（the golden age of historiography），大史学家兰克（Leopold von Ranke）所倡导的科学史学，风靡寰宇，举世史学，皆俯首于西方史学之下。形势所趋，如飘风，如骤雨，莫可遏止。以中国方面而言，自19世纪末叶西方史学输入中国以后，史学界倾慕西方史学，如醉如痴，而痛斥中国史学之声，则不绝于耳。如徐仁铸云：

> "西人之史，皆记国政及民间事，故读者可考其世焉。中国正史，仅记一姓所以经营天下保守疆土之术，及其臣仆翼戴褒荣之陈迹，而民间之事，悉置不记载。然则不过十七姓家谱耳，安得谓之史哉？"⑧

这是批评中国历史为帝王家谱而不记载民事。声誉满全国的梁启超亦云：

> "试一繙四库之书，其汗牛充栋浩如烟海者，非史学书居十六七乎？上自太史公、班孟坚，下至毕秋帆、赵瓯北，以史家名者不下数百。兹学之发达，二千年于兹矣。然而陈陈相因，一邱之貉，未闻有能为史界辟一新天地，而令兹学之功德，普及于国民者。"⑨

这是批评中国史学的不能创新，陈陈相因两千年，于是进一步就批评中国史学“知有朝廷而不知有国家”，“知有个人而不知有群体”，“知有陈迹而不知有今务”，“知有事实而不知有理想”了。[10]

汹汹之论盈天下，于是两千年以来中国史学所奠定的权威地位，大为动摇。模仿西方史学体例，采用西方史学方法，以撰写新的国史，变为近代中国史学界的风气。史学家勇于抛弃纪传、编年二体，而以西方的新纪事本末体作秉笔的极则，选题详述，溯其渊源，明其发展，而穷其究极；历史的背景、潮流、影响，皆不殚缕述；人物的传记，由简言直叙，而长篇巨制，曲折铺陈；考订史料，也不奢言乾嘉传统，而以德国的历史考证学为嚆矢。趋势如此，西方史学的威势可知。

正当西方史学风靡天下之时，西方的后现代主义（postmodernism），逆流而进入史学之中，掀起西方史学的最大危机。

后现代主义系对现代主义（modernism）的反动，不满现状，不服权威，勇于创新，这是人类有史以来最叛逆的思想之一。其初起约在1960年代末期，其涉及的范围，为建筑、艺术、哲学、文学、史学、政治、社会、法律等广大领域，其影响于史学较晚，然最严重[11]。史学家忧心后现代主义最低限度将摧毁历史，甚至于整个历史事业（historical enterprise），为之荡然以尽[12]。如他们认为在历史上没有真理（truth），没有客观（objectivity），没有真实（reality），历史是推论（discourse），意识形态的化身，史学家的语言游戏（language game）与文学作品的虚构没有两样，这是极为惊人的议论；从文献（texts）中他们也不认为有故事（story）能叙述出来；历史上更没有所谓连贯（continuity）、和谐（coherence）、一致（consistency）；史学家所盛倡的移情（empathy）、想象（imagination），设身处地地进入历史之中，他们同样认为是绝对不可能的事；他们尤其坚持历史对现代及未来没有任何功用[13]。持论如此，于是有人宣布历史已经死亡，有人倡言历史已经烟消雾释，有人高呼历史已经到了尽头。这真是摧毁历史的骇人之论了！人类历史，遭遇到最大的挑战，西方史学，遂陷于危机重重之中！

西方发展两千余年的史学，值最盛之时，而出现最大的危机，是人类史学史上令人震惊的大事。中国史学，两千余年盛况不衰，而从未出现类似危机，东西情况不同如此，文化背景的差异，史学内容的分歧，都是因素。所以中西文化与史学的比较，是今后学术研究的新猷。拙著拟从中西史学的比较，探寻史学的真理，冀望有裨于世界史学的建立。蚍蜉撼树，自知力微，惟幸海内外垂教焉。

---

① Sophocls, *Antigone*, Ⅱ, pp. 332 – 333.

② 《柳河东集·封建论》。

③ 《孟子·滕文公上》云："当尧之时，天下犹未平，洪水横流，泛滥于天下；草木畅茂，禽兽繁殖，五谷不登，禽兽逼人。"尧的时代如此，洪荒时代可知。

④ 《孟子·滕文公下》。

⑤ 参见 Herbert Butterfield, "Universal History and the Comparative Study of Civilization", in Sir Herbert Butterfield, Cho-Yun Hsu & William H. McNeill, eds., *On Chinese and World History*, 1971, p. 20。

⑥ 沈刚伯师于《古代中西史学的异同》一文云："古代的民族，像埃及、苏美尔、巴比伦、亚述、希伯来与波斯等，他们统统留下了各种不少的文字记录；但这些都只是他们的历史记录，而不能说是他们的史学。在古代，有史学的只有东方的中国与西方的希腊。"（收入《沈刚伯先生文集》，原载《征信新闻》1964 年 10 月 12 日。）

Herbert Butterfield 于《历史的起源》（*The Origins of History*）一书中云："有些国家和文化，印度尤其是其中重要者，以前未有我们今天所谓的史学。"（*The Origins of History*, 1981, p. 208.）

⑦ 详见朱云影《中国史学对于日韩越的影响》一文（载于《大陆杂志》第二

十四卷第九、十、十一期，1962 年 5 至 6 月）。

⑧ 《湘学新报》第三十期。

⑨ 《新史学》，载于《饮冰室文集》第四册。

⑩ 同上。

⑪ Beverley Southgate, *History: What and Why?* Routledge, 1996, p. 7.

⑫ Keith Jenkins, ed., *The Postmodern History Reader*, Routledge, 1997, p. 8.

⑬ 后现代主义者如 Diane Elam, Jain Chambers, Roland Barthes, Keith Jenkins, Gabrielle, Spiegel, Hans Kellner, Michel Foucault, Hayden White, F. R. Ankersmit, Jean Baudrillard 等都有类似的言论，详见拙文《后现代主义的吊诡》（原载《汉学研究通讯》总八十一期，收入拙著《变动世界中的史学》，北京大学出版社 2006 年版，第 70－81 页）。

第二章　西方对中国史学的认识

中西史学各自独立发展两千余年，不通声息。自 19 世纪末叶起，百年之间，双方开始交流，而认识未至透彻阶段。中西史学的原野，像是千古荆棘之林，惟待对方披荆斩棘的史学勇士，开辟经营，以启史学宏业。

坚持撰写世界史（universal history）的德国大史学家兰克于 19 世纪末批评中国史学云：

> “中国有冗长的编年历史（lengthy chronology），但充其量只是一部自然历史（natural history），而非真历史。”[①]

兰克恍惚中认识了中国有冗长的编年历史，但是由于他认为中国历史缺乏变化，而与欧洲的历史不同[②]，所以他的一部世界史，就将中国摒绝于万里之外了（也以同样的理由，摒绝了印度）。

兰克以后，西方杰出的史学家辈出，认识中国史学而施以批评议论者，则如凤毛麟角。1942 年美国史学家汤普森（J. W. Thompson）出版其大著《历史著作史》（*A History of Historical Writing*）时，似乎尚不甚清楚中国有史学著作[③]。直到 1960 年英国史学家巴特菲尔德（Herbert Butterfield）猛力批评中国史学以后，十年之间，西方批评中国史学的言论，如风起云涌，形成了罕见的现象。

巴特菲尔德以研究史学史理论及探讨历史起源而驰名。他于1960年第一次公开批评中国史学云：

> “虽然我们常常自我提醒，西方文化独能发展自然科学，可是我们每每忽略西方文化同样地以富有历史观念（historical mindedness），而卓然与世不同。古代的中国，科学工艺甚发达，历史著作极丰富，但是未臻于相当于西方17世纪科学革命与18世纪末19世纪初史学运动（the historical movement of the late eighteenth and early nineteenth centuries）的境界（亦未有若何迹象将能臻此境界）。”④

1961年巴氏在伦敦大学亚非研究院（School of Oriental and African Studies）讲《历史与人类对过去的态度》（*History and Man's Attitude to the Past*），又对中国史学大肆批评。同年9月21日将讲词简化，在英国广播公司广播，《听众》（*Listener*）杂志刊其全文，其要如下：

> “我相信没有任何文化，比西欧1450年到1850年间的文化，更富历史观念。”⑤
>
> “很多早期的编年史（annals），并非源于恢复既往的动机，仅欲为君王留不朽于将来而已。在美索不达米亚蔚成一趋势，凡阐释百事，皆追寻其渊源，此实变为历史写作的强有力的原动力，所以在巴比伦引导出宇宙创造的故事、洪水的故事及巴比伦塔的故事出来了。在西方世界及东方，历史多归功于掌管

历法的官吏。此类官吏，皆记录意义重大事件的日期。在东方，历史特别有赖于一类秘书，他们掌管纯为商业性质的记录，最初一点也不是为了绵延历史。”⑥

“如果东方学者能从西方史学获得启示，那么西方学者非到他了解了东方将永不能领悟到重要问题的深奥处。一旦我们试着超越我们自己的思想界，等量齐观地看中西两大史学系统，主要的分歧，便暴露无遗。此两文化对历史与传统皆有其可怕的成见；两者历史精神太不相同，两者思想系统（太不相同的系统）太复杂。”⑦

“从公元前2世纪起，中国即有考据学（textual criticism）的产生。……惟此一考据学的发展，未能到达一较高境界，不配我们称之为批评。换言之，即为未能对证据作科学的评价与分析。其中原因之一，为中国的特殊修史制度，这是中国史学与世不同的主要原因之一，已有人作过重要的研究。

决定性的因素，在于中国的修史太为一种官方事业了，太为官僚化的组织了。历史被视为统治者的有效辅导，大体上历史亦由官吏而写，为官吏而写。中国历史太有特征被称之为资治历史（civil service history）了。

在中国史学后面，有一假想，即凡属历史记载（historical record），皆完全客观。客观被认为仅仅将事实登录上（registering the facts）即可获得。避免涉及史实互相衔接（the interconnectedness of events）的问题，甚至避免描述背景或追问原因；避免谈论历史发展的整个观念，甚至连世界的渐变也不去叙述了。客观事实（the objective facts）一旦被他们列入记载，即有其独立性，所有未来史学家所必须做的，是重复既已确定的叙述，或者或许从既已确定的叙述中去自己选取。”⑧

"具有如此坚实的非有机的史料观（hard and inorganic view of historical data），中国人能做庞大的分类工作，能编纂惊人的百科全书，并且能出产他们数不尽的琐碎饾饤的地方史（local histories），但是他们不能到达我们所谓的'综合'（synthesis）的境界，他们没有发展历史解释的艺术（the art of historical explanation）。不断地袭用旧史原文，任凭私意地选用文献而即目之为可信（取此而舍彼的原因不予以讨论），显示出一牢不可破的历史标准（a firm historical canon）已经建立，考据限于自我证明的工作上，而不科学地窥寻史学的真相与看看史料与实际发生的事实符合的程度。所谓官方历史（official history），实际上只含着一些历史的意味，是由委员会产生的，这够令人惊讶的了！中国丰富的史籍，像是备官僚偶然地参考，而不是较广大群众的普通读物。我时常怀疑，当西方史学脱离兰克的一些健全的指导时，是否不走此同一的路线？这里或许是一个更进一步的原因，为什么西方学者应审查东方。研究东方学问的人可能不原谅我，但是如果我说西方学者必须注意中国仅为了习知历史学如何可能走错路就好了，他们将会了解我。"⑨

综合巴氏的评论，主要他认为中国文化不具有西方文化的历史观念；中西两大史学系统，相去绝远；中国发展的考据学，未能对证据作科学的评价与分析；中国的修史制度，为一官方事业、官僚化的组织；中国史学缺乏怀疑精神，坚信历史记载客观；中国史学中没有西方所谓综合，也没有发展历史解释的艺术。如此评论，凡稍通中国史学者，闻之无不哗然。当时任剑桥大学汉学教授的浦立本（E. G. Pulleyblank）首先起来反对⑩，又适逢《中日史学家》（*Historians of China and Japan*）一书问世⑪，巴氏于1962年6月，遂撰文大大修正了他的偏见：

“对研究史学史的人来讲，在西方之外，另一伟大的中国文化，在历史方面蔚为一可观的发展，且精神与作品与西方迥然不同，这是极富意义的。其洋洋大观的作品，颇多（虽然只占极小部分）由于译成欧洲语文，已有助于一般西方学者。我们通东方学的学者们，无论如何正集绝大部分注意力于中国史学的特性。最近他们大体上对中国史学了解已多，且知道哪些为西方学者所需要。所以这是西方学者为什么要与东方学者会合的关键所在。”⑫

“不移入亚洲，我们甚至不能讨论我们历史著作与历史思想的渊源。”⑬

“此一新著（按指 *Historical Writing on the Peoples of Asia*，《中日史学家》为其中一种）对很多西方有兴趣于一般史学史的学者，是重要的。部分兴趣源于欲移向一较高处的欲望，不仅仅被禁锢在东方世界里，而且卓然立于东方西方之上，调和二者，介绍其一的知识，以增大我们对另一方面的了解。”⑭

“近年来令人兴奋的发现与推想（discoveries and speculations），促使凡事新奇。我们能窥知世界任何角落历史写作的起始，或看出世界各地第一次对过去流露兴趣的征象。记录与追念（records and commemorations）的原始，是历史与人类学的重大问题之一；在此一论题上，是否能有比来自亚洲的见解更重要的，颇可置疑。整个问题令人增加兴趣的，是刺激历史记录的在最初不是对过去发生兴趣，不是我们所谓历史的兴趣。研究历史写作的前身，充满着惊人之事（surprises）！我们所称的史学家，其职责在最初像是一点也不是导源于历史的。”⑮

“更进一步的意义，是此书对想扩展眼界，最低限度想一窥世界史某些论题的人们，具有特殊意义。与世界其他地区相比，中国与西欧都发展了富有科学特性与历史观念的文化。中国像是永未臻于相当于17世纪的科学革命，亦永未现出向此一方向移动的迹象。直到直接受到西方影响之前，难以避免的结论，为中国亦永未臻于相当于18世纪末19世纪初的史学革命——兰克及其前哲的治史技术在此革命中确立。有两事为西方世界的特产，当西方与其遭遇的问题及经验奋斗时，不仅自过去吸取知识，而且根据过去，肆力研究。但是中国史学在另外方向的发展，如此其壮观，比较此两大系统，说明两者太不相同的历史精神类型，为一相当有趣之事。”⑯

“有证据可以证明中国史学家准备批评其前代史学家的叙事，甚或具有了怀疑所有过去作者的态度。考据学发展到一崇高境界，似昭然若揭。中国史学家无疑问已臻于所谓智力的洗练（intellectual refinement）。”⑰

“我们今天很难对一种未能深入史学家所用的原始资料且用复杂的设备以批评此类资料的史学，视之为一种真正的批判史学。……但是中国史学家是否发现了以新原始证据考核其史学传统的方式，或者追寻一种比传统自我符合更进一步的方法，不够清楚。中国史学与欧洲1450年至1750年间史学，盖在伯仲之间。近代西方用于原始资料的批判性的设备，一定会使中国的历史写作与研究发生很大的变化。”⑱

巴氏承认了中国文化中的科学特性与历史观念；承认了中西史学比较，能调和二者，扩展眼界；承认了中国的考据学发展到一崇高的境界；也承认了中国史学与欧洲1450年至1750年间的史学，在伯仲之间。进一步修正其论见，则在十年以后（后文详及之）。

1961 年英国史学家卡尔（E. H. Carr）出版其《历史论集》（*What is History*?）一书，盛推中国为：

> “具有重要而富史料性历史（well-documented history）的国家。”⑲

但是他似乎也不认为中国古代的文化是历史的：

> “就像亚洲古代文化一样，古典的希腊罗马文化，基本上是非历史的（unhistorical）。”⑳

1961 年美国史学家魏吉瑞（A. G. Widgery）出版《历史解释》（*Interpretations of History*）一书，其中论及中国史学云：

> “从古代起，在中国就有数量相当可观的历史著作，就现有的来看，它们主要的是编年史，大都是关于统治阶级的描述、他们的生平、内部的纷争，以及新朝的兴起与昌隆。很少论及历史的性质与意义。不曾为任何远景继续不断的努力，以发现历史过程及历史事件的深意。注意力注于现在与过去。西方有学养的人，已被中国的艺术、绘画、象牙雕刻、碧玉雕刻、木刻等作品以及北平的宫殿所迷惑，而且深受影响。但是这些艺术品的数量，不管单独看是如何可观，与中国悠久的历史及众多的人口比起来，是区区不足数的。在中国整个历史上，中国人始终从事农业及手工业，他们的生活本质上是简单的。从他们简单的生活，我们可以了解他们对历史的态度。”㉑

中国历史著作的数量可观，在魏氏的心目中印象很深，惟他认为这些著作大多限于编年史，偏于叙事，很少论及历史的性质与意义。

1967 年英国史学家埃尔顿（G. R. Elton）于其《历史学的实践》（*The Practice of History*）一书中云：

> “在印度与中国的古典思潮里，隐藏着显著漠视历史的态度。任何史学史有待注视希腊与犹太，一个主要学术大树（intellectual tree）的根柢所在。没有其他原始宗教作品，像《旧约》（*Old Testament*）那样严格的编年，那样富历史性，明白记录上帝为后代的命运作安排，基督教的后裔在所有宗教中，为惟一自历史事件引出其典据（authority）者。在另一方面，有系统地研究人类过去与现在的事件，始自希腊。某类的历史，已在各地研究、撰写，从埃及与秘鲁的编年史，至爱斯基摩人（Eskimos）与波里尼西亚人（Polynesians）的神话，皆是。但是只有源自犹太与希腊的文化，历史受到重视，历史成为将来的导师，历史变作宗教的根据，历史协助说明人类的生存与目的。”[22]

这是认为在中国的古典思潮里，隐藏着漠视历史的态度。

1968 年美国史学家卢卡斯（John Lukacs）于其《历史意识》（*Historical Consciousness*）一书中云：

> “历史思想（historical thinking）仍然是属于‘欧洲的’或‘西方的’。”[23]

“我相信在过去三四世纪，我们的文化最重要的发展，不仅为科学方法的应用，同时为历史意识的增长。”㉔

“仅仅一百五十年以前，历史研究（historical approach）才变成一种思想的形态（a form of thought），一些人才承认研究任何事物（包括历史），就其历史的发展（historical development）以研究，有其可行性。此一进展的主要德国史学家迈内克（Meinecke）称之为近代‘西方思想最大的精神革命’（the greatest spiritual revolution）。”㉕

“西方以外，过去的追忆，显然是缺乏历史性（historical insufficiency）的。重建相当近的过去，甚至于需要考古学或人种学；即使有文字的记录存在，像一些亚洲国家，其记录的性质，是有缺陷的：此类记录均为编年史，充塞了传奇，点缀着连篇累牍的轶闻遗事。（William Haas 说：‘即使是被称为最伟大的中国史学家司马迁，也没有超越这种模式。’又见 Modern Researcher：‘西方文化可以说是卓越的历史文化，而与存在于印度或中国的古代历史，几尽不同。’）用东方学者哈斯（William Haas）的话来说，‘东方在历史知识（historical knowledge）方面的成就，远不能与西方相比。……惟有在西方文化中，真历史（genuine history）始兴起成长。印度、中国、波斯、日本等其他民族的信史（reliable histories），均已由西人撰写了。’”㉖

“西方以外，史学家学术（historianship）的不足，颇为明显。不仅由于方法的缺乏，也由于智力（mentality）的歧异；不仅由于‘记录’的残缺，也由于文化的不同，其所追忆其过去者亦殊异。这是西方历史所以在世界历史中比较重要的原因之一。纵使在今天，西方的某人，可以忽视大部分的东方历史，而对于历史进展的了解，所失者甚少。相反则不然：没有东方智者（intelligent oriental），可不知西方历史，尤其是欧洲史，这不是由于西方统治东方时间较东方统治西方时间较长，而是由于历史思想属于西方的成就，纵使是相当晚期的成就；也由于西方历史特别是‘范例的’（paradigmatic）——充满了有效的训诲例子。”㉗

这是绝对的西方历史至上论，历史思想是属于西方的；历史意识在西方文化中增长；真历史在西方出现。西方以外，皆卑卑不足道。

1969年英国史学家浦朗穆（J. H. Plumb）于其《过去的死亡》（*The Death of the Past*）一书云：

“自文艺复兴以来，史学家逐渐决定致力于了解曾经发生的往事，为了解而了解，不是为宗教，不是为国运，不是为道德，也不是为神圣化的制度……史学家日趋于窥探往事的真相，而希望自此建立有历史根据的社会转变的轨迹。这是一西方的发展，本人认为如此。部分我所尊敬的史学家，将持异议。他们会感觉我过分夸大了中国与西方史学的区别。竭尽能力阅读翻译作品，我已知晓中国史学的精细，知晓中国史学的重视文献，知晓中国史学制度变迁的观念的发展，已大致能排除借历史以衍出的天命观念。中国唐代史学家显然远优于恩哈德（Einhard）或奥图（Otto of Freising），或任何中世纪早期编年家，就像中国圣人在技艺或行政方面的优越一样。但是中国史学的发展，永远没有突破通往真历史的最后障碍——希望窥探往事的真相，不顾由此引发与利用过去的时贤冲突。中国人追逐博学，然永远没有发展批判史学（the critical historiography）。批判史学是过去两百年西方史学的重要成就。至于中国人永远没有意思视历史为客观的了解（objective understanding），则更不待细说了。”㉘

“古代中国最伟大的史学家司马迁……其《史记》一书，诚一杰作，然亦为令人百思不解之作。其大部分为编纂，司马迁自其所能发现之古典资料中，逐一钞录，略作文字上的润色，大部分则无条件接受。传奇与真理混而为一，特别是占《史记》大部分的列传。有时司马迁觉悟到获致历史真理的困难。然彼于甚不可信的详细对话记录，却不稍置疑。……此一杰作……殊非我们所谓历史。在很多方面，它为官吏的手册，将过去告诉这些官吏。……无我们所谓历史考据（historical criticism）——无企图了解不同于我们的过去。……对他而言，过去为一道德性的指导（a moral guide），更高真理的例证，原理的说明，而非为可分析之物。……他的书，虽如彼其浩瀚不可测，如彼其有珍贵价值，究其实，其为一道德的叙事，胜过为一历史的叙事（a narrative of morality than a narrative of history）。”㉙

“历史在中国所扮演的角色，与在西方所扮演的角色，其差别是显而易见的。中国以朝代与朝代相接，而积有大量历史档案，其浩繁与西欧的历史资料相埒，且所涉及时间之长过之。惟中国运用此类资料的方法，与综合此类资料的方法，代代相因，无基本上的变化。20 世纪早期的中国学者运用历史资料，其实际目的，无殊于唐朝或汉朝。在其传统综合的基本原则范围内，他们偶尔能瞥及超乎朝代更替的制度的发展，但是中国历史永远没有发展自我批评与发现（self-criticism and discovery）的方法，无情地考验通则（the relentless testing of generalization），有目的地搜求文献以证明假设，而此为西方历史的特征。因此，当传统中国史学在19世纪末叶开始崩溃之时，其结果是混乱的。中国史学家在西方学生的协助下，攫取西方的通则，以应用于中国材料，特别是马克思主义的。但是这颇像高等化学的细密概念（the detailed concepts of advanced chemistry），被应用到大量新发现的生物资料上去一样。西方历史的通则，是经过穷年累月耐心的辨难而得出的精确产品，在其间通则与新资料不断切磋。有意地应用此类通则到相关的中国资料上，殆不切实际。一旦旧的通则被取代了，中国历史就碎尸万断了。自然朝代的叙事仍在，然其解释则烟消雾释。”㉚

“欧洲的知识分子，即使在第四、五世纪，亦有两个过去在竞争。在启蒙运动时代，他有三个。两个其他的过去经常在隐秘接触，或公开冲突，各深深自我陶醉，但在解释方面不同，在应用资料方面也不同——犹太人的过去与回教人的过去。因此欧洲人的过去，永未拥有一致（coherence）或统一（unity），若中国人的一切确定者然。这就是欧洲为什么能发展批判历史（critical history）的关键所在了。欧洲真的是应当发展出批判历史的。”㉛

普氏竭尽能力阅读翻译作品，已大致了解了中国史学的精细、中国史学的重视文献、中国史学的理性，但是仍然认为中国史学的发展，永远没有突破通往真历史的最后障碍——希望窥探往事的真相；永远没有发展批判历史与批判史学；永远没有发展自我批评与发现的方法，无情地考验通则，有目的地搜求文献以证明假设；于是中国的一部历史巨著《史记》，也就不是西方史学家所谓的历史了！

1970 年英国史学家马威克（Arthur Marwick）在其《历史的性质》（*The Nature of History*）一书中说：

> “我们的西方文化，从犹太基督教（Judaeo-Christianity）继承了一种特别强烈的历史意识（a particularly strong sense of history），但是醉心历史与依赖历史，非仅西方为然。回教的历史学派，与伟大的中国历史学派（the great Chinese school of history），皆为其文化中的主要成分。”㉜
>
> “我们能欣赏遍布于人类学术活动的整个洪流中的历史作品，也从其中获益，像修昔底德（Thucydides）、司马迁、比德（Bede）、马基雅维利（Machiavelli）等人的作品皆是。但是我们必须注意，系统地研究历史（the systematic study of history），视历史为一种学术（history as a discipline），是最近的事，为欧洲与北美洲大学在 19 世纪所创立。”㉝

这是以宏观的态度，欣赏遍布世界的历史作品，但是却认为系统地研究历史，视历史为一种学术，为欧洲与北美洲大学在 19 世纪所创立的。

英国史学家丹斯（E. H. Dance）于 1960 年出版《历史出卖者》（*History the Betrayer*）一书，于 1971 年出版《世界大同史》（*History for a United World*）一书。他在《历史出卖者》一书中云：

> “在中国……直到最近，他们未曾有接近西方的精确史学（accurate historiography）。纵然在近代，他们也未贮蓄公文一类的历史原始资料，像我们西方所做的。”㉞
>
> “不像印度人那样，中国人写历史，包括当代史在内，其当

代史像我们盎格鲁—撒克逊编年史（*Anglo-Saxon Chronicle*）一样，已历经无数世纪——据说其年表最低限度像西方大多数现代年表一样可靠。唐代的作者也编纂了地方地形的记录，可与《英格兰土地勘查记录书》（*Domesday Book*）相比。陆贾作品中论及国家的兴衰，甚至在公元前2世纪，有一个中国汤恩比（Chinese Toynbee）问世了。9世纪时，他们于纸及印刷以外，有一种速写。参考书方面，中国的百科全书，使大英百科全书（*Encyclopaedia Britannica*）看起来像袖珍型的书。此类书自9世纪开始出产，在18、19世纪，最新出者扩至一千七百卷，但比起15世纪一万一千卷本，已不足道。其内容有很多对欧洲批评家而言，全无意义，但是没有疑问的，15世纪欧洲文学的大部分，对现代中国人而言，也像是毫无意义。”[35]

在《世界大同史》中他说：

“在中国，纵是音乐或艺术，惯例不止于为音乐而音乐，为艺术而艺术。文学亦然，直到近世纪，才开始产生抒情诗。一切皆用于提高社会水准。即使历史的写作亦然。在中国，历史永远不纯是一种消遣，就像西欧直到吉朋（Gibbon）和麦考莱（Macaulay）时代那样。它是知识的仓库，对政府有用，因其有用，故有待系统汇存。”[36]

“远在汉以前，中国政府已致力保存记录，并将其撰写成书，藉供阅读与参考。每一朝皆命一史学家，搜集前朝记录，修成一部叙事性的历史，颇类不列颠年鉴（*The British Annual Register*）。这是一个有力而健全的传统。没有朝代为本朝写史，而让与较为客观的下一代去写。到了公元前2世纪的末叶，汉武帝任用了一位史官，他是所有时代最伟大的史学家之一。其人名司马迁，希罗多德（Herodotus）与修昔底德的化身——同时更多一些。像希罗多德那样，他不辞辛劳，遍游其帝国，尽力网罗过去传说与当代胜言；像修昔底德那样，他提醒其同时代的人，正视现在；尊知识为学术，宛如修昔底德精确，而远超过希罗多德。不像希罗多德及修昔底德那样，他没有在文学领域内，赢得不朽。他的职务是出产……第一部古今历史，小心翼翼地编纂，有凭有据（with full reference to the available authorities）。健全史学（sound historiography）所需要者不过如此。

诚然，幸运的是他手中握有资料，希罗多德与修昔底德自口中所讲者获其所有的证据，司马迁则兼有文献（documents）。”㊲

“在英国史的全部档案中，最珍贵的收藏之一，是《英格兰土地勘查记录书》。这是仅一见的，常被形容成‘无与伦比’(unique)。实际上并不如此。英国人与整个欧洲人理直气壮的以此而骄傲，因为在欧洲诚然是‘无与伦比’的。……《英格兰土地勘查记录书》如此完整，如此详尽，如此有效，洵为欧洲史学家最有价值的参考文献之一。”㊳

“欧洲以外，在亚洲，远在11世纪以前，已有了方志（local surveys），比《英格兰土地勘查记录书》详尽数千倍。……亚洲的方志，大多数编纂于中国，已知中国约有六千种至七千种方志，可能未发现者尚多。其中最早者始于4世纪，与后出者相比较，区区不足道（仅十二卷而已）。然而在如此早的时代，其中已普遍涉及该地区的动植物、农工业资源、主要贸易品（其中包括了饰貌之粉!），以及最重要的名胜古迹；它也包括了名人的传记。事实上，这是从司马迁时代以来，为前四、前五世纪编纂的一类史书的延伸，只不过方志的基础系奠立在地方上，而不是建立在国家上，且脱离国史而单独发行。在8世纪的时候，其包括的资料，已扩及到灌溉、邮置、附设学校的寺院、‘稀世珍玩’，甚至流行曲调。”[39]

“《英格兰土地勘查记录书》为仅有的一种记录。较后的时代，既未继之续作，亦未将其修订。相反的，中国此类记录，则经常由官方任命的人士司其事，不曾间断。”[40]

“事实上，在中国，所有的历史与史学，不管是全国性的或地方的，包括为地方史基础的方志，都是为了实用。中国既不知为历史而历史，也不知为真理而真理。历史在中国，每被视为记录的经验（recorded experience），在国家或地方陷于困境时，取为殷鉴。”[41]

“为一般所接受的西方原理，史学家必不可预测，中国史学家如接受，将被视为荒谬不经。对中国人而言，预测是史学家职务的一部分——史学家不预测，谁又能掌握过去如此广大的经验以形成其预测的基础呢?”[42]

丹氏是比较开明的西方史学家，他认识了中国历代修史的传统；认识了司马迁所修《史记》的有凭有据；认识了中国所修类书与方志的浩瀚无伦。中国未曾出现过接近西方的精确史学，不知为历史而历史，为真理而真理，则是他的批评。

1971年在香港中文大学举行的中国历史与世界历史讨论会，掀起评论中国史学的高潮。主持人是来自美国芝加哥大学在香港中文大学任讲座教授的傅尔（N. P. Fehl），他在所提论文《疆界》（The Frontier）一文中云：

“在 18 世纪，中国是世界最大的帝国——人口方面，比西班牙、法国、俄国诸国的人口还多，较之鄂图曼帝国、蒙古帝国，或大英帝国的人口，也有过之。其刻印之书，卷帙之富，比起其他民族出版品的总数，还要超出。”㊸

“在整个中国史学中，有一特殊的道德论调（moral tone），完全为唯物论者的解释所掩，将是不适当的。”㊹

在《导言》（Introduction）中他又说：

“中国历史可以视之为一特殊历史（a special history），本质上与其他历史相去绝远，局促于其特殊的见识之中，仅能用其自有的方法研究。其自有的方法，殊异于西方发展出来用以解释欧洲经历的史学标准。”㊺

“真正有意义的事实之一，有关于中国历史与世界历史的相关问题者，是中国学者受西方历史的特殊训练者，绝无仅有。负笈海外攻读历史的大批中国研究生，选读西洋历史课程者，寥寥无几。数以千百计读历史的中国研究生，仅攻读中国历史。很少有可能世界历史的教本或大学水准的西洋历史教本由中国人用中文写成。由欧洲人、美国人、澳洲人、日本人，甚至非洲人写成的中国历史书，则为数甚夥。由中国人所写的权威性西洋历史的研究，可几于大学或研究水准者，真如凤毛麟角。没有占世界人口四分之一的大民族能堪以如此漠视世界另四分之三人口的历史的——尤其是西方历史。”㊻

巴特菲尔德以《世界历史与文化的比较研究》（Universal History and the Comparative Study of Civilization）为题，对中国史学，发表了

更进一步的评论：

“有些民族与文化，永无意于知其过去，他们或为视发生于过去的事件若泡沫的哲学或宗教所支配——一切像在风中飞舞的枯叶，了无意义。有些民族，像是离说神话故事的阶段不远——不渴望更好，没悟及可以几于更好。两个大的例外，一是巨大的中国文化，产生了可观的历史文献，对世界有其永恒价值，一是我们所谓西方文化，溯源至古典的希腊，远一点可追至古代的美索不达米亚与埃及。但是在自然科学的发展上，中国文化与西方文化是同样重要的，同样在各个时代为世界的领导者。即使在古希腊时代，历史的研究，兴起于科学观念及物质宇宙的研究开始出现之时。历史与科学往往在其无数世纪的发展中，不寻常的连在一起。”㊼

“我们面对两个极端重要的产物，我们所有的人皆须郑重考虑。西方文化，有其活力，有其创造力，发展出特殊的科学方法。……但是也有一巨大的古代中国文化，西方人正开始倾力去了解它，虽然我们清楚所知者实在太少了。”㊽

“业余如我，仅读翻译成西方文字的古代中国的历史作品，即已发现在历史思想上，在写历史的方式上，东西的歧异，彰明较著；企图阐释与了解其歧异，寄望得其起源，使人相当深入于此两文化的歧异的整个问题上去。我的老朋友李约瑟，倾其大半生研究中国较古代的科学，希望窥见为何西方科学完全为一另外发展。仅仅这类简单问题，就使他深入到中国文化与中国智力（Chinese mentality）的整个问题上去。”㊾

“我们不要忘记，在19世纪后半期，更清楚的在20世纪，整个寰宇，已凝成一个了。一个地区的事件，影响及于世界的相反的一端，凡事皆连在一起，此不仅限于文化观念（cultural ideas）的扩展——也意味着政治、外交、国际关系及大部分文化生活变成了全球性。凡此皆待以全球性的规模，自全人类的观点去研究，即使说我们将以西方观点或中国观点去研究全球历史，也是错的——我想必须尽量采用全球性的观点，在心目中仅存一个世界文化。……我们需要一个历史态度（historical attitude），对待当代事件——在今天的日子里，是提升至一个全球性的观点。”[50]

巴氏的历史眼光，从 1960 年到 1971 年，十年之间，已从偏狭的西方，转到广阔的全世界，不拘成见，客观开明，这是学人论学的可佩之处，可为举世法。[51]

自 1971 年以后，迄今（2008 年）近四十年，西方评论中国史学的风气不再。我倾力阅读近四十年西方论史学之书，其涉及中国史学者，寥寥无几。风气转变，令人有今昔之感。

以研究史学史而驰名的当代史学家伊格斯（Georg G. Iggers）[52]在其 1997 年出版的《二十世纪的史学》（*Historiography in the Twentieth Century*）一书中云：

“在西方世界以及伊斯兰世界，同时在东亚世界，用文字记载的历史（written history），扮演了重要的角色。……区分历史与神话，忠实地叙述往事，这种有意识的努力，在西方至少可以追溯到希罗多德及修昔底德，在东方可以追溯到司马迁。但是，从来没有人试图要求历史具有科学的地位，也不认为历史具备自然科学同样的严谨性。西方与东方自古典时代以来，直到晚近，历史始终被视为文学的一支，实事求是与诚信不欺以外，同时使用美学上的华丽语言和文采以重现过去。历史变成一种专业化的学术，自视为‘科学’，由专业史学家进行工作，是自19世纪才出现的。”[53]

以研究希腊、罗马史而被盛称的大史学家蒙弥葛廉诺（Arnaldo Momigliano）[54]在其《近代史学的古典基础》（*The Classical Foundations of Modern Historiography*）一书中则宣称治史的批判方法（critical methods），是希腊的遗产，举世无匹：

“我想代表希腊的是其记录事件的批判态度，换言之，批判的方法发展出来了，使我们能区分事实与幻想。就我个人所能知，没有史学早于希腊，发展出这种批判方法。”[55]

极具开明思想的巴拉克劳甫（Geoffrey Barraclough）[56]反对以欧洲为历史重心的成见，于1962年对中国史学的批评则云：

“19世纪发展的历史思想，教我们考虑与珍重过去的每一方面，如此始能解脱自己环境的枷锁，进入外国人的标准与立场之中，以欣赏其文化。然而此一对世界史的缓慢探索，基本上是欧洲民族的成就。……醉心历史，笃信历史的价值，甚至自历史内涵（historical context）及历史远景（historical perspective）以看事件的趋势，是一西方态度，对我们西方人而言，这是极为自然的，很少能觉察到做到什么程度。在中国或印度，没有恰似的态度。在中国，诚然保存了极好的编年史与年表，最低限度提供了历史的骨干（the bare bones of history）；但是印度在欧洲人侵入以前，少有现代标准下的所谓历史。两个国家皆极少关心保存历史记录。”[57]

于1978年的批评则云：

“今天已不会有人再陶醉于长期流行于西方的东方非历史（甚或反历史）的理论。无论东方或西方，对历史的兴趣，同样源远流长。中国、印度以及西亚的史学，与欧洲史学的源头相同，关注过去的动机，也基本上一致。……古典的中国史学，被简单描述为‘历史是官僚写给官僚看的’。换言之，这样的历史，不是如实地记载过去发生的事情，而是为了王朝统治者的利益，出于维持社会秩序的目的。……

长期以来，东方与西方的史学，在上述各方面，平行地发展。与中国古典史学一样，法国或英国中世纪官方编年史，也是作为统治者的工具而编纂的。16世纪的英国史学著作，全为都铎王朝的利益撰写。西贝尔（Sybel）、特雷施克（Treischke）以及普鲁士政治史学派（the Prussian school of political historiography）的其他代表人物的著作，充分证明19世纪的东方和西方在史学上没有很大的差异。然而就在19世纪，欧洲开始第一次认真地试图将历史置于客观事实的新基础上。兰克学派力图‘如实地’发现过去，马克思学派深入历史的辩证程序之中，这两学派反映了欧洲史学的重大变化，举世未有能与相比者。”[58]

在近四十年的时间之中，绝少评论中国史学的言论，其论及者，论点仍在西方史学高于中国史学的基础之上。治史的批判方法，是希腊的遗产，举世无匹；试图将历史置于客观事实之上，是欧洲史学的新猷；承认中国史学与欧洲史学的源头相同，关注过去的动机，也基本上一致；承认区分历史与神话，忠实地叙述往事，在西方可以追溯到希罗多德，在东方可以追溯到司马迁，这已是很开放进步的立论了。

十年之中，评论中国史学者，如风起云涌。近四十年的岁月，声音疏稀。情形如此，令人诧异。巴特菲尔德、浦朗穆等都是1960年代英国第一流的史学家，他们倾力了解中国史学[59]，进一步发挥议论，以致当代极负盛名的史学家如卡耳、艾尔顿、巴拉克劳甫等起而应之，于是风气就形成了。自1971年以后，西方史学家对中国史学没有进一步的认识，又适逢后现代主义崛起，史学面临危机，史学家穷于应付。哪有史学家像巴特菲尔德那样，认真地评论中国史学呢？

西方研究中国学问的汉学家，对于中国史学的评论，较为具体精确，后文将引及之，在此就不赘述了[60]。

---

① 参见 Georg G. Iggers, *Historiography in the Twentieth Century*, Wesleyan University Press, 1997, p. 30; Leonard Krieger, Ranke, *The Meaning of History*, The University of Chicago Press, 1977, p. 101。德文原文见 Ranke, "Idee der Universalhistarie", p. 303。

② Iggers, *Historiography in the Twentieth Century*, p. 30.

③ J. W. Thompson, *A History of Historical Writing*, Macmillan Co., 1942, p. 354. 拙著《与西方史家论中国史学》（东大图书公司1981年版）第10页详及之，兹不赘言。

④ Herbert Butterfield's Preface to the Beacon Edition of Man on His Past, 1960: "Though we often tell ourselves that Western civilization is unique in the development it has given to the natural sciences, we do not always remember that it is similarly distinguished for its 'historical-mindedness'. Ancient China was remarkably productive in science and technology as well as in the writing of history:

but it did not achieve (or show signs of ever being able to achieve) anything that corresponded to the Scientific Revolution of the seventeenth century or the Historical Movement of the late eighteenth and early nineteenth centuries."

⑤ Herbert Butterfield, *History and Man's Attitude to the Past*, in *Listener*, 21 September, 1961:

"I believe that no other civilization became historically minded in the way that Western Europe did between 1450 and 1850."

⑥ Ibid.:

"Many of the early annals did not spring from any urge to recover the past—they were really attempts on the part of monarchs to perpetuate their memory in the future. In Mcsopotamia there developed a tendency to explain things by inquiring into their origins. This was to become a powerful motor behind historical writing, and in Babylon it led to the stories of the Creation, the Flood, and the Tower of Babel. In both the Western world and in the Orient, history owed much to the officer who had charge of the Calendar and who entered on its pages the dates of significant events. Particularly in the East it owed much to a kind of secretary who kept records for business purposes and not at all, at first, for historical reasons."

⑦ Ibid.:

"But if the oriental student may gain hints from Western historiography, the Western student can never learn the profundity of the problems that he has to face until he acquaints himself with the East. It is when we try to transcend our own circle of ideas, and see, standing side by side, the two great systems of historical scholarship—the Western and the Chinese—that the basic issues become apparent. These two civilizations are remarkable for their tremendous preoccupation with history and tradition; yet two vastly different historical mentalities are involved, and two complicated systems (vastly different systems) of ideas."

⑧ Ibid.:

"Considerable studies have been made of the extraordinary development of textual criticism in China from the second century B. C.... The development of textual criticism did not bring with it any great advance in the higher forms of what we should call criticism—namely, the scientific assessment of the value of evidence, and there has been a considerable study of one of the reasons for this—one of the main reasons for the peculiar character of Chinese historiography—namely, the remarkable organization that lay behind the historical writing.

The decisive element was the fact that historical writing was so much an official affair, and was bureaucratically organized. History came to be regarded as a useful guide for governors of states, and it was written on the whole by officials, for officials. It had the peculiar characteristics of what I should call civil service history. Behind it there was the assumption that the historical record, once achieved is completely objective, and indeed is achieved once and for all. The objectivity was supposed to be secured by simply registering the facts, as found in official papers, and avoiding the question of the interconnectedness of events, avoiding even the description of the background or the examination of causes, avoiding the whole notion of process in history or even the description of the gradual changes that take place in the world. The objective facts, once they had been put on record, had their own independent existence; all that the future historian had to do was to repeat the established version, or perhaps make his own selection from it."

⑨ Ibid.:

"Possessing this hard and inorganic view of historical data, the Chinese could perform a prodigious work of classification, could compile amazing encyclopaedias, and could produce their countless local histories, with further ramification of detail; but they could not reach what we should call a synthesis and they did not develop the art of historical explanation. The constant copying of ancient texts, the arbitrary choice of the documents that should be authoritative (without discussion of the reasons for choosing one rather than another) meant that a firm historical canon or traditional corpus was established, and the criticism was confined to the task of making this consistent with itself—not setting out scientifically to get behind the historiography and see how far it corresponded with the things that had actually happened. It was to an astonishing degree official history, bearing something of the character of the kind of history which is produced by commissions and committees. In all its copiousness, it seemed intended more for a bureaucrat to refer to on special occasions than as general reading for a wider public. I sometimes wonder whether Western historiography, as it breaks away from some of the healthy teaching of Ranke, is not moving in the same direction. Here is perhaps a further reason why the Western student should examine the East. Orientalists may not forgive me, but they will understand me, if I say that the Western student ought to look to China if only in order to learn how historical scholarship may go wrong."

⑩ 关于浦立本与巴特菲尔德之间对中国史学的争论，详见拙著《与西方史家论中国史学》（新写本，东大图书公司 1981 年版），第 20—22 页。

⑪ W. G. Beasley & E. G. Pulleyblank, eds., *Historians of China and Japan*, Oxford University Press, 1961.

⑫ Herbert Butterfield, The History of the East, in *History*, vol. XLVII, No. 160, June, 1962, p. 158:

"For the student of the history of historiography, it is of the greatest significance that, besides the West, another great culture—that of China—made a remarkable development on the historical side, all of which issued, however, in a mentality and a literature vastly different from our own. A considerable amount (though only a very small proportion) of this massive literature is available to the ordinary Western student through translation into European languages. Our orientalists themselves are in any case directing their attention much more to the peculiar characteristics of Chinese historiography. Also, nowadays, they work with a much better knowledge of historiography in general, and of the things that the Western scholar needs. Here, therefore, is a point at which the student of the West ought to be meeting the student of the East."

⑬ Ibid., p. 158:

"We cannot discuss the origins of even our own historical writing and thinking without moving into Asia."

⑭ Ibid. , p. 160:

"The new work is important to many students in the West—important for those who are interested in the general history of historiography. Part of its interest springs from the desire to move to a higher altitude—not merely to be locked in the world of the orientalist, but to stand above both East and West, mediating the one to the other, and bringing the knowledge of the one to enlarge our understanding of the other."

⑮ Ibid. , pp. 160 – 161:

"The exciting discoveries and speculations of recent years give importance to everything new that we can learn about the beginnings of historical writing, or the first signs of an emerging interest in the past, in any part of the world. The origins of records and commemorations is one of the grand questions of history and anthropology; and on such topics it is doubtful whether anything can ever be so important as the light that comes from Asia. The whole problem gains added interest from the fact that the stimulus behind historical records is at first not an interest in the past as such—not an interest that we should call historical. The study of the antecedents of historical writing is full of surprises; and the office of what we call the historian seems to spring out of functions which were not primarily historical at all."

⑯ Ibid. , p. 162:

"There is a further sense in which the present volumes should have a peculiar interest for those who wish to extend their horizon and to see at least certain topics in the framework of world history. Compared with the rest of the world, both China and Western Europe developed civilizations that were remarkable not only for their scientific character but also for their preoccupation with history. It would seem that China never achieved anything that would correspond with our Scientific Revolution of the seventeenth century, and never showed signs of really moving in the same direction. It is difficult to avoid the conclusion that, until she had been directly influenced by the West, China also never attained anything corresponding to our historical revolution of the late eighteenth and early nineteenth centuries—the establishment of the techniques that we associate with Ranke and his predecessors. Here were two things which were the peculiar products of the Western world, not merely drawn from the past but hammered out as the West wrestled with its own problems and experiences. Yet Chinese historiography was so imposing in the developments made in other directions that the comparison of these two great systems—the explanation of the two vastly different types of historical mentality—is a matter of unusual interest."

⑰ Ibid., p. 165:

"There is evidence that Chinese historians were ready to criticize the narratives of their predecessors and even perhaps to reach an attitude of scepticism towards all the writers of the past. It seems clear that textual criticism reached a high degree of development and there can be no doubt concerning what might be called the intellectual refinement that the Chinese historians could achieve."

⑱ Ibid., p. 165:

"We today could hardly regard as truly critical a form of historiography which failed to get behind the historian to his original sources and to apply a complicated apparatus to those documents themselves.... But it is not clear that the Chinese historians found ways of checking their historiographical tradition against new primary evidence or pursued a method that would do more than make the tradition consistent with itself. Their parallels in Europe belong to the period 1450 – 1750. Modern Western critical apparatus, directed upon the primary materials, must have made a great change in historical writing and research in China."

⑲ E. H. Carr, *What is History*? Macmillan, 1961, p. 146.

⑳ Ibid., p. 103:

"Like the ancient civilizations of Asia, the classical civilization of Greece and Rome was basically unhistorical."

㉑ A. G. Widgery, *Interpretations of History, From Confucious to Toynbee*, 1961, p. 15:

"From early times there was a considerable amount of written history in China. From what remains, it appears to have been mainly 'annals' with reference mostly to individuals of the ruling classes, the events of their lives, civil conflicts, and the rise and fortunes of successive dynasties. There was little reflection on the nature and meaning of history. There was no continued effort to find significance in historical processes and events in any remote goal. Attention was on the present and the past. The cultured of the occident have been fascinated and tremendously impressed by Chinese works of art, paintings, carvings of ivory, jade, and wood, and by the palaces of Peiping. But the amount of such art, however large it may seem independently considered, is comparatively little when thought of with reference to the long history and the teeming millions of the people of China. Throughout their history the masses of Chinese have been occupied with agriculture and handicrafts. Their lives have been essentially simple and it is from this standpoint that we may understand their attitudes to history."

㉒ G. R. Elton, *The Practice of History*, 1967, pp. 11－12:

"There is something markedly a-historical about the attitudes embedded for instance, in the classic minds of India and China, and any history of historiography must needs concentrate on the Hellenic and Judaic roots of one major intellectual tree. No other primitive sacred writings are so grimly chronological and historical as is the *Old Testament*, with its express record of God at Work in the fates of generations succeeding each other in time; and the Christian descendant stands alone among the religions in deriving its authority from an historical event. On the other hand, the systematic study of human affairs, past and present, began with the Greeks. Some sort of history has been studied and written everywhere, from the chronicles of Egypt and Peru to the myths of Eskimos and Polynesians, but only in the civilization which looks back to the Jews and Greeks was history ever a main concern, a teacher for the future, a basis of religion, an aid in explaining the existence and purpose of man."

㉓ John Lukacs, *Historical Consciousness*, 1968, p. 2:

"Historical thinking is still something particularly 'European' or 'Western'".

㉔ Ibid. , p. 5:

"I believe that the most important developments in our civilization during the last three or four centuries include not only the applications of the scientific method but also the growth of a historical consciousness."

㉕ Ibid. , p. 18:

"If in only about 150 years ago that the historical approach became a form of thought, that some people recognized that it is possible to study everything (including history) through its historical development. Meinecke, the principal German historian of this process, called it 'the greatest spiritual revolution which Western thought has undergone' in modern times."

㉖ Ibid. , p. 23:

"Outside the West the memory of the past is marked by a kind of historical insufficiency. Archaeology or ethnography is needed for the reconstruction of even relatively recent developments; and even when written records exist as in certain Asian countries, their quality is defective: they are Chronicles stuffed with legends and interspersed by long anecdotes. (William Haas: 'Not even Ssu-Ma Chien, who is considered the greatest Chinese historiographer, transcends this general model.' Also see The Modern Researcher: 'Western culture may be said to be the historical culture par excellence, and that almost nothing like ancient histories exist in Indian or Chinese literature.') In the words of the Orientalist William Haas, the East, in historical knowledge, 'has produced little comparable to the achievements of the West.... Only in Western civilization could genuine history have arisen and grown as it did'. The reliable histories of otherwise highly articulate peoples of India, China, Persia, Japan have been written by Westerners."

㉗ Ibid. , p. 24:

"It is rather evident that this inadequacy of historianship outside the West has involved not merely a deficiency of a method but differences of mentality: not only insufficiencies of 'records' but distinct differences in which different cultures have remembered their past. And this is one of the reasons of the relative importance of Western history even on the scale of world history. Even now a person in the West way disregard most of Oriental history with little consequent loss to his proper understanding of the processes of history, while the converse is not so: no intelligent Oriental can afford to remain ignorant of Western, and specifically of European, history. And this is true not because the West has ruled the East longer than the East ruled the West; it is true because historical thinking has been a Western, though relatively recent, achievement and because the history of the West has been exceptionally 'paradigmatic' —that is full of potentially instructive examples."

㉘ J. H. Plumb, *The Death of the Past*, 1969, pp. 12 – 13:

"From the Renaissance onwards there has been a growing determination for historians to try and understand what happened, purely in its own terms and not in the service of religion or national destiny, or morality, or the sanctity of institutions . . . The historian's growing purpose has been to see things as they really were, and from this study to attempt to formulate processes of social changes which are acceptable on historical grounds and none other. This to my mind is a Western development. Some scholars whom I admire will disagree, for they feel that I exaggerate the difference between Chinese and Western historiography. I am aware, as far as reading of translations of secondary authorities permits, of the subtlety of Chinese historiography, of its preoccupation with documentation and its development of concepts of institutional change which, to some extent, broke through the basic historical generalizations of the Mandate of Heaven concept. Obviously, Chinese historians of the T'ang dynasty were infinitely superior to Einhard or Otto of Freising or any other early medieval chronicler, as superior as Chinese sages were in technology or in administration. Be that as it may, their development never broke the final barriers that lead to true history—the attempt to see things as they were, irrespective of what conflict this might create with what the wise ones of one's own society wake of the past. The Chinese pursued erudition, but they never developed the critical historiography which is the signal achievement of Western historians over the last two hundred years. They never attempted, let alone succeeded, in treating history as objective understanding."

㉙ Ibid., pp. 18 – 19:

"The greatest historian of Classical China, Ssu-ma Chien .... *The Memoirs Of an Historian* is a remarkable, but odd, achievement. Most of it is compilatory. Ssu-ma Chién copied out those archaic texts which he could discover, modernizing the language somewhat but largely accepting what he was told. Legends and truth are intermingled, particularly in the biographies of dukes, officials, sages and bandits which form so large a part of his work. Nevertheless, at times Ssu-ma Chién demonstrates a sophisticated awareness of the difficulty of arriving at historic truth. On the other hand he accepts the records of the most improbable and detailed conversations without the slightest expression of doubt.... This remarkable book... is quite unlike what we regard as history. In many ways it is a handbook for bureaucrats, telling them of the past .... There is no historical criticism as we know it—no attempt to understand the past as a time different from our own .... The past for him was a moral guide, the example of the higher truths, an illustration of principles, not a matter for analysis .... His book, vast and valuable as it is, is more a narrative of morality than a narrative of history."

㉚ Ibid., pp. 87 – 88:

"The contrast between the role of history in China and in the West is illuminating. China, as dynasty followed dynasty, acquired a large historical archive, as diverse and as mountainous as the historical material of Western Europe, and stretching over a longer period of time. Yet Chinese methods of using this material and generalizing about it did not fundamentally change from dynasty to dynasty and Chinese scholars were using historical materials for the same pragmatic purposes in the early twentieth century as in the T'ang or Han dynastie. Within the tenets of their traditional generalizations, they could be subtle and on occasion glimpse the problem of the growth of institutions outside the dynastic context, but Chinese history never developed the process of self-criticism and discovery, the relentless testing of generalization, the purposefull search for documentation to prove hypotheses which marks Western history. In consequence, when traditional Chinese historiography began to collapse in the late nineteenth century, the result was chaos and confusion. Chinese historians, aided and abetted by Western students of their country, snatched at Western generalizations, particularly Marxist ones, and applied them to Chinese data. But this was rather as if the detailed concepts of advanced chemistry were used on a large quantity of freshly discovered biological facts. The generalizations of Western history were the refined end-product of years of patient argument in which generalization and fresh facts had created an ever more sophisticated dialogue. To apply these in any meaningful way to China on the data available was well-nigh impracticable. Once the traditional generalizations were removed, Chinese history collapsed into fragments. The narrative of dynasties remained, of course, but explanation vanished."

㉛ Ibid., pp. 89–90:

"The European intellectual, even in the fourth and fifth centuries of our era had two pasts to contend with. By the time of the Enlightenment he had three. Always in subterranean contrast, or overt conflict, there were two others, deeply involved in his own, yet different in interpretation and different too, in usage of materials—the past of the Jews and the past of Islam. Hence the European's past never possessed the coherence or the unity, the all-embracing certainty of the Chinese. And here lies the key to why Europe could, indeed was bound to, develop critical history."

㉜ Arthur Marwick, *The Nature of History*, Macmillan, 1970, p. 13:

"Our own Western civilization has inherited from Judaeo-Christianity a particularly strong sense of history. But interest in, and dependence upon, history is no occidental monopoly: both the Muslim school and the great Chinese school of history have been central elements in their own civilizations."

㉝ Ibid., p. 15:

"We can enjoy and profit from historical works spread across the entire timespan of human literary activity, such as those of Thucydides, Ssŭ-ma Chiĕn, Bede or Machiavelli: but we must note that the systematic study of history, history as a discipline, is a very recent phenomenon, becoming established in West European and North American universities only in the nineteenth century."

㉞ E. H. Dance, *History the Betrayer*, 1960, p. 87:

"In China... they had not, until recent years, anything approaching the accurate historiography of the West, and even in modern times they have not stored their documents, the raw material of history, as we in the West have done."

㉟ Ibid., pp. 104-105:

"Unlike the Indians, the Chinese wrote histories, including a current contemporary history which ran, like our *Anglo-Saxon Chronicle*, for centuries —and whose chronology is said to be at least as reliable as most contemporary chronologies in the West. Writers of the T'ang also compiled records of local topography comparable with *Domesday Book*. In Lu Chia and his work on the rise and fall of states there was even a Chinese Toynbee in the second century B. C. By the ninth century A. D., besides paper and printing they had a sort of shorthand. As for works of reference, Chinese encyclopaedias make the *Encyclopaedia Britannica* look like a pocket-book. They were being produced from the ninth century onwards. In the eighteenth and nineteenth centuries the most up-to-date of them was extended to 1700 volumes, and that was nothing to an encyclopaedia of the fifteenth century which reached 11000 volumes. A good deal of their contents have appeared nonsense to European critics; but then no doubt most of the literature of fifteenth century Europe would seem nonsense to a modern Chinese."

㊱ E. H. Dance, *History for a United World*, 1971, p. 49:

"In China, not even music or art were, as a rule, ends in themselves; nor was literature, until later dynasties began to produce lyric poetry. All were used for raising the tone of society. This was true even of the writing of history. In China, history was never, as in Western Europe until the days of Gibbon and even Macaulay, merely a pastime. It was a repository of knowledge useful to the Government, and, since it was to be used, it had to be systematized and filed."

㊲ Ibid., pp. 49–50:

"Long before the Han, Chinese Governments had made a practice of preserving records and writing them up for reading and reference. Each dynasty appointed an historian to collect the records of its predecessor, and edit them into a continuous historical narrative rather in the manner of *the British Annal Register.* This was a powerful and healthy tradition. No dynasty wrote its own history: that was left to the more impartial minds of the next age. Towards the end of the second century B. C. the Emperor Wu appointed as Government historiographer a man who proved to be one of the greatest historians of all time. His name was Ssu-ma Chien. He was Herodotus and Thucydides rolled into one—and then more. Like Herodotus, he took the trouble to wander around the empire, learning what he could from the folklore of the past and the gossip of the present; like Thucydides, he sounded his contemporaries about their own times; and he treated both kinds of knowledge with a scholarship as meticulous as that of Thucydides, and far superior to that of Herodotus. Unlike Herodotus and Thucydides, he did not earn immortality in the realm of literature: his job was to produce... the first history of ancient and modern times, compiled as carefully and conscientiously, with full reference to the available authorities, as sound historiography demands.

He was, certainly, fortunate in the materials he had at hand. Herodotus and Thucydides obtained all their evidence by word of mouth: Ssu-ma Chien had documents as well."

㊳ Ibid., p. 85:

"One of the most precious possessions in the entire archives of English history is *Domesday Book.* It is an isolated phenomenon, so isolated that it is usually described as 'unique', which it is not. The English, and all Europe, are justifiably proud of it, for in Europe it is indeed unique.... *Domesday Book* is so full, so detailed, so efficient, that it ranks deservedly as one of the most valuable documents available to European historians."

㊴ Ibid. , pp. 85 - 86:

"Beyond Europe, in Asia, and long before the eleventh century, there were local surveys, far more thorough than *Domesday Book*—thousands of them. . . . most of them were compiled in China, where between six and seven thousand of them are known, and where presumably there are many more as yet undiscovered. The earliest of them dates from the fourth century A. D. and, compared with later examples, it is a very small affair—twelve Chinese 'chapters' . Even so early, however, it surveys the fauna and flora of the district, its resources in agriculture and industry, the chief commodities of trade (they include face-powder!), and the most important monuments; it also contains biographies of the most famous local people. It was, in fact, an extension of the sort of 'histories' which had been compiled for the previous four or five centuries, since the time of Ssu-ma Chien, but they were on a local instead of a national basis, and they were issued separately and independently of the national histories. In the eighth century A. D. the information contained was extended to things like irrigation, posts, temples with their schools, 'marvels', and even popular songs."

㊵ Ibid. , p. 87:

"*Domesday Book* was a once-for-all record. It was neither repeated nor revised in later times. The Chinese records, on the contrary, were constantly kept up to date by officials specially appointed to that task."

㊶ Ibid. , pp. 87 - 88:

"In fact, in China at any rate, all history and historiography, national and local, including these local surveys, which are the basis of local history, was for practical use. China knows neither history for history's sake nor truth for truth's sake. History in China has always been regarded as recorded experience, to be drawn upon in times of national or local dilemma, precisely as individuals draw upon their experience for guidance in their private dilemma."

㊷ Ibid. , p. 88:

"A Chinese historian would regard as absurd the commonly accepted Western principle that historians must not prophesy. Prophecy, to a Chinese, is part of the historian's business—who else commands so wide an experience of the past to form the basis of prophecy?"

㊸ N. E. Fehl, "The Frontier", in *Sir Herbert Butterfield Cho Yun Hsu & William H. McNeill on Chinese and World History*, 1971, p. 64:

"In the 18th century, China was the world's largest empire—larger in population than the realms of Spain, France, Russia or the empires of the Ottoman, the Mongol or the British. She had produced a larger volume of printed books than the combined total of the publications of all other peoples."

㊹ Ibid., p. 65:

"There is throughout Chinese historiography a distinctively moral tone which it would be wrong to bury completely under a materialist explanation."

㊺ N. E. Fehl, "Introduction: Some Problems in the Relation of Chinese History and World History", in *Sir Herbert Butterfield Cho Yun Hsu & William H. McNeill on Chinese and World History*, pp. 1-2:

"Chinese history might be regarded as a special history, essentially isolated from other histories, yielding its own unique insights only as studied by its own methods, quite distinct from the canon of historiography developed in the West for the interpretation of European experience."

㊻ Ibid., p. 8:

"One of the really significant facts central to the problem of the relation between Chinese history and world history is that of the almost complete absence of Chinese scholars specially trained in Western history. Of the thousands of Chinese graduate students who study history abroad, only a few take any courses in Western history at all. Chinese graduate students in history by the hundreds study Chinese history exclusively. There is little choice of world history text or of university level text, in Western history written by Chinese in Chinese. There are hundreds of books on Chinese history written by Europeans, Americans, Australians, Japanese and even Africans. There are very few indeed authoritative studies in Western history by Chinese on the university or research level. No great people, one quarter of the world's population, can afford such neglect of interest in the history of the other three quarters of the world's population—especially of the West."

㊼ Herbert Butterfield, "Universal History and the Comparative Study of Civilization", in *Sir Herbert Butterfield Cho Yun Hsu & William H. McNeill on Chinese and World History*, p. 20:

"Some peoples and civilizations never acquired the longing to know about the past, and perhaps they were governed by philosophies or religions which regarded the events that happen in time as nothing more than froth or foam—all as pointless as dead leaves drifting in the wind. Some peoples seen not to have gone further than telling legends and mythical stories about the past—not longing for anything better, not realizing that anything better could be achieved. The two great exceptions are, on the one hand, the tremendous civilization of China, which produced a colossal historical literature that is of permanent value to the world, and on the other hand, what we call Western civilization, which goes back to classical Greece, and then further than that to ancient Mesopotamia and Egypt. But the Chinese civilization and that of the West were equally important, equally the leaders of the world at various times, in the development of the natural sciences. And even in ancient Greece, the study of history emerged at a time when the scientific outlook and the study of the physical universe had begun to appear. History and science are sometimes curiously connected in their development through the centuries."

㊽ Ibid., p. 24:

"We are faced with two vastly important things which all of us ought to consider seriously. There is Western civilization, which has been a dynamic affair and a tremendously creative thing, evolving peculiarly scientific methods.... But there is also the tremendous civilization of ancient China, and the West is beginning to wake great efforts to understand it, though we are conscious of knowing far too little about it."

㊾ Ibid. , p. 25:
"Even as an amateur I have found that by merely reading the historical writings of ancient China, as I find them translated into Western languages. The differences between West and East just in historical ideas, and in the way of writing about history, are a revelation, and the attempt to explain and to understand the differences, to get at the genesis of them, carries one fairly deeply into the whole question of the differences between the two cultures. An old friend of mine, Joseph Needham, has spent a great part of his life studying the Chinese science of older times, and trying to see why Western science ultimately developed so differently. And just these simple problems have caused him to cut very deeply into the whole problem of Chinese culture and the Chinese mentality."

㊿ Ibid. , p. 26:
"We ought not to forget that somewhere in the latter half of the nineteenth century, and still more clearly in the twentieth century, the whole globe became one. Events in one region had effects at the opposite end of the world, and everything came to be interconnected. This involved not merely the spread of cultural ideas—it meant that politics, diplomacy, international relations and a large section of cultural life became global. They ought to be studied on a global scale, and from the point of view of mankind as a whole. It would be wrong even to say what we will study global history from the Western point of view or the Chinese point of view—I think it is necessary that we should strive as much as we can for a global point of view, having in mind the overall development of one single world civilization .... We need a historical attitude to contemporary events —and in these days it means trying to rise to a global point of view."

51 拙著《与西方史家论中国史学》第二章及第四章详及巴特菲尔德、普拉姆等人的论述，并附其原文，可备参考。

52 Georg G. Iggers 著有 *New Directions in Historiography*（1984），*The German Conception of History*（1983），*Historiography in the Twentieth Century*（1997）等书，现任教美国纽约州立大学。

⑤③ Georg G. Iggers, *Historiography in the Twentieth Century, from Scientific Objectivity to the Postmodern Challenge*, Wesleyan University Press, 1997, p. 17: "In the Western, including the Islamic world, but also in East Asia, written history has occupied an important role .... At least as early as Herodotus and Thucydides in the West and Ssu-ma Chien in the East a conscious effort was made to distinguish history from myth and to arrive at a truthful description of past events. Nevertheless there was no attempt to claim for history the status of a science similar in its rigor to the natural sciences. The pursuit of history as a literary genre seeking to recapture past reality truthfully and honestly but in an aesthetically elegant manner persisted from Classically Western and East Asia antiquity until relatively recently. Only in the nineteenth century was history transformed into a professional discipline that viewed itself as a 'science' practiced by professionally trained historians."
拙译参考了杨豫译，伊格斯著：《二十世纪的史学》（昭明出版社2003年版），文字上略作润色。

⑤④ Arnaldo Momigliano是意大利史学家，以政治关系，长期讲学英国，驰名全球，所著史学史的作品，尤脍炙人口。其重要者，计有*Studies in Historiography*, Weidenfeld, 1966; *Essays in Ancient and Modern Historiography*, Blackwell, 1977; *The Classical Foundations of Modern Historiography*, University of California Press, 1990诸种。

⑤⑤ Arnaldo Momigliano, *The Classical Foundations of Modern Historiography*, p. 30: "What I think is typically Greek is the critical attitude towards the recording of events, that is, the development of critical methods enabling us to distinguish between facts and fancies. To the best of knowledge no historiography earlier than the Greek or independent of it developed these critical methods; and we have inherited the Greek methods."

⑤⑥ Geoffrey Barraclough是英国史学家，以治中古史及现代史而享名。著有*History in a Changing World*, Blackwell, 1955; *An Introduction to Contemporary History*, Watts, 1964; *Main Trends in History*, Holmes & Meier, 1978等书。

57 Geoffrey Barraclough, "Universal History", in H. P. R. Finberg, ed., *Approaches to History*, Routledge, 1962, pp. 95 – 97:

"As late as the mid-nineteenth century most of the interior of Africa was unexplored and mysterious and what was known of the Orient was less history than a compound of myth and legend .... No less important was the influence of historical thinking, as developed in the nineteenth century, which taught us to consider and value every aspect of the past for its own sake, and so made it possible to escape the fetters of our own environment and appreciate alien civilization by their own standards and in their own right. The fact remains, however, that this gradual and stumbling approach to world-history—or, more accurately, to the preconditions which make world-history possible—has been in all essential ways an achievement of the European peoples.... Interest in history, belief in the value of history, even the tendency to view events in historical context and historical perspective, which is so natural to us that we are rarely conscious of the extent to which we do it, is a Western attitude which has no exact counterpart in China or India. China, indeed, has preserved excellent annals and chronological lists, which provide at least the bare bones of history; but India before the European invasions has little that, by modern standards, can be called history at all, and both countries have shown very little concern for the preservation of historical records."

58 Geoffrey Barraclough, *Main Trends in History*, Holmes & Meier, 1978, pp. 95 – 96:

"No one today would entertain the old theory, so long prevalent in the West, of the unhistorical (or even ahistorical or anti-historical) Orient. Interest in history stems from the same roots in China or India or in Western Asia were broadly similar to, the motivation for concern with the past more or less identical with, those in Europe .... Classical Chinese historiography has been succinctly described as 'history written by bureaucrats for bureaucrats'; it was concerned, in other words, not to record the past as it really has been, but... in the interests of the ruling dynasty and the prevalent social order....

In all these respects the development of Oriental and Western historiography long ran on parallel lines. Like classical Chinese historiography, the official chronicles of medieval France or England were compiled as an instrument of government, and English historiography in the sixteenth century was written in the interest of the Tudor dynasty. Nor was the position greatly different in the nineteenth century, as the writings of Sybel and Treischke and other members of the Prussian school of political historiography attest. But the nineteenth century also saw in Europe the beginnings of the first serious attempt to put history as a new basis of factual objectivity. Both the school of Ranke, with its attempt to discover the past 'as it really was', and the school of Marx, with the attempt to penetrate the dialectical processes of history, reflected the great change, which had no parallel elsewhere."

Geoffrey Barraclough 的 *Main Trends in History* 一书，由杨豫译成中文，译名为《当代史学新趋势》，1999 年由云龙出版社出版。较早于 1987 年由上海译文出版社出版的《当代史学主要趋势》，亦由杨豫翻译，二者译文相同。

⑲ Butterfield 与写 *Science and Civilization in China* 的 Dr. Needham 是好朋友，他的中国史学知识，一部分是由 Needham 转告。另外他也看了 *Historians of China and Japan* 一书。

Plumb 尽力了解中国史学，见于其自述之中。

⑳ 拙著《与西方史家论中国史学》，第 155—220 页详言之。

第三章　中国文化中的历史观念与史学的绵延发展

西方史学家差不多一致论定产生史学的最基本的历史观念（historical mindedness），为西方文化所独有。“在过去，亚洲文化很少历史的意识。”“在印度与中国的古典思潮里，隐藏着显著漠视历史的态度。”“西方以外，过去的追忆，显然是缺乏历史性的。”“没有任何文化，比西欧1450年到1850年间的文化，更富历史观念。”“西方文化可以说是卓越的历史文化，而与存在于印度或中国的古代历史，几尽不同。”“只有源自犹太与希腊的文化，历史受到重视，历史成为将来的导师，历史变作宗教的根据，历史协助说明人类的生存与目的。”异口同声地否定了西方或西欧以外曾有重视历史的文化诞生。其持论如此，自然认为“惟有在西方文化中真历史始兴起成长”，“有系统地研究人类过去与现在的事件，始自希腊”，“历史思想属于西方的成就”，“系统地研究历史，视历史为一种学术，是最近的事，为欧洲与北美洲大学在19世纪所创立”。

所谓历史观念，是人类对过去发生兴趣，而开始记录往事。史学的出现，这是最重要的条件之一。西方史学家肯定了西方文化最富历史观念，而其他文化则否，是特殊化了西方文化。早在18世纪，德国哲学家赫德（Herder）即曾云：

“只有欧洲，人类的生活是真正历史的。中国、印度或美国土著，都没有真正的历史进化，仅是一些静的无变化的文化，或是一连串由旧生活方式到新生活方式的新陈代谢，里面没有规律的累积的发展，而规律的累积的发展，正是历史进化的特性。因此欧洲是人类生活得天独厚的地区。”①

赫德的进化观念，将欧洲特殊化了，欧洲的大变动，里面有规律的累积的发展，是真正的历史进化，因之欧洲人类的生活，是真正历史的生活。中国、印度等地区是静止的，没有规律的累积的发展，因之没有真正的历史进化，其人类的生活，自非真正历史的生活。赫德以后的西方学者，说到中国为非历史的，即以中国数千年无变化为理论根据。黑格尔（Hegel）认为中国是一个“没有历史的国家”（state with no history），即基于中国的静止不变②。迄今“不变的中国”（unchanging China）、“不变的亚洲”（unchanging Asia）之说，在西方仍然存在。

中国既数千年不变，中国自然缺乏历史观念，所以西方史学家很肯定地认为西方文化以富有历史观念而卓然与世不同。“西方人永远富有历史观念，此一特征，在过去两世纪更格外显著”③。“不像其他文化，我们的文化经常极端注视其过去。……我们的初祖希腊人与罗马人，是属于写历史的民族（history-writing peoples）。基督教是一史学家的宗教。”④“我们‘正进入世界史的时代’。西方文化现已扩及整个世界；科学的方法或历史的专业研究（the professional study of history），已非复欧洲与美洲的学术专科（intellectual monopolies）。惟历史意识（historical consciousness）仍显然是‘西方的’。”⑤“西方社会经常富有历史观念，拥有可观的以往文献，其性质与数量与任何其他已知文化所存留者不同。所以如此的原始力量，来自希腊的天才。其次的因素，是基督教的影响。基督教始终是寓有历史意识的，不同于佛教与婆罗门教，或任何其他东方的宗教，不管是古代的或近代的。最后，在过去两个世纪中，近代科学的进步与物质的发展，深深影响了西方世界的思想。”⑥“西人在19世纪，已富有历史观念，适如其在17世纪已富有科学观念一样。”⑦“在过去三四世纪，我们的文化最重要的发展，不仅为科学方法的应用，同时为历史意识的增长。”⑧种种类似的论调，不胜枚举。配合“西方以外，过去的追忆，显然是缺乏历史性的”；“没有任何文化，比西欧1450年到1850年间的文化，更富历史观念”；“西方文化可以说是卓越的历史文化”；“只有源自犹太与希腊的文化，历史受到重视”等已引述的论调，我们可以归纳出西方史学家从西方的科学、基督教及其初祖希腊人罗马人三方面，推衍出西方文化在世界文化中最富历史观念，中国文化以及其他任何文化，缺乏上述三者，自然就无法产生历史观念了！持论如此，有待深辩。

西方文化富有历史观念，固然不待争辩，但是说它是世界唯一最富历史观念的文化，却非公允之论。中国文化数千年来历史观念之深，较之西方文化，实驾而上之。西方史学家认为中国文化不富历史观念，是一种误解，是囿于先入为主的成见。

误解自认为中国数千年不变始。以中国与西方相比较，中国不曾有过类似英国的工业革命，法国式的大革命，中国历史不曾有过几个希腊罗马、中世纪、近代等明显段落，所以西方史学家认为中国历史是静止的，数千年来不曾变化。看惯波澜壮阔的西方历史，自易有此错觉与误解。殊不知数千年来，中国历史无时无刻不在变，由三代的封建制度到秦汉以后的郡县制度是变；由魏晋南北朝的门第政治到隋唐以后的文人政治是变；由外族的屡次入侵而形成民族的大融合缔造簇新的大帝国更是变。中国富“中庸”思想，中国历史上的变是渐变，比较柔和，不若西方之变，暴烈急骤，这正是真正的历史之变，只是西方史学家不能了解罢了。

中国历史上的变，凡稍通中国历史者，皆能言之；中国文化富有历史观念，凡深知中国史学者，皆能剖析而明辨之：

中国古代弥漫以历史作鉴戒的观念，如《尚书·召诰》云：“我不可不监于有夏，亦不可不监于有殷。”《诗经·节南山》云：“国既卒斩，何用不监?”《诗经·文王》云：“殷之未丧师，克配上帝，宜鉴于殷，骏命不易。”“命之不易，无遏尔躬，宣昭义问，有虞殷自天，上天之载，无声无臭，仪刑文王，万邦作孚。”《诗经·荡》云：“殷鉴不远，在夏后之世。”《尚书·召诰》是西周初年的作品，《诗经》中《节南山》、《文王》、《荡》诸篇，属于《小雅》及《大雅》部分，作于西周初年到东周初年[9]，可知以历史作鉴戒的观念，在中国的上古时代，已极流行，形之于诗歌，载之于誓诰，殷殷以夏为鉴，以殷为鉴。“殷鉴不远”，在中国也差不多成为一种口头禅了。以历史作鉴戒的观念，是一种历史的观念，史学的兴起，与此有最大的关系。因为要鉴戒，所以要留历史，“史不绝书”[10]，遂成为中国古代的盛况，这是世界任何其他国家、其他民族所未出现过的盛况。直书似乎也由此鉴戒的观念发展而来。“君举必书”[11]，“书法不隐”[12]，皆为昭鉴戒。“书而不法，后嗣何观”[13]，更是积极地约束君主的行为了。

战国初年的墨子，曾倡言兼相爱交相利先圣六王亲行之。彼何以知先圣六王亲行之?“吾非与之并世同时，亲闻其声见其色也。以其所书于竹帛，镂于金石，琢于盘盂，传遗后世子孙者知之。”[14]这是肯定将历史书于竹帛，镂于金石，琢于盘盂的功用。何以书于竹帛，镂于金石，琢于盘盂?“古之圣王欲传其道于后世，是故书之竹帛，镂之金石，传遗后世子孙，欲后世子孙法之也。”[15]这就是直接出于鉴戒的观念了。所以中国古代历史记录的盈积，由于以历史作鉴戒的观念弥漫。史学由此而孕育，而成长。

中国古代流传着很多古圣王的历史故事，这些古圣王的历史故事，虽然在各载籍间的记载，颇有出入，但是其被用作鉴戒，则是一致的。儒家“祖述尧舜，宪章文武”[16]，固不必论。即使是反对法古的法家，也时时引及历史的例子。如云：“前世不同教，何古之法？帝王不相复，何礼之循？伏羲、神农，教而不诛；黄帝、尧舜，诛而不怒；及至文、武，各当时而立法，因事而制礼。礼法以时而定，制令各顺其宜，兵甲器备，各便其用。臣故曰：治世不一道，便国不必法古。汤武之王也，不修古而兴。殷夏之灭也，不易礼而亡。”[17]“古人亟于德，中世逐于智，当今争于力。古者寡事而备简，朴陋而不尽，故有珧铫而推车者。古者人寡而相亲，物多而轻利易让，故有揖让而传天下者。然则行揖让高慈惠而道仁厚，皆推政也。处多事之时，用寡事之器，非智者之备也。当大争之世，而循揖让之轨，非圣人之治也。”[18]为了说明不必法古，为了说明政治随时代变迁，皆用历史的例子作论证，这是极耐人寻味的。大凡中国秦代以前的人，凡建一言，立一说，多将基础建立在历史事实上，以历史作鉴戒，同时以历史作证据，这真是极浓厚的历史观念了。

西方所恃以傲世的初祖希腊人与罗马人，虽是属于写历史的民族，但是在西方史学家的心目中，“就像亚洲古代文化一样，希腊、罗马的古典文化，基本上是非历史的。我们已看清楚历史之父希罗多德绝少继承人；古典作家（the writers of classical antiquity）大体上不关心将来与过去。修昔底德认为在所描述的事件以前与以后发生些什么，都无意义”[19]；“当时希腊思想锢蔽于反历史的趋势（anti-historical tendency）之中。天才的希罗多德战胜了那一趋势，但是在他以后，不变与永恒知识的追求，逐渐窒息了历史意识”[20]；“在希腊哲学家眼中，历史似乎是根源于一个充满野心和激情，短暂且又虚幻的世界，而哲学正是要将人从这样的世界拯救出来。像公元前1世纪婆塞东尼斯（Posidonius）那样，一位哲学家改行写历史并乐在其中的，不但绝无仅有，甚至是几乎不可思议的。这种哲学对史学家造成的压力，曾诱使某些史学家将他们的著作变得像哲学小说一般”[21]；“所有希腊哲学家，直到新柏拉图主义者（Neo-Platonists）的最后一位，明显的其不关心历史是一致的”[22]；“你几乎可以说，在古代的希腊，没有史学家，仅有艺术家与哲学家；没有人倾其毕生精力研究历史；史学家仅是其时代的自传家，而自传不是一种职业”[23]。在希腊与罗马，“历史在教育中没有确定的地位，没有历史教授。……有教育修养的人，倾向哲学，教育修养浅的人，倾向神奇与神秘崇拜”[24]。希腊思想锢蔽于反历史的趋势之中，希腊哲学家一致不关心历史，没有人倾毕生精力研究历史，历史在教育中没有确定的地位，这样的希腊文化，推而至于罗马文化，基本上是非历史的，没有多少历史观念[25]。天才的希罗多德，战胜了环境，创造了历史[26]，创造了公元前5世纪的希腊史学，但是公元前4世纪的时候，其所创的史学便中断了[27]。所以一位西方史学家在评论希腊史学的地位时，便这样说：“事实上，希腊史学从不曾取代哲学或宗教，也从未被后二者所全心接受。在希腊人的心目中，史学从未真正有确定的地位。”[28]西方所恃以骄傲的西方史学摇篮的希腊，其史学地位的低微，是令人惊讶的现象。其史学地位所以低微，由于希腊文化中的历史观念没有多少，那么与弥漫浓厚历史观念的中国古代相比较，其差异应立刻清楚呈现了。

希腊思想锢蔽于反历史的趋势之中，中国古代的思想界，则没有出现过任何反历史的趋势。儒家是最尊重历史的，孔子“述而不作，信而好古”[29]；孟子“尚论古之人，颂其诗，读其书”[30]。“无征不信”[31]，是儒家的信条。所以孔子说：“吾说夏礼，杞不足征也。吾学殷礼，有宋存焉。吾学周礼，今用之，吾从周。”[32]“君子之道，本诸身征诸庶民，考诸三王而不缪，建诸天地而不悖，质诸鬼神而无疑，百世以俟圣人而不惑”[33]。征之历史，考之历史，垂之百世，这是何等的历史态度！“儒家精神来自远古，由远古流变经过数千年贯串到现在。”[34]“儒家最注重历史变迁的发展与历史的统一性、历史的承续性。”[35]近人如此论儒家，是极为真确的。与儒家接近的墨家，也极尊重历史。墨子谓言有三法，“有考之者，有原之者，有用之者。恶乎考之？考先圣大王之事。恶乎原之？察众之耳目之请。恶乎用之？发而为政乎国，察万民而观之”[36]。言而“考先圣大王之事”，其尊重历史为何如？墨子南游使卫，载书甚多[37]，其中可能多为“商周虞夏之记”[38]一类的历史记载。儒墨同道尧舜，也是相同的。儒墨以外的道家与法家，也没有反历史的倾向。道家中的庄子云：“若夫乘道德而浮游则不然。无誉无訾，一龙一蛇，与时俱化，而无肯专为；一上一下，以和为量，浮游乎万物之祖，物物而不物于物，则胡可得而累邪？此神农黄帝之法则也。”[39]这是尊重尧舜以前的历史。法家中的管子云：“古者三王五伯，皆人主之利天下者也，故身贵显，而子孙被其泽。桀纣幽厉，皆人主之害天下者也，故身困伤，而子孙蒙其祸。故曰，疑今者察之古，不知来者视之往。神农教耕生谷，以致民利；禹身决渎，斩高桥下，以致民利；汤武征伐无道，诛杀暴乱，以致民利。故明王之动作虽异，其利民同也。故曰，万事之任也，异起而同归，古今一也。”[40]这是尊重历史的强烈表现。大抵当时的思想界，极为流行“尊古而卑今”的观念。尊古自是尊重历史。所以拿锢蔽于反历史趋势之中的希腊思想界与中国先秦思想界相比较，不啻有霄壤之别。希腊哲学家一致不关心历史，中国先秦思想家则时时致意于历史。中西的不同有如此。谁说在中国的古典思潮里，隐藏着显然漠视历史的态度呢？

魏晋南北朝是一个极为衰乱的时代，却是一个史学极盛的时代。当时上自帝王公卿，下至山林隐逸之士，多热衷于写史；驰名的史学家，如陈寿、袁宏、鱼豢、华峤、谯周、王隐、干宝、孙盛、范晔、裴松之、臧荣绪、沈约、萧子显、裴子野、魏收、崔鸿，前后相望；写成的史书，数量之多，卷帙之富，难有另外一个时代能与之相比拟；史书的体裁，竞出新奇，有正史，有古史，有杂史，有霸史，有起居注，有旧事，有职官，有仪注，有刑法，有杂传，有地理，有谱系，有簿录[41]。以史书之多一项而言，唐初修成的《隋书·经籍志》，著录存在于唐初的史部书，共八百一十七部，一万三千二百六十四卷。加上唐初已经亡佚的史书，共八百七十四部，一万六千五百五十八卷，这真是洋洋大观了。可是实际上决不止于此数，仅就杂传而论，清人姚振宗就补出书目二百五十一种之多[42]。杂传如此，其他可知。如与从殷商到汉末一千八百年间所写成的史书约二百部[43]的情况相比较，更显出此一时期出产史书的丰盛。当时写后汉史者二十九家，写三国史者十九家，写晋史者十八家，写十六国史者三十一家，写南朝史者三十九家，写北朝史者十八家[44]。写断代史者风起云涌如此，无怪史书的出产，多如过江之鲫了。

上自帝王公卿，下至山林隐逸之士，多热衷于写史，是魏晋南北朝时期史学极盛的另一面貌。魏文帝曹丕以帝王之尊，崇奖学术，撰写历史，开创了前所未有的风气。他于《典论·自序》云：“少诵诗论，及长而备历五经、四部、史汉、诸子百家之言，靡不毕览。”[45]其一生醉心于典籍可见。肯定“文章经国之大业，不朽之盛事”[46]，是他最卓越的见解。所以他感慨“人多不强力，贫贱则慑于饥寒，富贵则流于逸乐，遂营目前之务，而遗千载之功，日月逝于上，体貌衰于下，忽然与万物迁化”[47]，而毅然“以著述为务，自所勒成垂百篇”[48]。所著《列异传》（三卷，已佚），著录于《隋书·经籍志》，是他的历史作品。其子魏明帝撰写的《海内先贤传》[49]，自系受其遗风的影响。

闻魏文帝之风而兴起者，是梁武帝萧衍。史称梁武帝“少而笃学，能事毕究，虽万机多务，犹卷不辍手，然烛侧光，常至戊夜。撰《通史》六百卷，《金海》三十卷，《制旨孝经义》、《周易讲疏》及《六十四卦、二系、文言、序卦等义》、《乐礼义》、《毛诗》、《春秋答问》、《尚书大义》、《中庸讲疏》、《孔子正言》、《孝经讲疏》，凡二百余卷”[50]。其中所称“撰《通史》六百卷”，自是他命令史学家吴均所撰写的[51]，然此书中的赞序，则出于其亲手所写[52]，这已是极为难能可贵了。其第三子简文帝著《昭明太子传》五卷，《诸王传》三十卷[53]，其第七子元帝著《孝德传》三十卷，《忠臣传》三十卷，《丹阳尹传》十卷，注《汉书》一百一十五卷[54]，而其长子昭明太子萧统则是千古闪耀的文选学家。观简文帝云，“铺究前史，吊古伤今”[55]，“校覆忠贤，榷扬文史”[56]，可知其醉心历史。观其与人书云：“吾静然终日，披古为事，泛观六籍，杂玩文史，见孝友忠烈之迹，睹治乱骄奢之事，足以自慰，足以自言，人师益友，森然在目，嘉言诚至，无俟旁求。”[57]可知他在历史中过生活。帝王之家如此，千古美事，孰过于此？

帝王热衷写史，其风自播及全国上下。以文章艳丽享盛誉的曹植，也有写史的念头。他与友人书云：“吾虽薄德，位为蕃侯，犹庶几戮力上国，流惠下民，建永世之业，流金石之功，岂徒以翰墨为勋绩，辞赋为君子哉！若吾志未果，吾道不行，则将采庶官之实录，辨时俗之得失，定仁义之衷，成一家之言，虽未能藏之于名山，将以传之于同好，非要之皓首，岂以今日之论乎？”[58]不能建永世之业，流金石之功，则采庶官之实录，以成一家之言，位为蕃侯，驰骋翰墨之人能如此，可以说明这一个时代的人写史意识的浓厚。竹林七贤之一的嵇康，以“游山泽，观鱼鸟”[59]为乐，以“守陋巷，教养子孙，时与亲旧叙阔，陈说平生”[60]为志愿，但是他也写了三卷《圣贤高士传赞》，以叙圣贤之风[61]。最为恬淡的陶潜，“登东皋以舒啸，临清流而赋诗”[62]，尝言五六月中，“北窗下卧，遇凉风暂至，自谓是羲皇上人”[63]，如此生活，《隋书·经籍志》上著录了他的十卷《搜神后记》；他于存留至今的《晋故征西大将军长史孟府君传》一文中则云：“谨按采行事，撰为此传，惧或乖谬，有亏大雅君子之德，所以战战兢兢，若履深薄云尔。”[64]其写史态度的谨慎，又尽现于字里行间了。被列入文学传的崔慰祖，著《海岱志》，起齐太公，迄西晋人物，为四十卷，写成一半，临终时与其从弟纬书云：“常欲更注迁、固二史，采史、汉所漏二百余事，在厨簏，可检写之，以存大意。《海岱志》良未周悉，可写数本付护军诸从事人一通，及友人任昉、徐寅、刘洋、裴揆，令后世知吾微有素业也。”[65]书未写成，嘱亲人续写，并寄望后世知其素业，其寄情写史之深，千百年后，犹可想见。

不是以史学驰名的人物，其写史的热忱与志愿如此，毕生以写史为矢志的史学家，其醉心的程度，不言而喻。写《宋书》的沈约于《郊居赋》云：“伤余情之颓暮，罹忧患其相溢，非异轸而同归，权殊方而并失，岂复托情鱼鸟，归闲蓬荜，旁阙吴娃，前无赵瑟，以斯终老，于焉消日。惟以天地之恩不报，书事之官靡述，徒重于高门之地，不载于良史之笔，长太息其何言，羞愧心之非一。”[66]不写历史，长太息以外，又羞愧无穷，史学家的心态，真非笔墨所能形容了！

史学范围的扩大，各种史学体裁的出现，以及驰名史学家所写史书的卓越不群[67]，尤尽现此一时期史学的极盛。衰乱的魏晋南北朝时期，史学极盛如此，原因难以缕述[68]。社会意识凛然于历史的尊贵与威严，应是最重要的原因之一。“刑政如此，其如史笔何?”[69]“陛下虽欲私臣，当如直史何?”[70]“国乱不能匡，君危不能济，各逊遁以求免，吾惧董狐执简而至矣。”[71]刑政不善，史笔必书；天子私臣，直史不容；尸位素餐的人物，难逃史官的笔锋，历史具有神圣不可侵犯的威严如此。“守铁石之深衷，历松筠之雅操，见贞心于岁暮，标劲节于严风，赴鼎镬其如归，履危亡而不顾，书名竹帛，画象丹青，前史以为美谈，后来抑其徽烈。”[72]“王公大人之妃，偶肆情于淫僻之俗，虽衣文衣，食珍膳，坐金屋，乘玉辇，不入彤管之书，不沾青史之笔，将草木以俱落，与麋鹿而同死。”[73]历史的尊贵又如此。以致“名书史籍”，是“君子之上务”[74]。以“国史为重”[75]，是当时人的普遍观念。诸葛亮治蜀，“科教严明”，“道不拾遗”，“邦域之内，咸畏而爱之”[76]，然以不以史官为意，久而受讥[77]。建高人之名，而不显高人之迹，也难留名青史[78]。如此观之，一种凛然于历史的尊贵与威严的社会意识，应是于无形中形成了[79]。史学借之而盛，遂非偶然。

历史尊贵，历史凛凛然有威严，随之而历史必须是实录的观念出现。“臣以人乏，忝荷史任，敢忘直笔，惟义是规”[80]，史官所兢兢遵守者，为直书发生过的事件。崔浩等著《国书》（北魏的当代史）三十卷，为彰直笔，立石铭刻载《国书》，石铭显在衢路，往来行者咸以为言，而史祸遂起[81]。畏祸的史官，自然“褒谀为体”[82]。然有劲节的史官比比。与崔浩同修《国书》的高允，宁愿“灭族”，不敢“虚妄”[83]。孙盛著《晋阳秋》，词直理正，桓温见之，怒谓盛子曰：“若此史遂行，自是关君门户事。”盛子请父删改，号泣稽颡，盛大怒[84]。史官（孙盛曾任佐著作郎）的劲节有如此。

柳虬以史官密书善恶，未足惩劝，曾上书曰："古者人君立史官，非但记事而已，盖所以为监诫也。动则左史书之，言则右史书之，彰善瘅恶，以树风声。故南史抗节，表崔杼之罪；董狐书法，明赵盾之愆。是知直笔于朝，其来久矣。而汉魏以还，密为记注，徒闻后世，无益当时，非所谓将顺其美，匡救其恶者也。且著述之人，密书其事，纵能直笔，人莫之知。何止物生横议，亦自异端互起。故班固致受金之名，陈寿有求米之论。著汉魏者非一氏，造晋史者至数家，后代纷纭，莫知准的。……诸史官记事者，请皆当朝显言其状，然后付之史阁。庶令是非明著，得失无隐。使闻善者日修，有过者日惧。"[85]这是为了惩劝反对史官密书善恶，实际上应是为了直书而反对密书。密书而能直书者少，当朝显言其状，岂敢曲笔以欺天下？所以内心并不一定喜欢史官直书的帝王，其诏勉史官，每如此说：

"综理史务……务从实录。"[86]

"直书时事，无讳国恶。"[87]

"平尔雅志，正尔笔端，书而不法，后世何观？"[88]

史官必须直书，历史必须是实录，蔚为时代观念，中国史学于是臻于一个最高的境界。魏晋南北朝时期，社会意识凛然于历史的尊贵与威严，遂使中国史学臻于一个最高的境界，这是史学史上极值注意的现象。凛然于历史的尊贵与威严，是极浓厚的历史观念，史学由此而发展，而升华。

魏晋南北朝以后，中国的史学，进入官修历史时期，唐代尤其是官修历史的时代。唐代的官修历史，与在上者历史观念的浓厚，有最密切的关系。唐太宗每于罢朝后，与名臣讨论历史上的问题，将自己完全纳入历史之中，而冀望获得卓越崇高的历史地位，这是极为浓厚的历史观念。以致他谨言慎行，深惧史官的记录。唐代与魏晋南北朝时期一样，历史的尊贵与威严仍在。君主凛然于历史的尊贵与威严，战战兢兢，惟惧史官的直书。这一种畏惧，进一步发挥，促成了唐代官修历史的出现。

早在唐高祖武德年间，令狐德棻尝从容言于高祖曰："窃见近代已来，多无正史，梁陈及齐，犹有文籍，至周隋遭大业离乱，多有遗阙。当今耳目犹接，尚有可凭，如更十数年后，恐事迹湮没。陛下既受禅于隋，复承周氏历数，国家二祖功业，并在周时，如文史不存，何以贻鉴今古？如臣愚见，并请修之。"[89]为了存即将湮没的往事，为了垂鉴当代及将来，议修前代史，这是出于历史的观念。唐高祖所下的修书诏，理由也极类似："司典序言，史官记事，考论得失，究尽变通，所以裁成义类，惩恶劝善，多识前古，贻鉴将来。伏牺以降，周秦斯及，两汉传绪，三国受命，迄于晋宋，载籍备焉。自有魏南徙，乘机抚运，周隋禅代，历世相仍，梁氏称邦，跨据淮海，齐迁龟鼎，陈建皇宗，莫不自命正朔，绵历岁祀，各殊徽号，删定礼仪。至于发迹开基，受终告代，嘉谋善政，名臣奇士，立言著绩，无乏于时。然而简牍未编，纪传咸阙，炎凉已积，谣俗迁讹，余烈遗风，倏焉将坠！朕握图驭宇，长世字人，方立典谟，永垂宪则，顾彼湮落，用深轸悼，有怀撰次，实资良直。中书令萧瑀、给事中王敬业、著作郎殷闻礼可修魏史，侍中陈叔达、秘书丞令狐德棻、太史令庾俭可修周史，兼中书令封德彝、中书舍人颜师古可修隋史，大理卿崔善为、中书舍人孔绍安、太子洗马萧德言可修梁史，太子詹事裴矩、兼吏部郎中祖孝孙、前秘书丞魏征可修齐史，秘书监窦琎、给事中欧阳询、秦王文学姚思廉可修陈史。务加详核，博采旧闻，义在不刊，书法无隐。"[90]清楚地表示了为存往事，为垂鉴而修前代史，而且务要详核博采，书法不隐。惟书未修成而罢。[91]

唐太宗即位，继承其业，于贞观三年（629年），下诏修齐、梁、陈、周、隋诸史，历时八年，诸史修成，唐代的官修史学（详见第四章），自此正式开始。贞观二十年（646年），太宗又下诏修晋书。他在亲自撰写的《修晋书诏》中，更强调了存往事的重要："自沮诵摄官之后，伯阳载笔之前，代列史臣，皆有删著。仲尼修而采梼杌，倚相诵而阐丘坟；降自西京，班马腾其茂实；逮于东汉，范谢振其芳声；蕞尔当涂，陈寿核其国志；眇哉刘宋，沈约裁其帝籍；至梁陈高氏，朕命勒成；惟周及隋，亦同甄录。莫不彰善瘅恶，激一代之清芬，褒吉惩凶，备百王之令典。"[92]以往各代，莫不有史，所以唐于修成梁、陈、北齐、北周、隋五代之史以后，进一步要修不令人满意的晋代历史。前人所修的晋史，"虽存记注，而才非良史，事亏实录"[93]，致使"典午清高，韬遗芳于简册，全行曩志，阙继美于骊骠"[94]。于是唐再修撰，这是为存往事而修史，史学上的一个崇高境界。从此后朝修前朝史的史学制度，也姗姗出现了。

君主畏惧历史，而又提倡历史，实行官修历史的制度，亟亟以存往事，这是极为吊诡的现象。存往事，是西方史学家所最肯定的历史观念。在中国，配合君主的畏惧历史，形成了官修历史的制度，历史赖以保存，这是意外，也是幸运。

继唐之后，宋代被认为是中国史学最盛的时代。宋代记注之法完善（详见第四章），史料自由开放，史学批评风气弥漫。风雨飘摇的宋代，史学放万丈异彩，令人诧异，而于末期出现的"国可灭，史不可灭"的观念，是中外最重要的史学观念，值得举世珍视。

宋德祐二年（1276年）宋都临安陷落的时候，元将董文炳在临安主留事曾说："国可灭，史不可没。宋十六主，有天下三百余年，其太史所记，具在史馆，宜悉收以备典礼。"于是得宋史及诸注记五千余册，归之国史院[95]。首先建议修金史的刘秉忠则云："国灭史存，古之常道。宜撰修金史，令一代君臣事业，不坠于后世。"[96]这是在元中统元年（1260 年）以前数年提出。元至元元年（1264 年），王鹗请修辽、金二史，其言曰："自古有可亡之国，无可亡之史。盖前代史册，必代兴者与修，是非与夺，待后人而后公故也。"其后至正四年（1344 年），阿鲁图《进金史表》云："窃惟汉高帝入关，任萧何而收秦籍，唐太宗即祚，命魏征以作隋书。盖历数归真主之朝，而简编载前代之事。国可灭，史不可灭。善吾师，恶亦吾师。矧夫典故之源流，章程之沿革，弗披往牒，曷蓄前闻！"[97]这是自宋末至元修宋、辽、金三史，所能见到有关"国可灭，史不可灭"观念的文字记载。值得注意的是元的一位将军竟有这种观念而保存了宋史及诸注记五千余册，足证这已是宋末极普遍的一种观念，为存往事而打破了国界！首先建议修金史的刘秉忠，是元世祖时代博学多识的一位谏臣；王鹗则为元世祖所礼遇的金遗民，其所谓"自古有可亡之国，无可亡之史"，已有了存故国历史的意味。执笔起草《进金史表》的欧阳玄（阿鲁图是名义上的），幼年曾从宋故老习为词章，经史百家，靡不研究[98]，他强调"历数归真主之朝，而简编载前代之事，国可灭，史不可灭"，也多少代表了一些宋遗民的意见。如以另外一位金史学家元好问来看，国亡后矢志存故国之史，当时已颇不乏人。《金史·元好问传》云："金亡不仕……晚年尤以著作自任，以金源氏有天下，典章法度几及汉唐，国亡史存，己所当任。时金国实录在顺天张万户家，乃言于张，愿为撰述，既而为乐夔所沮而止。好问曰：'不可令一代之迹，泯而不传。'乃构亭于家，著述其上，因名曰野史，凡金源君臣遗言往行，采摭所闻，有所得辄以寸纸细字为记录，至百余万言。"自此大致可以看出当时为故国而存史的观念，已渐流行。

元亡明兴，明太祖于洪武二年（1369年）谓廷臣曰："近克元都，得元十三朝实录，元虽亡国，事当记载。况史纪成败，示劝惩，不可废也。"于是诏修元史，以李善长为监修，以宋濂、王祎为总裁，并征山林遗逸之士汪克宽、胡翰、宋禧、陶凯、陈基、赵埙、曾鲁、赵汸、张文海、徐尊生、黄篪、傅恕、王锜、傅著、谢徽、高启十六人同为纂修，开局于天界寺，取元经世大典诸书，以资参考。诸儒至时，明太祖谕之曰："自古有天下国家者，行事见于当时，是非公于后世，故一代之兴衰，必有一代之史以载之。元主中国，殆将百年，其初君臣朴厚，政事简略，与民休息，时号小康。然昧于先王之道，酣溺胡虏之俗，制度疏阔，礼乐无闻。至其季世，嗣君荒淫，权臣跋扈，兵戈四起，民命颠危，虽间有贤智之臣，言不见用，用不见信，天下遂至土崩。然其间君臣行事，有善有否，贤人君子，或隐或显，其言行亦多可称者。今命尔等纂修，以备一代之史，务直述其事，毋溢美，毋隐恶，庶合公论，以垂鉴戒。"[99] 这是中国史学上极值注意的一件大事，存胜国之史，而又大量征胜国遗民参与修史，且自在上者发动。从此延聘前朝遗民修前朝史的新传统形成，这是极富历史观念的新传统。

清以异族入主中国，继承了延聘前朝遗民修前朝史的传统。康熙十八年（1679年），诏修明史，当时最熟悉明史的明遗民万斯同被请至京师，万氏为尽遗民之节，系以布衣参史局，从康熙十八年到康熙四十一年（1702年），二十余年的悠长时间，不署衔，不受俸，与人往来，其自署惟曰布衣万斯同，这是纯为故国而存史的。"涂山二百九十三年之得失，竟无成书，其君相之经营创建，与有司之所奉行，学士大夫之风尚源流，今日失考，后来者何所据乎？昔吾先世，四代死王事，今此非王事乎？祖不难以身殉，为其曾玄，乃不能尽心网罗，以备残略，死尚可以见吾先人地下乎？故自己未以来，迄今二十年间，隐忍史局，弃妻子兄弟不顾，诚欲有所冀也。”[100]万氏自己将隐忍史局的隐情，完全吐露出来了。不肯赴明史馆的明遗民黄宗羲，更屡屡强调“国可灭，史不可灭”的观念[101]，他与明史馆总裁叶方蔼、徐元文屡通款曲，不能解释为向清廷献媚，而实是他想借着这种关系，保存有明三百年的历史，所以史局大案，往往咨正于他，历志出吴任臣之手，总裁千里遗书，迄黄氏审正而后定；尝论《宋史》别立《道学传》，为元儒之陋，《明史》不当仿其例，于是《明史》不立道学传；《明史》的《儒林传》，也多本于其《明儒学案》。清廷也下诏浙中督抚，凡黄氏素所论著及所见闻，有资明史者，钞录来京，宣付史馆。黄氏以亡国之民，感叹潮息湮沉之不暇，而其记述得登于《明史》，这不但是黄氏之幸，也是历史之幸了。

自清初以后，“国可灭，史不可灭”的观念，由于民族思想的配合，甚为流行。迄于晚近，世界大通，灭人之国先灭其史的观念又起，这是极为不幸的发展，但是这已超出中国史学的传统了[102]。

从上面看起来，中国史学上“国可灭，史不可灭”的观念，是极浓厚的历史观念，为存往事，消灭了敌国，却不消灭敌国的历史，元修宋、辽、金史，明修元史，清修明史，皆不因异族国家而灭其历史。胜国遗民的矢志为故国存史，新朝的延聘旧朝遗民修史，尤其富有历史的意味。而且在修史原则上，是务求“直述其事，毋溢美，毋隐恶”，一种永远不能变的修史原则，被奉为圭臬，这岂不是历史观念的最高表现？

中国文化中的历史观念，浓厚普遍，数千年不绝，谁说中国文化缺乏历史观念，不能与西方文化相比呢？

---

① 转引自 R. G. Collingwood, *The Idea of History*, Oxford University Press,

1946, p. 90。

② 参见 D. C. Twitchett, Chinese Politics and Society from the Bronge Age to the Manchus, in *Half the World, the History and Culture of China & Japan*, ed. by Arnold Toynbee, Thames & Hudson, 1973, p. 53; W. H. Dray, *Philosophy of History*, 1964, p. 71。

③ J. R. Strayer 写 Marc Bloch（1886 - 1944）《史学家技术》（*The Historian's Craft*）一书的导论（Introduction）时所强调者。

④ Marc Bloch, *The Historian's Craft*, Alfred A. Knopf, 1953, p. vii.

⑤ John Lukacs, *Historical Consciousness*, Harper, 1968, p. 23.

⑥ J. W. Thompson, Preface to *A History of Historical Writing*, 1942, p. vii.

⑦ Alan Richardson, *History Sacred and Profane*, 1964, p. 103.

⑧ John Lukacs, *Historical Consciousness*, p. 5.

⑨ 大雅《文王》篇系西周初年的作品，《荡》篇系西周末年的作品。小雅《节南山》篇可能作于东周初年。说详屈万里著《先秦文史资料考辨》第二章，第 333 - 334 页。

⑩ 《左传》鲁襄公二十九年，叔侯曰：“鲁之于晋也，职贡不乏，玩好时至，公卿大夫，相继于朝，史不绝书，府无虚月。”两国交往，其记录不绝如此。又《左传》鲁僖公七年，管仲曰：“夫诸侯之会，其德刑礼义，无国不记。记奸之位，君盟替矣。作而不记，非盛德也。”诸侯之会记录如此，他可知矣。

⑪ 语出《左传》鲁庄公二十三年。

⑫ 语出《左传》鲁宣公二年。

⑬ 同⑪。

⑭ 《墨子》卷四《兼爱下》。

⑮ 《墨子》卷十二《贵义》。

⑯ 《礼记》卷三十一《中庸》。

⑰ 《商君书·更法第一》。按《商君书》虽非出于商鞅之手，系后人记述其言论与事迹，其成书大概在战国末年以前。

⑱ 《韩非子》卷十八《八说》。

⑲ E. H. Carr, *What is History*? 1961, pp. 103－104；类似的论见，亦见于 R. G. Collingwood, *The Idea of History*, 1946, pp. 25－29。

⑳ R. G. Collingwood, *The Idea of History*, p. 29.

㉑ Arnaldo Momigliano, History and Biography, in Moses Finley, ed., *The Legacy of Greece: A New Appraisal*, 1980, p. 163；中文译文参考邢义田译《历史与传记——古代希腊史学新估——》，《史学评论》第七期，1984 年 4 月。(收入邢义田译著《西洋古代史参考资料》(一))

㉒ M. I. Finley, *The Use and Abuse of History*, 1975, p. 12.

㉓ R. G. Collingwood, *The Idea of History*, p. 27.

㉔ Arnaldo Momigliano, *Essays in Ancient and Modern Historiography*, 1977, p. 174.

㉕ 参见 Herbert Butterfield, *The Origins of History*, 1981, p. 118。

㉖ 西方史学界差不多一致承认希腊人创造了历史（参见 J. B. Bury, *The Ancient Greek Historians*, 1908, p. 1; Michael Grant, *The Ancient Historians*, 1970, p. xiii; M. I. Finley, *The Use and Abuse of History*, p. 11)，也公推希罗多德为历史之父，那么说希罗多德创造了历史，似不为过。

㉗ 参见 Herbert Butterfield, *The Origins of History*, p. 118; R. G. Collingwood, *The Idea of Histroy*, pp. 25－29; E. H. Carr, *What is History*? pp. 103－104。

㉘ Arnaldo Momigliano, History and Biography, in Moses Finley, ed., *The Legacy of Greece: A New Appraisal*, p. 182.

㉙ 《论语 · 述而》。

㉚ 《孟子 · 万章下》。

㉛ 《礼记 · 中庸》。

㉜ 同上。

㉝ 同上。

㉞ 方东美：《原始儒家道家哲学》第二章《原始儒家思想》，第 46 页。

㉟ 同上。

㊱ 《墨子 · 非命》。

㊲ 《墨子 · 贵义》。

㊳《墨子·非命》。

㊴《庄子·山木》。

㊵《管子·形势解》。

㊶ 此据《隋书·经籍志》之分类。

㊷ 见姚振宗:《隋书经籍志考证》,并参见宋衍申主编《中国史学史纲要》第三章第66页所述。

㊸ 姚振宗于《隋书经籍志考证》中曾作核对。另参见仓修良、魏得良合著之《中国古代史学史简编》第四章第109页及宋衍申主编之《中国史学史纲要》第三章第66页。

㊹ 关于魏晋南北朝期间所写各朝代的历史,其家数难以确定。如仓修良、魏得良合著之《中国古代史学史简编》云:"这一时期所编写的后汉历史有十二家,三国历史二十余家,晋史二十三家,十六国史三十家,南北朝史十九家。"(见该书第三章第109－110页)

刘节《中国史学史稿》云:"六朝人所作后汉史的有十四家,作晋史的有二十六家,至于十六国史、三十国史,尚在其外。"(第67页)

尹达主编的《中国史学发展史》云:"自殷商至两汉一千八百年间,所成史书不过二百余部,而曹魏至隋四百余年,史书竟有一千二百多部,两者相较,后者的时间不到前者的四分之一,而史书却是它的六倍有余;前者写一个朝代的史书,不过一部或几部,个别的也只有十几部,而后者几乎对每一个王朝都写有数十部史书,写晋和梁这两朝的史书,更多至百余部。"(第126页)

今姑从宋衍申主编的《中国史学史纲要》之说(第三章第66页)。

㊺ 引自张溥辑:《汉魏六朝百三家集》,《魏文帝集》卷一。

㊻ 萧统:《文选》卷五十二魏文帝《典论论文》。

㊼ 同上。

㊽ 陈寿:《三国志·魏文帝纪》。

㊾《隋书·经籍志》著录《海内先贤传》四卷,魏明帝时撰;《旧唐书·经籍志》著录《海内先贤传》四卷,魏明帝撰;姚振宗《隋书经籍志考证》,颇信《旧唐书》之说。

㊿ 《南史·梁本纪》下。
51 《梁书·文学传》。
52 《梁书·梁武帝纪》下云:"造《通史》,躬制赞序,凡六百卷。"
53 《梁书·梁简文帝纪》。
54 《梁书·梁元帝纪》。
55 《汉魏六朝百三家集》,《梁简文帝御制集》卷一《悔赋》。
56 同书同集《与刘孝仪令》。
57 同书《梁昭明集·答晋安王书》。
58 同书《陈思王集》卷一《与杨德祖书》;亦见《文选》卷四十二。
59 《文选》卷四十三嵇叔夜《与山巨源绝交书》。
60 同上。
61 见《隋书·经籍志》及《晋书·嵇康传》。
62 《汉魏六朝百三家集》,《陶彭泽集·归去来辞》。
63 同书同集《与子俨等疏》。
64 同书同集。
65 《南史·文学传》。
66 《汉魏六朝百三家集》,《沈隐侯集》卷一。
67 详见拙著:《中国史学史》第二册第九章及第十章。
68 拙著:《中国史学史》第二册第八章第三节曾详论之。
69 《晋书·载记》卷六《石季龙上》。
70 《宋书·王昙首传》。
71 《晋书·钟雅传》。
72 《晋书·忠义传》。
73 《北史·列女传》。
74 《三国志·韦曜传》。
75 《北齐书·魏收传》。
76 《三国志·诸葛亮传》。
77 《魏书·李彪传》。
78 《南史·齐高帝诸子传》载萧丕与当朝的尚书王俭书云:"足下建高人之

名，而不显高人之迹，将何以书于齐史哉？”

⑲ 梁启超于《中国历史研究法补编》云：“史官独立……不怕你奸臣炙手可热，他单要捋虎须！这自然是国家法律尊重史官独立，或社会意识维持史官尊严，所以好的政治家不愿侵犯，坏的政治家不敢侵犯，侵犯也侵犯不了。这种好制度不知从何时开始？但从春秋以后，一般人暗中都很尊重这种无形的法律，历代史官都主张直笔。”这是一段很精彩的立论，且须对中国历史融会贯通后才能如此立论。以魏晋南北朝时期的社会意识来印证梁氏的立论，可以知其言之有据。

⑳ 《晋书·郭璞传》。

㉑ 《魏书·崔浩传》。

㉒ 《南齐书·崔祖思传》。

㉓ 《北史·高允传》。

㉔ 《晋书·孙盛传》。

㉕ 《周书·柳虬传》。

㉖ 《魏书·崔浩传》。

㉗ 《北史·魏本纪》第三。

㉘ 《北史·李彪传》。

㉙ 《旧唐书·令狐德棻传》。

⑳ 同上。

㉑ 同上。

㉒ 《修晋书诏》载于《晋书》前。

㉓ 同上。

㉔ 同上。

㉕ 见《元史·董文炳传》及《新元史·董文炳传》。按《元史·董文炳传》五千余册作五十余册，恐误，今从《新元史》。

㉖ 见《元史·刘秉忠传》。

㉗ 《进金史表》实际的作者是欧阳玄，见欧阳玄《圭斋文集》卷十三。

㉘ 见《元史·欧阳玄传》。

㉙ 见《明实录·太祖实录》卷三十九。

⑩⓪ 刘坊：《万季野先生行状》。

⑩① 如《南雷文约》卷一《户部贵州清吏司主事兼经筵日讲官次公董公墓志铭》；《南雷文案》卷三《旌表节孝冯母郑太安人墓志铭》。

⑩② 讨论“国可灭，史不可灭”此一史学观念的文章，中文方面有毛一波的《由“史不可灭”引起的话》（《“中央”日报》之《文史》第七十二期，1979年9月18日）及拙文《国可灭，史不可灭》（《时报杂志》第四期，1979年12月30至1980年1月5日）；英文方面，有杨联陞的 The Organization of the Chinese Official Historiography：Principles and Methods of the Standard Histories from the Tang through the Ming Dynasty，in *Historians of China and Japan*，eds. by W. G. Beasley & E. G. Pulleyblank，1961，pp. 46－47。

第四章　中国的史官记事制度与修史事业

（一）中国的史官记事制度

历史事件发生之际，当事人或同时人及时记载，真历史赖以保存。时间稍纵，根据传闻的转述，真相必趋迷离；易代之后，史学家征引相关资料以重建，益难灼见其面目。所以历史上及时记载的史实，最为珍贵。当事人的及时记载不多见，同时人的及时记载，如史官的记事，遂珍如球璧。将史官视为史学的第一功臣，应属公允之论。

西方世界没有产生及时记载天下事的史官记事制度。在埃及与叙利亚地带，有些名册（lists），存留到今天，最早者大概是刻在有名的波勒穆石头（Palermo Stone）上的（部分刻在附属于它的断片之上），一连串的朝代与帝王名字，属于公元前两千年的一些世纪，其编成的时代，约晚千年。其中绝少记事，仅到接近编成的时代，一年有八件事到十五件事被记录下来，大致是关于宗教礼仪、庙宇建筑一类的事件[①]。《苏美王的名册》（Sumerian King-List）也是一类[②]。一些大帝国的领袖，虽记录其在战争上的胜利及其功业，但未形成记事的制度。至于创造史学的希腊人，到公元前 7 世纪时，政治经验已经十分丰富了，奇怪的是此一时期的希腊，却无用文字记录其经验的动机，他们所注重的历史，还只是史诗所提供的历史[3]。以致到公元前5世纪时，希腊还没有丰富的文字记录[4]。情形如此，无怪西方史学家很颓丧地说："刺激历史记录的在最初不是对过去发生兴趣，不是所谓历史的兴趣。研究历史写作的前身，充满着惊人之事（surprises）；我们所称的史学家，其职责在最初像是一点也不是导源于历史的。"[5]

反观中国，情形就完全不同了。中国自远古时代起，设立了一种及时记载天下事的史官，这是破世界记录的。

中国史官设立的时代，可能不如传说中的那么早，造字的仓颉、沮诵，可能不是史官的老祖宗[6]。可是，最迟在商代，或者在夏代，中国已千真万确地设立史官了。夏代已有出土文字[7]，文字的创造人，可能兼有史官的职务。商代的甲骨文，已是很进步的文字，殷墟卜辞是一种史事记载[8]，负责制作卜辞的贞人，则可能是史官[9]。文献上的记录，如《吕氏春秋·先识览》云："夏太史令终古出其图法，执而泣之。夏桀迷惑，暴乱愈甚。太史令终古乃出奔如商。"又云："殷内史向挚见纣之愈乱迷惑也，于是载其图法，出亡之周，武王大说。"这是夏商两代已有史官的明证。《吕氏春秋》这部书是由吕不韦让其门客杂采古书而写成的，其有较原始的根据，应可确信[10]。班彪所谓"唐虞三代，诗书所及，世有史官，以司典籍"[11]，也决非想象之说。所以在夏商时代，中国已设立史官，实不必怀疑。

中国古代设立史官，在地域上，从中央到地方，普遍设立，数目相当可观。以周代而论，见于金文及各类文献的史官，据近人统计，约一百二十九人，其中属于王室者五十六人，属于诸侯者四十七人，未能确定属于王室或诸侯者二十六人。属于诸侯者，鲁国三人，齐国四人，晋国九人，秦国、韩国各三人，楚国四人，宋国二人，卫国七人，郑、虢、莒、赵、魏各一人，私人之史七人[12]。从天下共主的周室，到蕞尔小国的莒、虢，都设史官，又在文献偶然地披露下，人数到达百人以上，这应是人类学术文化史上的盛事了。

中国史官的职务，主要为记事。远古的史官，职务自然极繁，近乎卜祝之间，掌理天人之间各种事务。如祭祀、卜筮、策命、记事、观测天象、解说灾异、典藏图书文献等，都是其重要职务[13]。时间愈演进，其职务愈以记事为主。其博学多识，也愈使其记事趋于精确。天子之侧，诸侯之旁，盟会之时，燕私之际，皆有史官，及时记载。天子与诸侯，身居要津，随侍身边的史官，载笔以书[14]，所谓“君举必书”[15]，所谓“动则左史书之，言则右史书之”[16]，所谓“天子无戏言，言则史书之”[17]，说明了影响力最大的权势人物，其一言一行，随时被记录下来；天子与诸侯以及诸侯与诸侯间的盟会，都派史官即时记录。如《史记》载战国时代秦赵渑池之会云：“秦王饮酒酣，曰：‘寡人窃闻赵王好音，请奏瑟。’赵王鼓瑟。秦御史前书曰：‘某年月日，秦王与赵王会饮，令赵王鼓瑟。’蔺相如前曰：‘赵王窃闻秦王善为秦声，请奏盆缻秦王，以相娱乐。’秦王怒，不许。于是相如前进缻，因跪请秦王。秦王不肯击缻。相如曰：‘五步之内，相如请得以颈血溅大王矣。’左右欲刃相如，相如张目叱之，左右皆靡。于是秦王不怿，为一击缻。相如顾召赵御史书曰：‘某年月日，秦王为赵王击缻。’”[18]这是一段生动的故事，由于这段故事，却将中国优美的史官记事制度保存下来了。大约到了春秋时代，“诸侯之会，其德刑礼义，无国不记”[19]。盟会时各国史官争作德刑礼义各方面的记载，说明了史官记事的盛况。盟会之时，记事如此，天子之侧，诸侯之旁，记事如彼，而深居的后夫人，又有女史记其过失，所谓“古者后夫人必有女史彤管之法，史不记过，其罪杀之”[20]，其记事之法之严，又可见一斑了。春秋时代以前，史官记事的情况如此，其后两千余年，史官的名称屡变，其记事的职责则不变。大抵春秋时代以前，史官有太史、小史、内史、外史、御史、左史等名称。汉代的史官为太史令，也称太史公。自汉末迄于唐初，史官有著作郎、著作佐郎之称[21]。后汉桓帝延熹三年（160 年），置秘书监，其属有著作郎[22]。魏明帝太和中（227 – 232 年），诏置著作郎[23]。晋立著作省，自是著作郎、著作佐郎为著作省官，专掌史职。“著作郎一人，谓之大著作郎，专掌史任。又置佐著作郎八人。著作郎始到职，必撰名臣传一人。”[24]“国史之任，委之著作”[25]。史册所述，盖其真况。自唐贞观三年（629 年），别立史馆，撰史之任，专归史馆修撰，著作郎始罢史职。（齐、梁及陈又设撰史学士，其职与著作郎同。）

自唐迄于清末，史官又有修撰、编修、检讨、修国史、同修国史等名称。

修撰之称始于唐，上系“史馆”二字。《新唐书·百官志》云：“史馆修撰四人，掌修国史。”《旧唐书·职官志》云：“史官监修国史，修撰直馆。”宋、辽、元、明、清数代，皆设修撰。宋称史馆修撰、史馆同修撰、实录院修撰、实录院同修撰；辽称史馆修撰；元称翰林国史院修撰；明、清称翰林院修撰，皆史官职。

编修、检讨设于宋、元、明、清四代。宋代国史院、实录院中，有编修官、检讨官；元代翰林国史院中，有编修官；明、清翰林院中，除修撰为史官外，编修、检讨皆是史官。

修国史、同修国史设于宋、金二代。宋代国史院与实录院中，有修国史、同修国史之官。金代国史院中亦然。

中国历代史官的名称分歧，然其主要的职责为记事，则始终如一。汉代太史令之设，系“取善记述者，使记时事”[26]。著作郎到职，必撰名臣传一人，系考验其记事能力。唐、宋以后的修撰、编修、检讨等史官，职责为“掌修国史，凡天文、地理、宗潢、礼乐、兵刑诸大政，及诏敕书檄，批答王言，皆籍而记之，以备实录。国家有纂修著作之书，则分掌考辑撰述之事。经筵充展卷官，乡试充考试官，会试充同考官，殿试充收卷官。凡记注起居、编纂六曹章奏、誊黄册封等咸充之”㉗。这是于记事之外，史官又有修史的大任了。

唐代以后，直接记录天子言行的，是非正式史官的起居郎、起居舍人。《史通》与新旧《唐书》曾详言其职责云：

> “每天子临轩，侍立于玉阶之下，郎居其左，舍人居其右，人主有命，则逼阶延首而听之，退而编录，以为起居注。”㉘“起居郎掌起居注，录天子之言动法度，以修记事之史。凡记事之制，以事系日，以日系月，以月系时，以时系年。必书其朔日甲乙，以纪历数，典礼文物，以考制度，迁拜旌赏以劝善，诛伐黜免以惩恶。季终则授之国史焉。”㉙“起居舍人，掌修记言之史，录天子之制诰德音，如记事之制，以记时政损益。季终，则授之于国史。”㉚
>
> “起居郎二人，从六品上。掌录天子起居法度。天子御正殿，则郎居左，舍人居右。有命，俯陛以听，退而书之，季终以授史官。贞观初，以给事中、谏议大夫兼知起居注，或知起居事。每仗下，议政事，起居郎一人执笔记录于前，史官随之。其后，复置起居舍人，分侍左右，秉笔随宰相入殿；若仗在紫宸内阁，则夹香案分立殿下，直第二螭首，和墨濡笔，皆即坳处，时号螭头。”㉛

唐代的起居郎与起居舍人，类似上古时代的左史、右史，起居郎记事，起居舍人记言，每天子临朝，侍立于玉阶下，郎居其左，舍人居其右，有命，延首以听，议政事，和墨濡笔以记，这是及时记载关系天下的大事。及退朝，按编年体，编录起居注，集天子的言动法度、制诰德音于一编，而且“记时政损益”，记事“必书其朔日甲乙，以纪历数，典礼文物，以考制度，迁拜旌赏以劝善，诛伐黜免以惩恶”。季终则将编成的起居注授史馆，以作修实录、国史的基本资料。如此看起来，到唐代，记注已有了成法[32]。天子的言行，国家的大政，史官皆及时记载；史官同时拥有相关的文献资料，天子的言动法度、制诰德音，必有在史官记载之外者；记时政损益，典礼文物，必须广参文献资料；书迁拜旌赏，诛伐黜免，不尽是及时的记录。所谓“凡制诏宣传，文章献纳，皆授之于记事之官”[33]，可知文献资料已向记事之官起居郎集中了。史官记事，济以相关的文献资料，记事于是益趋翔实。

起居郎、起居舍人记事，且编录具有原始史料价值的起居注，已显示唐代史官记事制度的健全。唐代宰相进一步亲撰时政记，更显现中国史学弥漫及时记事的特色。《旧唐书·姚琦传》云：

> “自永徽以后，左、右史虽得对仗承旨，仗下后谋议，皆不预闻，琦以为帝王谟训，不可暂无纪述。若不宣自宰相，史官无从得书。乃表请仗下所言军国政要，宰相一人专知撰录，号为时政记，每月封送史馆。宰相之撰时政记，自琦始也。”

起居郎、起居舍人记事于朝廷之上，及退朝（仗下即退朝后，仗为上朝时的仪卫），天子与宰相的谋议，不得与闻，实为记事制度的最大缺陷，可能极具关键性的决策自此失去记载。姚琦请宰相一人专门撰时政记，记录与天子所论军国政事[34]，是极为重要的建议，他也是第一位撰写时政记的宰相，时为武则天时代。自此以后，时政记每月送史馆，成为史馆修史的原始史料，可惜时政记的撰写无常，原因是宰相与天子的谋议，是尚未施行的机密，有人以为不可书付史馆[35]，宰相也有自盗美名的可能[36]，以致此一良法美制的实行，就不尽如理想了[37]。

贞观之制，“中书、门下及三品官入奏事，必使谏官、史官随之，有失则匡正，美恶必记之”[38]。“贞观、永徽之代……言事者，安论纾词，无疑权虑势。史官执笔于阶之下，天子侧旒于殿之上，奏者发诚于廷之中，是以正衙一开，则臣诚前而启之，帝旒近而镇之，史笔随而记之，由是君臣谋国图政之事，俞机都要之言，诧业发神，丰编照物，偕籍于尧典，差光于天阳。”[39]文宗时，“每入阁，左右史执笔立于螭头之下，宰相奏事，得以备录。宰臣既退，上召左右史更质证所奏是非”[40]。唐代史官所受的重视及地位的崇高，自上述的史实，清晰可见。所以唐高宗云：“修撰国史，义在典实，自非操履贞白，业量该通，谠正有闻，方堪此任。”[41]诗人白居易则于《紫毫笔》诗中云：“紫毫笔，尖如锥兮利如刀。江南石上有老兔，吃竹饮泉生紫毫，宣城之人采为笔，千万毛中拣一毫。毫虽轻，功甚重；管勒工名充岁贡，君兮臣兮勿轻用。勿轻用，将何如？愿赐东西府御史，愿颁左右台起居。搦管趋入黄金阙，抽毫立在白玉除，臣有奸邪正衙奏，君有动言直笔书。起居郎，侍御史，尔知紫毫不易致，每岁宣城进笔时，紫毫之价如金贵，慎勿空将弹失仪，慎勿空将录制词！”[42]诗人重视紫毫笔，吁请付予谏官（侍御史）、史官使用，以奏臣下奸邪，以书君主言动，而不仅仅形式上弹失仪，录制词，则唐代的史官，在当时人心目中的地位，与批逆鳞，犯天颜的谏官，已沒有什么分别了。

中国史官的记事，已如上述，其真实程度，则与史官的学养、风范与立场，有最密切的关系。

中国的史官，是一群极有学养的人。上古时代，他们是识字专家、写字专家、读字专家[43]，也可能是造字专家。相传仓颉、沮诵曾是黄帝时代的史官，而仓颉、沮诵被认为是造字的老祖宗。古代的一切典范，也是由史官保管的。老子曾为周守藏室之史[44]，周守藏室之史，即周藏书室之史[45]。汉代天下遗文古事，皆集于史官太史公手中[46]。加上史官掌管天人之间的各种事务而加以记录，以致他们变成极为博学多识的人。如载籍中常被引及的史佚，即是一位博学多识的史官。他曾说："非我族类，其心必异。"[47]"无始祸，无怙乱，无重怒。"[48]"动莫若敬，居莫若俭，德莫若让，事莫若咨。"[49]这岂非由博学发出的智慧光芒？

又如春秋时代人言及周大史辛甲云：

> "昔周辛甲之为大史也，命百官，官箴王阙。于《虞人之箴》曰：'芒芒禹迹，画为九州，经启九道，民有寝庙，兽有茂草，各有攸处，德用不扰。在帝夷羿，冒于原兽，忘其国恤，而思其麀牡，武不可重，用不恢于夏家。兽臣司原，敢告仆夫。'"[50]

自此《虞人之箴》，可见辛甲地理知识的丰富，历史识见的出众。

再如春秋时楚的左史倚相，楚王称他"能读三坟、五典、八索、九丘"[51]；楚大夫称他"能道训典以叙百物，以朝夕献善败于寡君，使寡君无忘先王之业。又能上下说于鬼神，顺道其欲恶，使神无有怨痛于楚国"[52]。倚相真可当博学多识的史官之名而无任何愧色了，中国古代史官的宗教性任务，也清楚表达出来了。

史佚、辛甲、倚相以外，中国古代博学多识的史官，比比而是。中国的一切学术，也皆自史官身上发出[53]。秦汉以后，以史官兼为驰名史学家的司马迁、班固、刘知几，自然都是博学多识的史学家；唐、宋迄于明、清，博学多识的人才，皆荟萃于史馆、国史院、翰林院之中。如此以言，中国史官的学养，应是在一般水准之上了。

中国史官的风节，从《左传》上的记载，可以清楚看出来：

> “宣公二年，赵穿攻灵公于桃园，太史书曰：‘赵盾弑其君’，以示于朝。宣子曰：‘不然。’对曰：‘子为正卿，亡不越竟，反不讨贼，非子而谁?’宣子曰：‘呜呼！我之怀矣，自诒伊戚，其我之谓矣！’孔子曰:‘董狐古之良史也，书法不隐。’”
>
> “襄公二十五年，太史书曰:‘崔杼弑其君。’崔子杀之，其弟嗣书，而死者二人，其弟又书，乃舍之。南史氏闻太史尽死，执简以往，闻既书矣，乃还。”

晋史官董狐不畏权势人物的斧钺，赤裸裸将历史真相记载下来；齐史官为记载真历史，兄弟三人相继牺牲，而嗣书者不绝。“宁为兰摧玉折，不作瓦砾长存。”[54]这是史学上珍贵的直书精神，也是中国史官高贵的风节。这种风节，一直维持不堕。唐代史官不让天子看起居注[55]，是这种风节的表现。明清之际，声名狼藉的史官钱谦益，其人固不足取，其阿附阉党与清兵下江南亲自迎降，皆为略具羞耻之心者所不忍为，但是中国史官的风节，却从他身上隐约反映出来。他一生以史官自居，“谦益史官也，有纪志之责”[56]。于所作王图行状云：“谦益旧待罪太史氏，窃取书法不隐之义，作为行状，其或敢阿私所好，文致出入，曲笔以欺天下后世，不有人祸，必有天刑。”[57]于所作路振飞神道碑云:“谦益以石渠旧老，衰残载笔，其何敢辟时畏祸，婞婀咙胡，以贻羞于信史？”[58]于所作刘一憬墓志铭云：“谦益万历旧史官也，定陵复土，奔丧入朝，移宫甫定，国论廷辩，历历在听睹中。洊历坊局，与闻国故，与群小水火薄射，不相容贯，皆深知其所以然，其忍不抵死奋笔，别白泾渭？庸以婞婀党论，偭错青史？”[59]于所作孙承宗行状云：“谦益壮而登公之门，今老矣，其忍畏势焰，避党仇，自爱一死，以欺天下万世？谨件系排缵，作为行状，以备献于君父，下之史馆，牒读编录，垂之无穷。苏子瞻之状司马君实曰：‘非天下所以治乱安危者，皆不载。’谦益犹是志也。”[60]于所作杨涟墓志铭云：“呜呼！公之死惨毒万状，暴尸六昼夜，蛆虫穿穴。毕命之夕，白气贯北斗，灾眚叠见，天地震动。其为冤天犹知之，而况于人乎？当其舁榇就征，自邧抵汴，哭送者数万人；壮士剑客，聚而谋篡夺者几千人；所过市集，攀槛车，看忠臣，及炷香设祭，祝生还者，自豫冀达荆吴，绵延万余里；追赃令极，卖菜洗削者，争持数钱投县令匦中，三年而后止；昭雪之夜，街谈巷议，动色相告，芸夫牧竖，有叹有泣，公之忠义，激烈波荡海内，夫岂待志而后著？击奸之疏，愍忠之论，大书特书，载在国史，虽微志谁不知之？若夫光宗皇帝之知公，与公之受知于先帝，君臣特达，前史无比，公之致命遂志，之死不悔者，在此；而群小之定计杀公者，亦在此。谦益苟畏祸惧死，没而不书，则举世无有知之者矣。”[61]中国史官不畏势焰，秉笔直书的风节，皆从钱谦益的身上影射出来了。

中国史官何以有此凛然而高贵的风节呢？此与其超然的立场有关。中国史官原始的宗教性质职务，使其超然于政治之上，神圣独立，正直不屈[62]。所以他们记事，遵守共同必守之法，“君举必书”，“书法不隐”[63]。在记及弑君事件时，必用“弑其君”的字眼，如“赵盾弑其君”、“崔杼弑其君”，用一个“其”字，表示记载者的超然立场。那么中国的史官，真像是神圣不可侵犯的历史女神克丽欧(Clio)了（曲笔记事的史官，自然存在，此详见于后文）；中国史官的记事，也应是极为可信的历史记录了。

（二）中国的修史事业

史官及时记载天下事，为史官在史学上的第一任务；修史则为史官在史学上的第二任务。大抵东汉以前，史官只作记事，不负责修史。累世史官的司马氏，至司马谈、司马迁父子，创作《史记》，系私人修史，而非职责所系。魏晋以后，当史官大任的著作郎、著作佐郎，记事之外，兼负了修国史的任务，所谓“国史之任，委之著作。”刘知几曾述其职掌云：“当魏太和中，始置著作郎，职隶中书，其官即周之左史也。晋元康初，又职隶秘书，著作郎一人，谓之大著作，专掌史任，又置佐著作郎八人。宋、齐已来，以佐名施于作下。旧事，佐郎职知博采，正郎资以草传，如正、佐有失，则秘监职思其忧。其有才堪撰述，学综文史，虽居他官，或兼领著作。亦有虽为秘书监，而仍领著作郎者。若中朝之华峤、陈寿、陆机、束皙，江左之王隐、虞预、干宝、孙盛，宋之徐爰、苏宝生，梁之沈约、裴子野，斯并史官之尤美，著作之妙选也。”[64]“按晋令，著作郎掌起居集注，撰录诸言行勋伐旧载史籍者。”[65]可知著作郎、著作佐郎除记事以外，兼修国史，采录旧载史籍的资料（所谓言行勋伐），以作编录起居注的准备，同时著作佐郎负责博采资料，著作郎负责草拟，如不能胜任，则选才堪撰述，学综文史者兼领，以致魏晋南北朝期间，以史官兼为修史名家的华峤、陈寿、干宝、孙盛、沈约、裴子野一类的人物，便层出不穷了。其时所修之史，也从起居注到其他一般的国史了。

唐代以后，中国的修史事业大规模进行。属于标准史官的修撰、编修、检讨、修国史、同修国史，其主要的职务，记事以外为修史。所谓“史官掌修国史，不虚美，不隐恶，直书其事。凡天地日月之祥，山川封域之分，昭穆继代之序，礼乐师旅之事，诛赏废兴之政，皆本于起居注、时政记以为实录，然后立编年之体”[66]。唐代史官的修史如此。明代的史官，其职仍为“掌修国史，凡天文、地理、宗潢、礼乐、兵刑诸大政，及诏敕书檄、批答王言，皆籍而记之，以备实录。国家有纂修著作之书，则分掌考辑撰述之事”[67]。唐、明如此，宋、元、清亦然。专记天子言行的起居郎、起居舍人，于退朝以后，则按编年体，编录起居注，集天子的言动法度、制诰德音于一编，以作修实录、国史的基本资料。起居注所修成者极为浩繁。唐玄宗时，藏于兴庆宫史馆者，即达数千卷之多[68]。史官如此修史，世界未有其比。

唐代设立史馆，是中国修史事业上的大事。

北魏时代，设著作局，是史馆的滥觞[69]。惟制度未立，作用不显[70]。创为制度，垂之永远，实始于唐。《旧唐书·职官志》云：

> “历代史官，隶秘书省著作局，皆著作郎掌修国史。武德因隋旧制。贞观三年闰十二月，始移史馆于禁中，在门下省北，宰相监修国史，自是著作郎始罢史职。及大明宫初成，置史馆于门下省之南，馆门下东西有枣树七十四株，无杂树。开元二十五年三月，右相李林甫以中书地切枢密，记事者官宜附近，史官尹愔奏移史馆于中书省北，以旧尚乐院充馆也。”

《新唐书·百官志》云：

“贞观三年，置史馆于门下省，以他官兼领，或卑位有才者亦以直馆称，以宰相莅修撰；又于中书省置秘书内省，修五代史。开元二十年，李林甫以宰相监修国史，建议以为中书切密之地，史官记事隶门下省，疏远。于是谏议大夫、史馆修撰尹愔奏徙于中书省。天宝后，他官兼史职者曰史馆修撰，初入为直馆。”

《史通·史官建置》篇云：

“暨皇家之建国也，乃别置史馆，通籍禁门，西京则与鸾渚为邻，东都则与凤池相接，而馆宇华丽，酒馔丰厚，得厕其流者，实一时之美事。”

关系历史甚大的史馆，正式设立于唐太宗贞观三年（629年），是中国史学史上的一件大事。其渊源出自北朝，而气象规模，迥然不同。处于中枢之地，与掌诏命、审驳的中书省（凤阁，即凤池）、门下省（鸾渚）为邻，馆宇华丽，酒馔丰厚，其受重视可知。唐人窦牟《史馆候别蒋拾遗不遇》诗云：“千门万户迷，伫立月华西；画戟晨光动，春松宿露低。主文亲玉扆，通籍入金闺；肯念从戒去，风沙事鼓鞞”[71]。史馆戒备森严的景象，适可反映其所处位置的禁密与预防外界干扰修史的设想[72]。

唐设史馆后，历代因之，千余年不废。惟唐以后的史馆，分为两类。一为修前代史，属于临时性质，其书修成，其职即罢，唐太宗年间所修晋、梁、陈、齐、周、隋各朝史的史馆，即属此类，这也是所谓官修正史的史馆。另一类的史馆，为国史馆（宋以后名称），所修为实录及国史，其性质较前一类为永久，有史官专任执笔撰写。“凡天地日月之祥，山川封域之分，昭穆继代之序，礼乐师旅之事，诛赏废兴之政”，皆撰写之。其所根据的资料，起居注、时政记以外，也广泛采用各方面的资料。《唐会要·诸司应送史馆事例》云：

“祥瑞：礼部每季具录送。

天文祥异：太史每季并所占候祥验同报。

蕃国朝贡：每使至，鸿胪勘问土地风俗，衣服贡献，道里远近，并其主名字报。

蕃夷入寇及来降：表状，中书录状报；露布，兵部录报；军还日，军将具录陷破城堡；伤杀吏人，掠掳畜产，并报。

改变音律及新造曲调：太常寺具所由及乐调报。

州县废置及孝义旌表：户部有即报。

法令变改，断狱新议：刑部有即报。

有年及饥，并水旱虫霜风雹，及地震流水泛滥：户部及州县，每有即勘其年月日，及赈贷存恤同报。

诸色封建：司府勘报，袭封者不在报限。

京诸司长官及刺史都督护、行军大总管、副总管除授：并录制词，文官吏部送，武官兵部送。

刺史县令善政异变：有灼然者，本州录附考使送。

硕学异能，高人逸士，义夫节妇：州县有此色，不限官品，勘知的实，每年录附考使送。

京诸司长官薨卒：本司责由历状迹送。

刺史都督都护及行军副大总管已下薨：本州本军责由历状，

附便使送。

公主百官定谥：考绩录行状谥议同送。

诸王来朝：宗正寺勘报。

已上事，并依本条所由，有即勘报史馆，修入国史。如史官访知事由，堪入史者，虽不与前件同色，并任直牒索，承牒之处，即依状勘，并限一月内报。”[73]

各种机构如此将资料呈送史馆，史馆所拥有的资料，遂普及全国，普及各阶层。变改音律、新造曲调以及地方上硕学异能、高人逸士、义夫节妇的言行，皆一一呈送，其资料的珍贵及非纯官方性可见。“唐受命二百八十八年，以孝悌名通朝廷者，多闾巷刺草之民，皆得书于史官。”[74]其所以能如此，自此可窥消息。至于史官可自由采访呈报，更使资料具有多样性与活泼性。史馆根据此类资料所修成的当代史——实录与国史，自是一国的全史，无遗锱铢之细。

唐史馆所修成的实录，共二十五部，七百八十五卷，自高祖至武宗十六帝，皆修实录[75]，惟皆失传。现存者惟有韩愈所修的《顺宗实录》五卷，收入韩愈文集中。

唐史馆所修的国史，贞观初年，姚思廉写成三十卷；高宗时代，长孙无忌与于志宁、令狐德棻、刘胤之、杨仁卿、顾胤等续作，增为五十卷，其后许敬宗更增为百卷；武则天时代，牛凤及又起自高祖武德迄于高宗弘道年间，撰为《唐书》一百一十卷；牛凤及暗聋不才，“发言则嗤鄙怪诞，叙事则参差倒错”，武则天于长安年间，复命左史兼修国史刘知几、正谏大夫朱敬则、司封郎中徐坚、左拾遗吴兢更撰唐书，勒成八十卷[76]；又韦述撰成《国史》一百一十三卷[77]，柳芳撰成《国史》一百三十卷[78]。安史之乱以后，中原板荡，唐修国史的工作，遂时停顿。

唐史馆所修的实录、国史，如此可观，五代时刘昫等修成的《旧唐书》，前半部分大多全钞实录、国史原文[79]，失传的唐实录、国史，自此可见其梗概。

唐代以后，一直到清代末年，修实录与国史的传统不绝。宋代所修的实录、国史，新增了日历的资料。日历之名，始见于唐代，而修日历的制度，未曾建立。至宋代，始设日历所一专门机构，置专官修撰。其修撰“诸司必关白，如诏诰则三省必书，兵机边务则枢司必报，百官之进退，刑赏之予夺，台谏之论列，给舍之缴驳，经筵之论答，臣僚之转对，侍从之直前启事，中外之囊封匦奏，下至钱谷、甲兵、狱讼、造作，凡有关政体者，无不随日以录。犹患其出于吏牍，或有讹失。故欧阳修奏请宰相监修者，于岁终检点修撰官日所录事，有失职者罚之。如此，则日历不至讹失，他时会要之修取于此，实录之修取于此，百年之后纪、志、列传取于此”[80]。自此可知日历所根据的资料，极为丰富，许多机构向日历所提供资料（所谓关白为报告之意），汇为一代史事的资料长编，实录、国史借以修撰，遂至浩瀚无涯涘。宋代所修的实录，共三千一百八十九卷[81]，比起唐代所修的七百八十五卷实录，多出四倍以上，宋高宗及孝宗朝的实录，皆多至五百卷。惜已亡佚，仅存《太祖实录》二十卷。宋代所修国史，见于陈振孙《直斋书录解题》者，有《三朝国史》一百五十卷，《两朝国史》一百二十卷，《四朝国史》三百五十卷（太祖、太宗、真宗称三朝，仁宗、英宗称两朝，神宗、哲宗、徽宗、钦宗称四朝）。宋代修实录、国史的情况如此，其后元、明、清数代，情况大致未变。明代所修自太祖至熹宗十三朝实录，共二千九百五十九卷[82]，清代所修自太祖至德宗十一朝实录，共四千四百三十三卷，皆存于今天[83]，成为明清史原始资料的渊海。明、清所修的国史，以清代而言，清史馆所修历朝本纪（国史系采纪传体，与编年体的实录不同)，自天命至光绪朝，分满、汉文两种，完好无缺，现藏故宫博物院中；所修传记，重要者有《大臣列传》(稿本)、《满汉名臣传》(刊刻于乾嘉之际)、《国朝耆献类征初编》(七二〇卷，刊于光绪十六年，1890年）及《续编》（五五〇卷，未刊布)，这些传记，成为后人撰写清代传记的重要资料[84]。

中国的修史事业，其成就最卓著，最足以傲视世界万国史学之林者，是官修正史制度的建立。自唐以后，历元、明、清数代，千余年间，历代皆设史馆，修前代史，唐修晋、梁、陈、北齐、北周、隋六代之史，宋修唐史，元修宋、辽、金三史，明修元史，清修明史，修史变为国营企业，蔚为制度化。环顾世界各国，从无有国家创立类似修史制度者[85]。在此修史制度下，中国拥有一部具体详赡的正史[86]，历代大量的基本史实，赖以保存。于是中国的历史，不像西方一样，一直被代替。西方近代史学家所写的希腊史，代替了古代希腊史学家所写的希腊史。中国的《史记》，问世两千余年，到目前为止，没有另外一部书可以代替它在中国上古史上的地位。新史学家利用地下发掘出来的新史料与客观谨严的科学方法，无法写出超越《史记》的新中国上古史。对于《史记》，可以补充，可以疏证，而不能取而代之。《史记》的地位如此，《汉书》以下的载籍，其地位尤然。谁能写出一部新两汉史，代替《汉书》与《后汉书》的地位呢？谁能写出一部新唐史，代替《旧唐书》与《新唐书》的地位呢？中国历史的稳定性，成为人类历史的特色。及时记事，及时修史，所记者具体，所修者翔实，史学盛业，未有逾于此者矣。西方史学家推崇中国的一套正史，是世界史学最突出的成就（the most outstanding achievements of world historiography）[87]，应是平允之论。

中国的官修正史，以及官修实录、国史，是集体修史。换言之，是近人易于理会的集体创写历史。时代的演进，形成史料是一项真确的事实，中外皆然。据近人指出，研究现代史，无论如何刻苦用功的人，都不能阅读已出版书籍的四分之一[88]。年轻，黑发，朝气蓬勃地进入档案室，出来时可能已白发苍苍，濒临风烛残年[89]。情况如此，史学家怎能独立修史呢？隋代载籍已浩繁，唐太宗初即位时，弘文馆的藏书，已达二十万卷以上[90]。这种形势，显示出集体创写历史的时代，已经来临。修史的国营企业化，是一种趋势，一股潮流，无法抵御，不能遏止。

集体修史，自然有其缺陷。中国史学家认为集众官修的历史，没有适当的领导人，通盘精密设计，监修者尸位素餐，撰修者互相推避，条章不立，著述无主，选材不宜，择事欠精，以致苟延岁月，杂乱成书[91]，这是极为中肯的评论。西方史学家认为“中国的修史，太为一种官方事业了，太为官僚化的组织了。历史被视为统治者的有效辅导，大体上历史亦由官吏而写，为官吏而写”，则是似是而非尽然之论。稽诸实际，中国的集众官修历史，不是一种太官僚化的东西，秉笔者常是反现实政治的史学家；史馆所搜集的材料，不尽是官方的实录、国史；实录、国史的记注者，亦具有独立的精神，超然于政治之上。何况国家倾全国的人力物力，及时修成当代史与前代史，为千秋留珍贵历史记录，这种官僚化的制度，其功在史学，又岂笔墨所能尽述？

中国的集众官修历史，其工程的浩大，也是极值一述的。以清修明史而言，清顺治二年（1645 年）即设立明史馆，议定修撰明史体例。康熙十八年（1679 年），重开明史馆，正式撰修。当时网罗天下英才，先举行了一次博学鸿儒科考试，录取彭孙通、倪粲、朱彝尊、滔耒、汤斌、尤侗、毛奇龄等五十余人，这些人多是当时驰名学者，皆被安排在明史馆，从事修史。任史馆总裁的徐元文、叶方蔼又聘请了当时最娴于明史的万斯同，以“布衣参史局”。于是工作浩浩荡荡开始。尤侗分撰弘、正诸臣传、外国传、艺术志，毛奇龄分撰弘、正二朝纪传与诸杂传，汤斌分撰天文志、历志、五行志与正统、景泰、天顺、成化、弘治五朝列传、太祖本纪、后妃传，朱彝尊分撰文皇帝本纪与洪武朝臣传三十篇，汪琬分撰各朝列传一七五篇，潘耒分撰食货志及其他纪传，其他参与撰修者，方象瑛分撰景帝本纪及景泰、天顺、成化、隆庆、万历、天启、崇祯各朝臣八六篇，施闰章分撰景泰、天顺各朝列传，徐乾学分撰大礼议、三案、东林诸迹[92]。万斯同则任审稿的工作，凡分撰之稿，皆由他审定。至康熙三十八年（1699 年），《明史》初稿五百卷修成。雍正二年（1724 年），诏张廷玉等再加修订，至雍正十三年（1735 年）定稿，乾隆四年（1739 年）刊行，是即现行三三二卷的《明史》，前后历时近百年修成，所动员参与撰写修订者多至数千百人[93]。这应是中外规模最大的集体修史事业了。（一般而言，中国的官修正史，其撰修的时间，在数年到二十年之间。《元史》匆匆修成，是一例外。官修实录、国史，则是在赓续进行之中。）

刘知几于《史通·史官建置》篇叙述完自上古迄于唐代史官沿革废置以后，作一结论云：

> “夫为史之道，其流有二。何者？书事记言，出自当时之简；勒成删定，归于后来之笔。然则当时草创者，资乎博闻实录；若董狐、南史是也；后来经始者，贵乎俊识通才，若班固、陈寿是也。必论其事业，前后不同。然相须而成，其归一揆。
>
> 观夫周、秦已往，史官之取人，其详不可得而闻也。至于汉、魏已降，则可得而言。然多窃虚号，有声无实。案刘、曹二史，皆当代所撰，能成其事者，盖唯刘珍、蔡邕、王沈、鱼豢之徒耳。而旧史载其同作，非止一家，如王逸、阮籍亦预其

列。且叔师研寻章句，儒生之腐者也；嗣宗沉湎曲蘖，酒徒之狂者也。斯岂能错综时事，裁成国典乎？而近代趋竞之士，尤喜居于史职，至于措辞下笔者，十无一二焉。既而书成缮写，则署名同献，爵赏既行，则攘袂争受。遂使是非无准，真伪相杂，生则厚诬当时，死则致惑来代。而书之谱传，借为美谈；载之碑碣，增其壮观。昔魏帝有言：'舜、禹之事，吾知之矣。'此其效欤？"

刘知几所谓“书事记言”，是及时的记载；“勒成删定”，是后来的撰修。记事于当时，修史于稍后，记事者博闻实录，修史者俊识通才，历史大业，盖在于此。古今滥竽史职者累累，是人谋的不臧，而史官制度既已形成，记事、撰修的传统，绵延不绝，中国史学的成绩，遂茂然森然，甲乎世界万国之林了。

---

① Herbert Butterfield, *The Origins of History*, pp. 23 - 24.

② Ibid., p. 89.

③ 参见 J. B. Bury, *The Ancient Greek Historians*, 1908, 1959 (Dover Publication), p. 3，王任光译出其中的第一讲《希腊历史写作的起源地——爱奥尼亚》(The Rise of Greek History in Ionia)，收入王任光、黄俊杰编《古代希腊史研究论集》。

④ Arnaldo Momigliano, History and Biography, in Moses Finley, ed., *The Legacy of Greece: A New Appraisal*, p. 159.

⑤ Herbert Butterfield, *The History of the East*, vol. XLVII, No. 160, June, 1962, p. 161.

⑥《史通·史官建置》篇云：“史之建官，其来尚矣。昔轩辕氏受命，仓颉、沮诵，实居其职。”

⑦ 1986 年 3 月陕西镐京考古队在西安市西郊一个原始社会遗址，发掘出一批

文字，是刻在骨笄、兽牙和兽骨上的，已清理出来的单体字有十几个。据陕西考古研究所副研究员郑洪春等人，在陕西举行的“国际性考古学术会议”上提出的《简论长安门花园村客省庄二期文化遗址出土骨刻原始文字》论文指出，这比殷墟甲骨文，时代要早一千二百年以上，约相当于黄帝时代和夏代初期。郑洪春在会上展示了十余枚刻画兽骨和骨器的拓片和幻灯片，这种形体小如蝇头，笔画细若蚊足，刀法朴拙，字纹清晰的原始文字，其形体结构与殷墟甲骨文极为类似。目前已能辨识的有“人”、“万”、“元”等字，以及类似今天的“二”、“三”、“八”等数字。（参1986年5月2日《明报》以及1988年11月11日《联合报》）

⑧　参见高国抗：《中国古代史学史概要》，第13－17页。

⑨　李宗侗：《中国史学史》，第3页。

⑩　李言侗于《史官制度——附论对传统之尊重》（载于台湾大学《文史哲学报》第十四期，1965年11月）一文论及之，今取其说。

⑪　《后汉书·班彪列传》。

⑫　金毓黻在其《中国史学史》第一章列一古代史官表，自黄帝时代起，迄汉武帝时止，共得七十八人（阙名者十二人）；其中周代王室及诸侯的史官共六十三人。刘节的《中国史学史稿》沿用此表。席涵静著《周代史官研究》，附列的见于著录的周代史官表，共得一百二十九人，超出一倍，今姑据之。

⑬　近人撰文讨论“史”字的涵义及史官的职务者，殆难枚举。如王国维的《释史》（《观堂集林》卷六），刘师培的《古学出于史官论》（《国粹学报》一卷四期，1905年），朱希祖的《史官名称议》（《说文月刊》三卷八期，民国三十一年九月），劳榦的《史字的结构及史官的原始职务》（《大陆杂志》十四卷三期，1957年12月），胡适的《说“史”》（《大陆杂志》十七卷十一期，1958年12月），戴君仁的《释“史”》（《文史哲学报》十二期，1963年11月），李宗侗的《史官制度——附论对传统之尊重》（《文史哲学报》十四期，1965年11月），沈刚伯的《说“史”》（《大华晚报》《读书人》，1970年12月17日），徐复观的《原史——由宗教通向人文的史学的成立》（《新亚学报》十二卷，1977年8月），斯维至的《古代史官与典籍的形成及其作用》（《史学史研究》，1982年第二期），皆其著者。

⑭ 《礼记·曲礼》篇："史载笔。"

⑮ 《左传》鲁庄公二十三年。

⑯ 《礼记·玉藻》篇。

⑰ 《史记·晋世家》。

⑱ 《史记·廉颇蔺相如列传》。

⑲ 《左传》鲁僖公七年管仲之语。

⑳ 《毛诗·静女·传》。

㉑ 见《晋书·职官志》、《宋书·百官志》、《魏书·官氏志》、《齐书·百官志》、《隋书·百官志》、《旧唐书·职官志》及《新唐书·百官志》。

㉒ 见《后汉书·蔡邕传》注引邕上书自陈。

㉓ 见《晋书·职官志》。

㉔ 同上。

㉕ 《史通·核才》篇引晋令。另《宋书·百官志》云："（晋）惠帝……置著作郎一人，佐郎八人，掌国史。周世左史记事，右史记言，即其任也。……著作郎谓之大著作，专掌史任。晋制，著作佐郎始到职，必撰名臣传一人。"

㉖ 惠栋引《环济要略》之说，见惠氏《后汉书补注》。

㉗ 《明史·职官志》称史官修撰、编修、检讨之职掌如此。清沿明制，当无太大改变。

㉘ 《史通·史官建置》篇。

㉙ 《旧唐书·职官志》。

㉚ 同上。

㉛ 《新唐书·百官志》。

㉜ 章学诚于《文史通义·书教上》云："三代以上之为史，与三代以下之为史，其同异之故可知也。三代以上，记注有成法，而撰述无定名。三代以下，撰述有定名，而记注无成法。"实际上，唐宋是记注最有成法的时代。金毓黻于《释记注》一文云："记注之法，莫备于唐宋。"其说甚为有据。

㉝ 《旧唐书·职官志》。

㉞ 《旧唐书·赵憬传》云："憬独对于延英，上问曰：'近日起居注记何事？'憬对曰：'古者左史记言，人君动止，有实言随即记录，起居注是也。国朝

永徽中，起居唯得对仗承旨，仗下后谋议，皆不得闻，其记注唯编制敕，更无他事。……姚琦……请宰相一人，记录所论军国政事，谓之时政记，每月送史馆，既而时政记又废。'"

㉟ 《旧唐书·李吉甫传》云："上（宪宗）御延英殿，问时政记记何事？时吉甫监修国史，先对曰：'是宰相记天子事以授史官之实录也。古者左史记言，今起居舍人是；右史记事，今起居郎是。永徽中，宰相姚琦监修国史，虑造膝之言，或不可闻，因请随奏对而记于仗下，以授于史官，今时政记是也'。上曰：'间或不修，何也？'曰：'面奉德音，未及施行，总谓机密，故不可书以送史官。其间有谋议出于臣下者，又不可自书以付史官；及已行者，制令昭然，天下皆得闻知，即史官之记，不待书以授也。且臣观时政记者，姚琦修之于长寿，及琦罢而事寝；贾耽、齐抗修之于贞元，及耽、抗罢而事废。然则关时政化者，不虚美，不隐恶，谓之良史也。'"

㊱ 《新唐书·杨嗣复传》云："是时（指文宗开成年间），延英访对，史官不及知。嗣复建言：'故事，正衙，起居注在前，便坐，无所纪录。姚琦、赵憬皆请置时政记，不能行。臣请延英对宰相语关道德刑政者，委中书门下直日纪录，月付史官。'它宰相议不同，止。久之，帝又问，'延英政事，孰当记之？'（李）珏监修国史，对曰：'臣之职也。'陈夷行曰：'宰相所录，恐掩蔽圣德，自盗美名。'"

《新唐书·裴休传》云："奏言：'宰相论政上前，知印者次为时政记，所论非一，详已辞，略它议，事有所缺，史氏莫得详。请宰相人自为记，合付史官。'诏可。"

㊲ 按唐代的时政记，间或不修，而未尝废，赵翼于《廿二史劄记》卷十九《时政记》条言之甚谛，值得参考。

㊳ 《通鉴》卷二百一十一，开元五年九月。

㊴ 《全唐诗》卷六百四十二，来鹄《圣政纪颂序》。按来鹄为唐末人，咸通（唐懿宗年号）中举进士，不第，有诗一卷。

㊵ 《旧唐书·张延赏传》。

㊶ 唐高宗：《简择史官诏》，见《唐大诏令集》卷八十一。

㊷ 《白居易集》卷四。

㊸ 王国维《观堂集林》卷五《史籀篇疏证序》云:“古者读书皆史事。”卷六《释史》云:“史之职专以藏书、读书、作书为事。”

㊹ 《史记·老庄申韩列传》。

㊺ 《史记》索隐之说。

㊻ 《史记·太史公自序》云:“百年之间,天下遗文古事,靡不毕集太史公。”

㊼ 《左传》成公四年。

㊽ 《左传》僖公十五年。

㊾ 《国语·周语下》。

㊿ 《左传》襄公四年晋大夫魏绛所称述。

51 《左传》昭公十二年。

52 《国语·楚语下》。

53 参见刘师培:《古学出于史官论》(《国粹学报》一卷四期,1905年)、《补古学出于史官论》(《国粹学报》十七期,1906年)。二文收入杜维运、黄进兴编:《中国史学史论文选集》。

54 《史通·直书》篇。

55 详见赵翼:《廿二史劄记》卷十九《天子不观起居注》。

56 钱谦益:《初学集》卷三十五《汪母节寿序》。

57 钱谦益:《初学集》卷四十八《故礼部尚书兼翰林院学士协理参事赠太子太保谥文肃王公行状》。

58 钱谦益:《有学集》卷三十四《光禄大夫柱国太子太师吏兵二部尚书武英殿大学士赠特进光禄大夫左柱国太傅谥文贞路公神道碑》。

59 钱谦益:《有学集》卷二十八《特进光禄大夫柱国少傅兼太子太傅吏部尚书中极殿大学士谥文端刘公墓志铭》。

60 《初学集》卷四十七《特进光禄大夫柱国少傅兼太子太师兵部尚书中极殿大学士孙公行状》。

61 《初学集》卷五十《都察左副都御史赠右都御史加赠太子太保谥忠烈杨公墓志铭》。

62 Herbert Butterfield 于 *The Origins of History* 一书第142页论中国的史官云:“即使在古代,史官每天记录发生的事件。……‘史’被视为神圣独立,正直不屈。”（Even at the early date，he（the shih）recorded events as they happened，day by day... “the shih” was supposed to act as an independent authority and to be a man of great integrity.）一个外国史学家看中国的史官有如此。

㊸ 语出《左传》庄公二十三年，宣公二年。讨论中国史官记事遵守共同必守之法，说详见柳诒徵：《国史要义·史权篇》。

㊹ 《史通·史官建置》。

㊺ 同上。

㊻ 《旧唐书·职官志》。

㊼ 《明史·职官志》。

㊽ 唐于休烈奏云：“国史一百六卷，开元实录四十七卷，起居注并余书三千六百八十二卷，并在兴庆宫史馆。”见《旧唐书·于休烈传》。

㊾ 《史通·史官建置》云：“元魏……于秘书置著作局，正郎二人，佐郎四人。……高齐及周，迄于隋氏，其史官以大臣统领者，谓之监修国史，自领则近循魏氏，远效江南。”

㊿ 参见金毓黻：《唐宋时代设馆修史制度考》。

(71) 收入《全唐诗》卷二百七十一，第3035页。

(72) 张荣芳于《唐代的史馆与史官》一书中，谈及史馆组织的一章，甚为清晰翔实，值得参考。

(73) 《唐会要》卷六十三。

(74) 《新唐书·孝友传》序。

(75) 《新唐书·艺文志》。另可参阅《廿二史劄记》卷十六《唐实录国史凡两次散失》条。

(76) 参见《史通·古今正史》。

(77) 《旧唐书·韦述传》。

(78) 《旧唐书·柳登传》。

(79) 《廿二史劄记》卷十六《旧唐书前半全用实录国史旧本》。

(80) 明人徐一夔语，见《明史·文苑传》。

(81) 从《宋史·艺文志》所著录者统计出来，其中有称册者（如宁宗实录四百九十九册，理宗实录初稿一百九十册），今姑以卷计算。

⑫ 从《明史·艺文志》所著录者统计出来。

⑬ 明实录现有1940年影印江苏国学图书馆藏本及1961年台湾影印北京图书馆藏本。清实录现有1980年代由中华书局影印的善本，分装为六十册。

⑭ 参见孟森：《国史与国史馆》一文，载于《明清史论著集刊续编》。关于清代的官修史书，乔治忠教授于《清朝官方史学研究》一书中，言之甚详，极值参考。

⑮ 参见杨联陞教授的"The Organization of Chinese Official Historiography: Principles and Methods of the Standard Histories From the T'ang Through the Ming Dynasty", in *Historians of China and Japan*, eds. by W. G. Beasley and E. G. Pulleyblank, 1961。

⑯ "正史"之名，始见于南北朝时代。《隋书·经籍志》首列正史，著录《史记》以下正史六十七部，凡采用班、马纪传体例，写赓续相承的列朝历史者，皆纳入之。至宋代，有十七史之名出现，《史记》、《汉书》、《后汉书》、《三国志》、《晋书》、《宋书》、《南齐书》、《梁书》、《陈书》、《魏书》、《北齐书》、《周书》、《南史》、《北史》、《隋书》、《新唐书》、《新五代史》，凡十七部代表历代的正史，宋人汇而刻之，正史遂前后相承。明代合《宋史》、《辽史》、《金史》、《元史》为二十一史。清乾隆中诏增《旧唐书》、《旧五代史》及《明史》为二十四史。民国以后，政府明令以柯绍忞所撰《新元史》，列入正史，于是有二十五史之名。

⑰ E. H. Dance, *History the Betrayer: A study in bias*, 1960, p. 67: "In China, they have excellent chronological lists which a little industry can make most useful and their twenty-four dynastic histories are among the most outstanding achievements of world historiography."

⑱ 参见李万居译，法国里赛著：《历史与科学》一文。

⑲ 参见 E. J. Weaver, *The Material of English History*, 1938, p. 71。

⑳ 胡应麟《少室山房笔丛》卷一《经籍会通》云："太宗初即位，即置弘文馆，聚书二十余万卷。"

㉑ 刘知几于《史通·忤时》篇与《辨职》篇中对官修历史曾作毫不留情的批

评，今取其大意而述之。

⑫ 不止于所列举者，参见《明史例案》（《惠业堂丛书》本）。

⑬ 参见尹达:《中国史学发展史》，第305页，唯动员的人数，已难精确统计。另乔治忠教授所著:《清代官方史学研究》一书中较详言之。

第五章　中国史学的精细、详赡与博大

西方史学家这样说："竭尽能力阅读翻译作品，我已知晓中国史学的精细，知晓中国史学的重视文献。""中国人追逐博学。""中国人能做庞大的分类工作，能编纂惊人的百科全书，并且能出产他们数不尽的琐碎饾饤的地方史。""中国的百科全书，使大英百科全书看起来像袖珍型的书。""欧洲以外，在亚洲，远在11世纪以前，已有了方志，比《英格兰土地勘查记录书》详尽数千倍。""亚洲的方志，大多数编纂于中国，已知中国约有六千种至七千种方志，可能未发现者尚多。"中国史学精细，中国史学重视文献，中国能编纂惊人的百科全书，能出产数不尽的地方史，西方史学家的评论，一致如此。西方研究中国历史的汉学家更很肯定地说："中国的历史记载，详尽而浩繁；中国的历史学术（historical scholarship），很多世纪以来，已高度发展，而趋于成熟。"①

与西方史学相比较，精细、详赡与博大，为中国史学的最大特色。西方史学家初知之，而其详有待阐释发明，以为举世参考。

（一）中国史学的精细与详赡

历史是什么，是西方近代史学界争论最大的问题之一。新颖之论，奇异之说，丛出并作，莫衷一是。平心以析论，不管历史是什么，历史的基本特质不变。具体（concrete）、独一（unique）、特殊（particular），是历史的基本特质。任何历史事件，都是具体的，独一的，特殊的。精细的叙述，详赡的叙述，是史学家的第一任务。于是史学须精细、详赡，成为放之四海而皆准，俟诸百世而不惑的史学真理。中国史学以此而驰誉寰宇，举世无伦，值得国人珍视。

中国史学的精细、详赡，与中国史学家的叙事艺术，密切相关。

叙事（narrative）、解释（interpretation）与综合（synthesis）是史学的三大要素。史学家同时具有叙事、解释与综合的艺术，是世界最优越的史学家。中国史学家未曾发展西方史学家那一套解释与综合的艺术，而数千年来，他们发展了一套叙事艺术，其精湛且似可独步寰宇。

孔子作《春秋》，已颇尽史学家叙事的能事。所谓春秋书法，或许不是先有意用一二字以行褒贬，只不过为了叙述史实的真相，所以于所用的字，特别审慎。史实须用字以来表现，用字的正确与否，与史实的真相关系至大。用字不正确，史实便走样。孔子作《春秋》，注重书法，似乎是在慎重地选用正确的字以叙事。如《春秋》云：

> “僖公十有六年，春王正月，戊申朔，陨石于宋五。是月，六鹢退飞，过宋都。”

便是最简单最正确的叙事，石自天而降，速度甚快，先听到陨声，一看，是石，落于宋地，细数起来，五块。“陨石于宋五”，是最简单不过的叙事了，且极合逻辑，每一个字的位置都不能移动，移动了便不能叙明史实实际发生时的情况。“六鹢退飞，过宋都”，情况就不同，鹢在高空飞，速度显得很慢，且不易看清楚是什么东西在飞，所以最先能看到的只是天空有六个东西，细看，是鹢，再细看，是退飞，经过宋都。由此看起来，孔子写《春秋》，每一个字都费尽心思斟酌，不多用一个字，不乱用一个字，由字所组成的句子，极合逻辑，能完全符合史实发生时的情况。在史学求真的最高原则下，这是史学家最基本也是最重要的艺术。《史记·孔子世家》称孔子作《春秋》，“笔则笔，削则削，子夏之徒，不能赞一词”，可知其笔削的艺术，非一般人所能几及的了。

左丘明作《左传》，叙事的艺术，进入另一境界，史实比《春秋》叙述得详尽曲折了，文辞比《春秋》优美委婉了。《春秋》上寥寥一二语，到《左传》上往往衍成千百言。如《春秋》于鲁僖公二十二年云：

“冬，十有一月，己巳朔，宋公及楚人战于泓，宋师败绩。”

《左传》于是年则云：

“冬，十一月己巳朔，宋公及楚人战于泓。宋人既成列，楚人未既济。司马曰：‘彼众我寡，及其未既济也，请击之。’公曰：‘不可。’既济而未成列，又以告。公曰：‘未可。’既陈而后击之，宋师败绩。公伤股，门官歼焉。国人皆咎公。公曰：

‘君子不重伤，不禽二毛。古之为军也，不以阻隘也。寡人虽亡国之余，不鼓不成列。’子鱼曰：‘君未知战。勍敌之人，隘而不列，天赞我也。阻而鼓之，不亦可乎？犹有惧焉。且今之勍者，皆吾敌也。虽及胡耇，获则取之，何有于二毛？明耻教战，求杀敌也。伤未及死，如何勿重？若爱重伤，则如勿伤。爱其二毛，则如服焉。三军以利用也，金鼓以声气也。利而用之，阻隘可也。声盛致志，鼓儳可也。’”

本来只有胜负的一场战争，曲折的过程呈现了，千古极少一见的仁义之师呈现了②，历史也由简略而内容丰富了。

司马迁作《史记》，使中国史学家的叙事艺术，到达最高峰。史学的精细与详赡，皆一一呈现。如《货殖列传》云：

“夫山西饶材、竹、谷、𬙊、旄、玉石；山东多鱼、盐、漆、丝、声色；江南出楠、梓、姜、桂、金、锡、连、丹沙、犀、瑇瑁、珠玑、齿革；龙门、碣石北多马、牛、羊、旃裘、筋角；铜、铁则千里往往山出棋置，此其大较也。”“昔唐人都河东，殷人都河内，周人都河南。夫三河在天下之中，若鼎足，王者所更居也，建国各数百千岁，土地小狭，民人众，都国诸侯所聚会，故其俗纤俭习事。杨、平阳陈，西贾秦、翟，北贾种、代。种、代，石北也，地边胡，数被寇，人民矜懻忮，好气，任侠为奸，不事农商，然迫近北夷，师旅亟往，中国委输时有奇羡。其民羯羠不均，自全晋之时固已患其剽悍，而武灵王益厉之，其谣俗犹有赵之风也。故杨、平阳陈掾其间，得所欲。温、轵西贾上党，北贾赵、中山。中山地薄人众，犹有沙丘纣淫地余民，民俗懁急，仰机利而食，丈夫相聚游戏，悲歌

> 忼慨，起则相随椎剽，休则掘冢作巧奸冶，多美物，为倡优。女子则鼓鸣瑟，跕屣，游媚贵富，入后宫，遍诸侯。”

各地的物产，各地的风俗人情，纷纭不一，在精细的文笔下，一一展现。这是历史叙事的伟大艺术。

再如《史记》八书中的《平准书》，极为详尽的叙述从汉初到汉武帝百年之间财赋的荣枯，生民的休戚，国势的隆污，尽见具体的史实，而不着解释的痕迹。即使在最后的评论“太史公曰”中，亦自古代叙述云：

> “禹贡九州，各因其土地所宜，人民所多少而纳职焉。汤武承獘易变，使民不倦，各兢兢所以为治，而稍陵迟衰微。齐桓公用管仲之谋，通轻重之权，徼山海之业，以朝诸侯，用区区之齐，显成霸名。魏用李克，尽地力，为强君。自是之后，天下争于战国，贵诈力而贱仁义，先富有而后推让。故庶人之富者或累巨万，而贫者或不厌糟糠；有国强者或并群小以臣诸侯，而弱国或绝祀而灭世。以至于秦，卒并海内。虞夏之币，金为三品，或黄，或白，或赤，或钱，或布，或刀，或龟贝。及至秦，中一国之币为二等，黄金以溢名，为上币；铜钱识曰半两，重如其文，为下币。而珠玉、龟贝、银锡之属为器饰宝藏，不为币。然各随时而轻重无常。于是外攘夷狄，内兴功业，海内之士力耕不足粮饷，女子纺绩不足衣服。古者尝竭天下之资财以奉其上，犹自以为不足也。无异故云，事势之流，相激使然，曷足怪焉。”

这是叙述自虞、夏以来财赋货币之变及其影响于生民国家者。

“寓论断于序事”[3]，司马迁已将叙事与解释冶于一炉了。

班固的《汉书》，被盛称“文赡而事详”，其叙事，“不激诡，不抑抗，赡而不秽，详而有体”[4]。叙事详赡，措词温雅，是《汉书》的最大特色之一。如序《佞幸传》云：

“汉兴，佞幸宠臣，高祖时则有籍孺，孝惠有闳孺。此两人非有材能，但以婉媚贵幸，与上卧起，公卿皆因关说。故孝惠时，郎侍中皆冠鵕鸃，贝带，傅脂粉，化闳、籍之属也。两人徙家安陵。其后宠臣，孝文时士人则邓通，宦者则赵谈、北宫伯子；孝武时士人则韩嫣，宦者则李延年；孝元时宦者则弘恭、石显；孝成时士人则张放、淳于长；孝哀时则有董贤。孝景、昭、宣时皆无宠臣。景帝唯有郎中令周仁。昭帝时，驸马都尉秺侯金赏嗣父车骑将军日磾爵为侯，二人之宠取过庸，不笃。宣帝时，侍中中郎将张彭祖少与帝微时同席研书，及帝即尊位，彭祖以旧恩封阳都侯，出常参乘，号为爱幸。其人谨敕，无所亏损，为其小妻所毒薨，国除。”

对于西汉一代以婉媚贵幸的佞幸小人，仅历举其名，略言其“与上卧起”、“出常参乘”事迹，未尝疾言以痛斥之，这应是措词极为温雅的叙事了。

再如《公孙弘卜式兒宽传》赞云：

“公孙弘、卜式、兒宽皆以鸿渐之翼困于燕爵，远迹羊豕之间，非遇其时，焉能致此位乎？是时，汉兴六十余载，海内艾安，府库充实，而四夷未宾，制度多阙。上方欲用文武，求之如弗及，始以蒲轮迎枚生，见主父而叹息。群士慕响，异人并出。卜式拔于刍牧，弘羊擢于贾竖，卫青奋于奴仆，日磾出于降虏，斯亦曩时版筑饭牛之〔朋〕（明）已。汉之得人，于兹为盛。儒雅则公孙弘、董仲舒、兒宽，笃行则石建、石庆，质直则汲黯、卜式，推贤则韩安国、郑当时，定令则赵禹、张汤，文章则司马迁、相如，滑稽则东方朔、枚皋，应对则严助、朱买臣，历数则唐都、洛下闳，协律则李延年，运筹则桑弘羊，奉使则张骞、苏武，将率则卫青、霍去病，受遗则霍光、金日磾，其余不可胜纪。是以兴造功业，制度遗文，后世莫及。孝宣承统，纂修洪业，亦讲论六艺，招选茂异，而萧望之、梁丘贺、夏侯胜、韦玄成、严彭祖、尹更始以儒术进，刘向、王褒以文章显，将相则张安世、赵充国、魏相、丙吉、于定国、杜延年，治民则黄霸、王成、龚遂、郑弘、召信臣、韩延寿、尹翁归、赵广汉、严延年、张敞之属，皆有功迹见述于世。参其名臣，亦其次也。”

在论赞之中，以从容之笔，历数西汉一代各类杰出的人物，这应是精细而又详赡的叙事，史学家融叙事与解释于一炉的艺术，至此已登峰造极。

《汉书》中的十志，与《史记》的八书相比较，内容更为丰富翔实，如《地理志》上自《禹贡》、《周官》的九州，下至秦汉郡县封国建置的由来与变革，以及西汉一朝的疆域政区、领土面积、郡县户口、垦田数字、山川方位、重要物产、城邑关塞、祠庙古迹等都有详细记载，篇末并对各地区的经济、文化、风俗习惯及海外交通作了综合的叙述，这真是中国古代极为精细详赡的一部历史地理大著了。如总言全国的面积、土地及户口数字云：

“本秦京师为内史，分天下作三十六郡。汉兴，以其郡大，稍复开置，又立诸侯王国。武帝开广三边。故自高祖增二十六，文、景各六，武帝二十八，昭帝一，迄于孝平，凡郡国一百三，县邑千三百一十四，道三十二，侯国二百四十一。地东西九千三百二里，南北万三千三百六十八里。提封田一万万四千五百一十三万六千四百五顷，其一万万二百五十二万八千八百八十九顷，邑居道路，山川林泽，群不可垦，其三千二百二十九万九百四十七顷，可垦不可垦，定垦田八百二十七万五百三十六顷。民户千二百二十三万三千六十二。口五千九百五十九万四千九百七十八。汉极盛矣。”

一一列举具体的数字，以见汉代之盛，其叙事的精细、详赡可见。在两千年以前，史学家能特别详述全国的户口数字以及各郡国的户口数字，尤其是破了世界的历史纪录。

《汉书》中的《艺文志》，是中国古代的学术著作目录，凡五百九十六家，一万三千二百六十九卷的著作，其目总汇于此。虽然这些著作，后代已大半不见，但是从其仅存的书目，可以隐约看出中国古代学术发展的概况。班固又将这些著作区分类别，纳入学术流派之中，一一叙述学术流派的渊源、传递、盛衰、得失。大量书目之上。得见学术演变的轨迹，这又是借精细、详赡的叙事以见历史的大势了。如于著录《春秋》二十三家，九百四十八篇以后，综述孔子作《春秋》的微意以及《春秋》的传布情况云：

“古之王者，世有史官，君举必书，所以慎言行，昭法式也。左史记言，右史记事，事为《春秋》，言为《尚书》，帝王靡不同之。周室既微，载籍残缺，仲尼思存前圣之业，乃称曰：

‘夏礼吾能言之，杞不足征也；殷礼吾能言之，宋不足征也。文献不足故也。足则吾能征之矣。’以鲁周公之国，礼文备物，史官有法，故与左丘明观其史记，据行事，仍人道，因兴以立功，就败以成罚，假日月以定历数，借朝聘以正礼乐。有所褒讳贬损，不可书见，口授弟子，弟子退而异言，丘明恐弟子各安其意，以失其真，故论本事而作传，明夫子不以空言说经也。《春秋》所贬损大人当世君臣，有威权势力，其事实皆形于传，是以隐其书而不宣，所以免时难也。及末世口说流行，故有《公羊》、《穀梁》、《邹》、《夹》之传。四家之中，《公羊》、《穀梁》立于学官，邹氏无师，夹氏未有书。”

如此看起来，《汉书·艺文志》是一部细致、翔实的图书目录史，同时也是一部有灵魂，有条贯，能从大处着眼的学术史。叙事精细、详赡，而不流于琐碎饾饤，史学家的叙事本领尽显。

《左传》、《史记》、《汉书》叙事精细、详赡以外，兼有生动、优美的优点。《汉书》以后的史书，叙事的生动、优美，绝大多数不能望三书的项背，然皆叙事精细、详赡，掌握住叙事的真正价值，为中国留下大量的历史事实，举世难与伦比。唐代史学家刘知几更倡出“文约事丰”、“从实而书”的叙事理论，千古圭臬，自此树立。

刘氏之言曰：

“史之称美者，以叙事为先。”⑤

“国史之美者，以叙事为工，而叙事之工者，以简要为主。简之时义大矣哉！”⑥

“文尚简要，语恶烦芜。”⑦

“文约而事丰，此述作之尤美者也。”[8]

“《左传》……其言简而要，其事详而博，信圣人之羽翮，而述作之冠冕也。”[9]

“如《汉书》者，究西都之首末，穷刘氏之废兴，包举一代，撰成一书，言皆精练，事甚该密，故学者寻讨，易为其功，自尔迄今，无改斯道。”[10]

叙事以简要为主，而所简在文字，不在事实。文约事丰，是叙事的尤美者。所以“其言简而要，其事详而博”的《左传》，“言皆精练，事甚该密”的《汉书》，皆受到称美。简要文字的方法，刘氏认为在省字省句，不必要的字句皆省去。如《汉书·张苍传》云：“年老口中无齿。”可省去“年”及“口中”三字。如《穀梁传》称郄克眇，季孙行父秃，孙良夫跛，齐使跛者逆跛者，秃者逆秃者，眇者逆眇者。可省去“跛者”以下之句，但云“各以其类逆”[11]。如果“句尽余剩，字皆重复，史之烦芜，职由于此。”[12]

叙事简要，亦须用晦。刘氏所谓晦，是“省字约文，事溢于句外”[13]。能“略小存大，举重明轻，一言而巨细咸该，片语而洪纤靡漏”[14]，是用晦之道。《左传》上“士会为政，晋国之盗奔秦”，“邢迁如归”，“卫国忘亡”，都是用晦的例子。此类例子，皆“言近而旨远，辞浅而义深，虽发语已殚，而含意未尽。使夫读者望表而知里，扪毛而辨骨，睹一事于句中，反三隅于字外”[15]。如此看起来，用晦与简要相连，以比较近代的词汇来说，用晦是委婉含蓄，省去一些文字，其深意留待读者体会。

叙事用晦，省字省句，使事突显，而事须真实，于是刘氏进一步提出“从实而书”的主张，与其“良史以实录直书为贵”[16]之说相呼应：

“三传之说，既不习于《尚书》；两汉之词，又多违于《战策》，足以验甿俗之递改，知岁时之不同。而后来作者，通无远识，记其当世口语，罕能从实而书。方复追效昔人，示其稽古。是以好丘明者，则偏模《左传》；爱子长者，则全学史公，用使周、秦言辞，见于魏、晋之代；楚、汉应对，行乎宋、齐之日。而伪修混沌，失彼天然，今古以之不纯，真伪由其相乱。”

“彦鸾（崔鸿）修伪国诸史，收（魏收）、弘（牛弘）撰魏、周二书，必讳彼夷音，变成华语，等杨由之听雀，如介葛之闻牛，斯亦可矣，而于其间则有妄益文彩，虚加风物，援引诸书，宪章史汉，遂使沮渠（北凉）、乞伏（西秦），儒雅比于元封；拓跋、宇文，德音同于正始，华而失实，过莫大焉。惟王、宋著书（王劭《齐志》，宋孝王《关东风俗传》），叙元高时事，抗词正笔，务存直道，方言世语，由此毕张。而今之学者，皆尤二子，以言多滓秽，语伤浅俗。夫本质如此，而推过史臣，犹鉴者见嫫姆多媸而归罪于明镜也。又世之议者，咸以北朝众作，周史为工。盖赏其记言之体，多同于古故也。夫以枉饰虚言，都损实事，便号以良直，师其模楷，是则董狐、南史，举目可求，班固、华峤，比肩皆是者矣。”⑰

“昔夫子有云：‘文胜质则史。’故知史之为务，必借于文。自五经已降，三史而往，以文叙事，可得言焉。而今之所作，有异于是。其立言也，或虚加练饰，轻事雕彩，或体兼赋颂，词类俳优，文非文，史非史。譬夫乌孙造室，杂以汉仪，而刻鹄不成，反类于鹜者也。”⑱

时代不同，记某一时代的口语，模仿古奥的文字，使周、秦言辞，见于魏、晋之代，楚、汉应对，行乎宋、齐之日，今古以之不纯，真伪由此相乱；变夷音为华语，妄益文彩，虚加风物，援引诗书，宪章史汉，华而失实，过错尤大。所以刘氏主张记当世口语，从实而书，存其本质，保其自然，不必妄加虚饰，轻事雕彩，这是最为卓越的叙事见解。精细而详赡的叙事，有其真实性，叙事的可贵，孰过于此？

（二）中国史学的博大

中国明成祖时代所修的《永乐大典》，全书共二二八七七卷，目录六十卷，约三亿七千万字；清乾隆年间所修的《四库全书》，收录经、史、子、集四部书三五〇三部，七九三三七卷，装成三六三〇〇册，近十亿字。两者是全世界有史以来最大的百科全书，中国学术的博大，自此尽现[19]。

中国史学的博大，则自编纂典章制度通史及纪传体的史学体例表现出来。

司马迁参酌古今，新创一种纪传体的史学体例，用本纪、世家、列传、书、表记载天下所发生的各类事件[20]，这是一种兼容并蓄的史学体例，西方未曾出现。在这种史学体例下，能写出人类的全史，万象毕陈[21]。如历史是少不了人物的，本纪、世家、列传都是写人物；再如历史是摆脱不了时间的，表则专门以时间系事件；历史上的学术、制度、名物，纷纷出现，书则能一一予以披陈。司马迁同时有卓怀复识，写帝王将相以外，兼写社会上形形色色的人物，以致儒林、循吏、酷吏、游侠、佞幸、滑稽、日者，龟策之徒，货殖者流，皆写入列传，这无疑是一部社会全史了；司马迁也特重国家社会的经济，既写《货殖列传》，以明言“天下熙熙，皆为利来，天下攘攘，皆为利往”，又写《平准书》，将汉初至武帝时代经济的荣枯，和盘托出，这又是《史记》的具有经济史的特色了；孔子、孟子、荀卿、老子、庄周、申不害、韩非等学术思想家，皆写其学术与生平，八书中的《天官书》、《历书》谈天文算法，《河渠书》谈水道地理，列传中的《匈奴》、《南越》、《东越》、《朝鲜》、《西南夷》、《大宛》等传，完全记载边远地区其他民族的山川、地域、风俗、人物，这更是《史记》的特别注重学术文化史了。如此以言，《史记》应是法国年鉴学派（The Annales School）史学家所梦寐以求的“全史”（total history）了。

《史记》以后中国的正史，皆采用纪传体，写历代的全史，其书志一项，更衍出浩繁的典章制度通史，使中国史学的博大，臻于巅峰。

唐代史学家杜佑以三十六年的时间（代宗大历元年至德宗贞元十七年，766年至801年），写成《通典》一书，开创了中国典章制度通史的先河。全书共二百卷，分为食货、选举、职官、礼、乐、兵、刑、州郡、边防等九门，每门又有细目。凡涉及典章制度者，皆贯穿古今以详言。如食货门详言自上古迄唐代的田制、赋税、钱币、漕运、盐铁、鬻爵、算缗、杂税、平准、历代盛衰户口；职官门详言历代中央与地方的官制沿革；一百卷的礼门，详言历代礼之沿革者六十五卷，详言开元礼者三十五卷；选举、乐、兵、刑、州郡、边防各门皆分细目以详言。这是一部贯穿上下古今数千年的典章制度通史，中国史学史上甚至世界史学史上第一部出现的此类历史，开创之作，当之无愧。

继杜佑之后，宋代史学家郑樵撰《通志》二百卷，其中五二卷的二十略，属于典章制度通史。郑氏所谓“今总天下之大学术，而条其纲目，名之曰略，凡二十略，百代之宪章，学者之能事，尽于此矣”[22]，其自负有如此。按二十略为氏族略、六书略、七音略、天文略、地理略、都邑略、礼略、谥略、器服略、乐略、职官略、选举略、刑法略、食货略、艺文略、校雠略、图谱略、金石略、灾祥略、昆虫草木略。其中礼、职官、选举、刑法、食货五略，立目沿自《通典》，内容与文字，亦因袭之；天文、地理、器服、乐、艺文、灾祥六略，立目参照前史，内容上则有所创新，不仅继承；氏族、六书、七音、都邑、谥、校雠、图谱、金石、昆虫草木九略，立目与内容皆为自创，文字亦自出杼机。

二十略扩大了学术的领域与历史的视野，都邑略与现代极为流行的城市史无异；六书略、七音略是文字学、音韵学的历史；校雠略、图谱略、金石略是历史文献学的新范畴；昆虫草木略则于天文、地理、灾祥之外，扩大了对自然史认识和研究的对象。所谓“总天下之大学术”，并非过分夸张之词。

> “农圃之人，识田野之物，而不达诗书之旨，儒生达诗书之旨，而不识田野之物。五方之名本殊，万物之形不一，必广览动植，洞见幽潜，通鸟兽之情状，察草木之精神，然后参之载籍，明其品汇，故作昆虫草木略。”[23]
>
> “少好读书，无涉世意，又好泉石，有慕弘景心。结茅夹漈山中，与田夫野老往来，与夜鹤晓猿杂处，不问飞潜动植，皆欲究其情性。”[24]
>
> “辞章虽富如朝霞晚照，徒焜耀人耳目；义理虽深如空谷寻声，靡所底止，二者殊涂而同归，是皆从事于语言之末，而非为实学也。所以学术不及三代又不及汉者，抑有由也，以图谱之学不传，则实学尽化为虚文矣。”[25]

“时素秋无月，清天如水，长诵一句，凝目一星。不三数夜，一天星斗尽在胸中矣。”㉖

“观晋人字画，可见晋人之风猷；观唐人书纵，可见唐人之典则，此道后学安得而舍诸?”㉗

郑氏如此注重实学，与田夫野老往来，与夜鹤晓猿杂处，通鸟兽之情状，察草木之精神，并凝目星斗，静观图册，其学博大以外，遂极实际，不涉空虚。二十略在典章制度史上的地位，乃与《通典》、《文献通考》鼎足而三，千古光芒闪烁。

集典章制度通史大成的为元代史学家马端临所撰《文献通考》。《通考》自上古时代写起，终于南宋宁宗嘉定年间（1208－1224年），共分二十四门：田赋考七卷，钱币考、户口考、职役考各二卷，征榷考六卷，市籴考二卷，土贡考一卷，国用考五卷，选举考十二卷，学校考七卷，职官考二十一卷，郊社考二十三卷，宗庙考十五卷，王礼考二十二卷，乐考二十一卷，兵考十三卷，刑考十二卷，经籍考七十六卷，帝系考十卷，封建考十八卷，象纬考十七卷，物异考二十卷，舆地考九卷，四裔考二十五卷，共三百四十八卷。其中经籍、帝系、封建、象纬、物异五门为《通典》所无，《通典》中的食货、选举、礼三门析为田赋、钱币、户口、职役、征榷、市籴、土贡、国用、选举、学校、郊社、宗庙、王礼十三门。事迹方面，唐天宝以前，增益《通典》所未备，天宝以后，则广采众史以成之。观其于自序云：

“有如杜书纲领宏大，考订该洽，固无以议为也。然时有古今，述有详略，则夫节目之间，未为明备，而去取之际，颇欠精审，不无遗憾焉。盖古者因田制赋，乃米粟之属，非可析之于田制之外也。古者任土作贡，贡乃包篚之属，非可杂之于税法之中也。乃若叙选举则秀孝与铨选不分，叙典礼则经文与传注相汩，叙兵则尽遗赋调之规，而姑及成败之迹。诸如此类，宁免小疵？至于天文、五行、艺文，历代史各有志，而《通典》无述焉。马、班二史，各有诸侯王列侯表，范晔东汉书以后无之，然历代封建王侯未尝废也。王溥作唐及五代会要，首立帝系一门，以叙各帝历年之久近，传授之始末，次及后妃皇子公主之名氏封爵，后之编会要者仿之，而唐以前则无其书。凡是二者，盖历代之统纪典章系焉。而杜书亦不复及，则亦未为集著述之大成也。”㉘

据此可知《通考》系继《通典》而撰写，进一步扩大其范围，增加《通典》中所无的新门类（所增《经籍考》至七十六卷之多，可谓洋洋大观），并细分原有的门类，于是一部集典章制度通史大成的巨著问世。其解释“文献”二字，尤有创见：

“昔夫子言夏殷之礼，而深慨文献之不足征。释之者曰，文，典籍也，献，贤者也。生乎千百载之后，而欲尚论千百载之前，非史传之实录具存，可以稽考，儒先之绪言未远，足资讨论，虽圣人亦不能臆为之说也。……凡叙事，则本之经史，而考之以历代会要以及百家传记之书，信而有征者从之，乖异传疑者不录，所谓文也。凡论事，则先取当时臣僚之奏疏，次及近代诸儒之评论，以至名流之燕谈，稗官之纪录，凡一语一言，可以订典故之得失，证史传之是非者，则采而录之，所谓献也。其载诸史传之纪录而可疑，稽诸先儒之论辨而未当者，研精覃思，悠然有得，或窃著己意附其后焉，命其书曰《文献

通考》。”㉙

将“文”指为典籍，“献”指为人物的论辨，是一独创的见解，而且接近全面掌握了史学资料，史学的博大，岂非自此呈现？

《通典》、《通志》、《文献通考》问世以后，“三通”之名出现，中国史学史上的一股巨流形成，类似的著作丛出。

明王圻撰《续文献通考》二五四卷，清乾隆年间诏修《续通典》一五〇卷（起唐肃宗至德元年，迄明崇祯十七年，756 至 1644 年）、《续通志》六四〇卷（起自五代，迄明末止）、《续文献通考》二五〇卷（起宋宝庆元年，迄明崇祯十七年，1225 至 1644 年）；又诏修《清通典》一〇〇卷、《清通志》一二六卷、《清文献通考》三〇〇卷；清末刘锦藻以一人之力，撰成《续清文献通考》四〇〇卷。典章制度通史至此而大备，“十通”之名，于是也出现了。

十通之中，后续之作，其精审多识，自不能与《通典》、《通志》、《文献通考》相比拟，然其广征博采的特色则一。以《续通典》而言，引用正史资料以外，同时大量引用《唐六典》、《唐会要》、《五代会要》、《册府元龟》、《太平御览》、《契丹国志》、《大金国志》、《元典章》、《明会典》等类书资料；以《续文献通考》而言，王著除原有的二十四考以外，增加了节义、氏族、六书、谥法、道统、方外六考，清朝官修的《续文献通考》，广采宋、辽、金、元、明诸朝正史的资料，亦兼采说部杂编资料，评议则取自诸家文集及史评语录；以清朝的三通而言，皆大量征引资料，刘锦藻所著《清续文献通考》，于原有的二十六考以外，增加外交、邮传、实业与宪政四考，共三十考。征榷、国用、学校等考，增加了与清末经济、政治关系密切的厘金、洋药、银行、海运、书院、学堂等细目。四夷、外交二考，详记了中外的频繁接触。邮传、实业二考，叙述了民族工业、航运、铁路、矿山等兴办的过程。经籍考于书名、卷数、作者姓名之外，亦略记撰述经过和作者生平，子部杂家列入清朝所刻丛书一百一十三种。由此而言，中国史学的博大，自十通中完全突显出来。

---

① General editors' Preface of *The Cambridge History of China*, eds. by Denis Twitchett & John K. Fairbank, 1979: "The Chinese historical record is immensely detailed and extensive, and Chinese historical scholarship has been highly developed and sophisticated for many centuries."(p. vii) 此序写于1966年。

② 《史记·宋微子世家》太史公曰："襄公之时，修行仁义，欲为盟主。……襄公既败于泓，而君子或以为多，伤中国阙礼义，褒之也，宋襄之有礼让也。"《春秋公羊传》于鲁僖公二十二年宋师大败后云："君子大其不鼓不成列，临大事而不忘大礼……虽文王之战，亦不过此也。"

③ 顾炎武《日知录》卷二十六《史记于序事中寓论断》条云："古人作史，有不待论断，而于序事之中即见其指者，惟太史公能之。《平准书》末载卜式语，《王翦传》末载客语，《荆轲传》末载鲁句践语，《晁错传》末载邓公与景帝语，《武安侯田蚡传》末载武帝语，皆史家于序事中寓论断法也。"

④ 《后汉书·班固列传》。

⑤ 《史通·叙事》。

⑥ 同上。

⑦ 《史通·表历》。

⑧ 《史通·叙事》。

⑨ 《史通·六家》。

⑩ 同上。

⑪ 《史通·叙事》。

⑫ 同上。

⑬ 同上。

⑭ 同上。

⑮ 同上。

⑯ 《史通·惑经》。

⑰ 《史通·言语》。

⑱ 《史通·叙事》。

⑲ 编纂类书亦即百科全书，是中国学术史上最突出的事件之一。如唐代的《北堂书钞》、《艺文类聚》、《初学记》，宋代的《太平御览》、《太平广记》、《册府元龟》，皆其例，不胜枚举。

⑳ 《廿二史劄记》卷一《各史例目异同》条云："古者左史记言，右史记事，言为《尚书》，事为《春秋》。其后沿为编年、记事二种。记事者，以一篇记一事、而不能统贯一代之全。编年者，又不能即一人而各见其本末。司马迁参酌古今，发凡起例，创为全史。本纪以序帝王，世家以记侯国，十表以系时事，八书以详制度，列传以志人物。然后一代君臣政事，贤否得失，总汇于一编之中。自此例一定，历代作史者，遂不能出其范围，信史家之极则也。"阮芝生于《论〈史记〉五体及"太史公曰"的述与作》（台大《历史系学报》第六期，1979 年 12 月）一文中云："《史记》五体与'太史公曰'的名称与体裁，都各有来源。'本纪'之名源于'禹本纪'，'表'名系自'谱'名音变而来，'书'名源于古代之'书'（《尚书》），'世家'之名出于《世本》中之'世家'，'列传'之名或源于《世本》中之'传'。但名称相同者，未必即是体裁之所自出。《史记》中的'本纪'，当仿自《春秋》，'表'当仿自'周谱'，'书'当仿自'书'（《尚书》），'世家'与'列传'或仿自《世本》中的'世家'与'传'，序传当仿自'书序'，'太史公曰'当仿自《左传》'君子曰'。论其体裁之来源，《史记》五体与'太史公曰'似乎多少都有些根据，但若考其实际之内容与作法，则仿拟前人之处又很少。……其面貌与精神则与古代之体裁迥异。……司马迁写《史记》，并非凿空独创，但也绝非因袭墨守，他是在因袭中表现出他伟大创造力。"

㉑ 张舜徽称《史记》为百科全书式的通史，见张著：《中国历史要籍介绍》，第 3 页。

㉒ 郑樵:《通志总序》。

㉓ 同上。

㉔ 《通志》二十略《昆虫草木略序》。

㉕ 《通志》二十略《图谱略序》。

㉖ 《通志》二十略《天文略序》。

㉗ 《通志》二十略《金石略序》。

㉘ 《文献通考·自序》。

㉙ 同上。

第六章　中国史学中的记实与求真

西方史学家一致认为中国史学的发展，永远没有突破通往真历史的最后障碍——希望窥探往事的真相；永远没有发展批判历史与批判史学；永远没有发展自我批评与发现的方法，无情的考验通则，有目的地搜求文献以证明假设；中国发展的考据学，未能对证据作科学的评价与分析；中国未曾出现过接近西方的精确史学，不知为历史而历史，为真理而真理；治史的批判方法，是希腊的遗产，举世无匹；试图将历史置于客观事实之上，是欧洲史学的新献；醉心历史，笃信历史的价值，甚至自历史内涵及历史远景以看事件的趋势，是西方的态度（详见第二章）。如此评论中国史学，是论定中国史学中缺乏求真，未能用批判的方法，呈现历史的真相，以致批判史学与精确史学不出，中国史学遂远落于西方史学之后。

史学上最重要的原理，亦即史学家的伟业宏献，是记实与求真。历史发生之时，如实记载；记载有误，参伍错综以求其真，于是史学家的伟业宏献完成。西方史学在求真方面，卓有所成，而记实则未被重视。中西史学遂呈现分歧。比较中西史学，于此而致意，可得其大脉络，大分野。

（一）记实

西方19世纪大史学家兰克序其大著《一四九四年至一五一四年罗马民族与日尔曼民族史》（*Geschichten der Romanischen und Germanischen Völker von1494 to1514* ）：

> “世人咸认历史的职务，为鉴既往，明当代，以测未来。本书则无此奢望，所欲呈现者，仅为往事的真相而已（wie es eigentlich gewesen，英文译为 what actually happened or how things really were）。”①

自此“呈现往事的真相”，成为西方史学中最有名与最有影响力的格言。惟此与浦朗穆所谓“窥探往事的真相”（to see things as they were），意义上并无差别，同是致力于史学的求真，而非记实。历史须真，是千古不变的真理。历史如何而真，须记实于前，求真于后。记事者虚构，求真者迷离，往事真相，如何呈现？西方数千年中没有史官记事的制度，史学家及时记事的情况不见，以致记实的史学理论不现。希腊、罗马史学家写史，大用修辞学的方法。一位将军在战幕揭开前向军队的激昂演说，一位政客在议会上的慷慨陈词，实际没有文献的根据，而多系出于史学家的想象。英国当代女史学家司茂丽（Beryl Smalley）于《中世纪史学家》（*Historians in the Middle Ages*）一书中云：

> “罗马史学家的文章风格与治史方法，显示出历史与修辞学

> 之间的密切关系。有文学上的惯例，史学家将演辞托诸其人物之口：一位将军在战争揭幕前对其军队演说，一位政客在议会中提出其案件，诸如此类，读者不必寄望其为真实录音，甚或曾经说过的正确报告：它们可能仅其大要，其真正作用为润饰文章的风格。中世纪的学者，欣美萨拉斯特（Sallust）的演辞，汲汲钞撮。习俗准许不必斤斤计较于正确，时日可以不用，文献不被搜求。”②

罗马史学家写史如此，希腊史学家写史亦然。修昔底德在其所著《伯罗奔尼撒战争史》（*History of the Peloponnesian War*）一书中，即写入自己很多的想象。如伯里克利的葬礼演词（*The Funeral Oration of Pericles*），实际上没有文献根据，而是由他自己想象当时伯里克利可能那样讲而写的。利用虚构的演说道出舆论的大势，是修昔底德的一项发明③。以致虚构演说词变成一种传统④，而史学流于修辞学的一支⑤。史学家可以自出杼机，想象史事当时可能发生的情况而予以创造，在中国这是极端不可思议的。英国19世纪史学家麦考莱（Lord Macaulay）曾激烈地批评“希罗多德是一位可爱的传奇小说家，修昔底德是最伟大的描绘全景的名家，但不是一位有深度的思想家，浦鲁达克（Plutarch）幼稚，波力比阿斯（Polybius）阴沉，从无史学家若李维（Livy）全然蔑视真理；塔西塔斯（Tacitus）是最杰出的人物素描家与最最卓越的古代剧作家，但是他不可相信”⑥。希腊、罗马最杰出的几位史学家，几皆与小说家、剧作家接近，而非记实的史学家。直到文艺复兴时代写《意大利史》（*History of Italy*）的大史学家圭恰迪尼（Guicciardini）仍然虚构演说，窜改条约⑦。这就无怪后现代主义者盛倡历史与文学的虚构，没有任何差别了！直到文艺复兴时代以后，西方史学家在真理的概念上，才渐趋严格，所谓“逐渐决定致力于了解曾经发生的往事”；19世纪以后，“窥探往事的真相”，变成了西方史学家最大的希望，于是他们兴奋地认为西方史学突破了通往真历史的最后障碍，而到达史学的最高峰，世界其他史学，皆俯首于其下。睥睨天下史学，至此而极。

反观中国，记实是中国史学的最大传统之一，其统历数千年而不绝。此与中国的史官记事制度，有极密切的关系。

中国自远古时代起，设立史官，逐日记载天下事（详见第四章），这是一种绵密的记事制度，发生过的事件，有计划的被大量存留下来。记事既成为一种制度，记实的原理，遂相应而出。所谓“祝史荐信”[8]，“祝史陈信”[9]，“祝史正辞”[10]，属于史官之一的祝史，在祭祀时正辞、荐信、陈信，在记事时自应记实。“若有德之君，外内不废，上下无怨，动无违事，其祝史荐信，无愧心矣。是以鬼神用飨，国受其福，祝史与焉。其所以蕃祉老寿者，为信君使也。其言忠信于鬼神。其适遇淫君，外内颇邪，上下怨疾，动作辟违，从欲厌私，高台深池，撞钟舞女，斩刈民力，输掠其聚，以成其违，不恤后人，暴虐淫从，肆行非度，无所还忌，不思谤讟，不惮鬼神，神怒民痛，无悛于心，其祝史荐信，是言罪也；其盖失数美，是矫诬也。进退无辞，则虚以求媚，是以鬼神不飨其国以祸之，祝史与焉。所以夭昏孤疾者，为暴君使也，其言僭嫚于鬼神。”[11]祝史不荐信，盖失数美，虚以求媚，祸且临之，于是史官要遵守共同必守之法，“君举必书”，“书法不隐”了。由史官记事而记实的原理出，于是是一种自然的发展：

“良史以实录直书为贵。”[12]

“史之叙事也，当辩而不华，质而不俚，其文直，其事核，若斯而已可也。”[13]

“盖明镜之照物也，妍媸必露，不以毛嫱之面，或有疵瑕，而寝其鉴也；虚空之传响也，清浊必闻，不以绵驹之歌，时有误曲，而辍其应也。夫史官执简，宜类于斯。苟爱而知其丑，憎而知其善，善恶必书，斯为实录。”⑭

“史者，纪实之书也。”⑮

“史家纪事，唯在不虚美，不隐恶，据事直书，是非自见。”⑯

从唐代到清代，中国史学家屡屡强调记实的理论，认为历史是“纪实之书”，史学家叙事，唯在不虚美，不隐恶，据事直书，善恶必书，如明镜的照物，妍媸必露，若虚空的传响，清浊必闻。于是“实录”一词，在中国极为流行。“其文直，其事核，不虚美，不隐恶”，谓之“实录”⑰。南朝以后，修实录变成了一种史学制度，而“纂修实录之法，惟在据事直书”⑱。不徒徇其名而务其实，中国史学中的记实，自此可以想见了。

记实不可缺少的一个条件是阙疑。西方的古代，史学中未曾出现阙疑。史学家写史，大用修辞学的方法，于虚空中想象，自然谈不到所谓阙疑了。中国则自上古时代起，史学的阙疑即出现。孔子写《春秋》，能阙所疑。顾炎武于《日知录》卷四《王入于王城不书》条云：“襄王之复，左氏书夏四月丁巳，王入于王城，而经不书。其文则史也，史之所无，夫子不得而益也。”同卷《所见异辞》条云：“孔子生于昭、定、哀之世，文、宣、成、襄则所闻也，隐、桓、庄、闵、僖则所传闻也。国史所载，策书之文，或有不备，孔子得据其所见以补之。至于所闻，则远矣；所传闻，则又远矣。虽得之于闻，必将参互以求其信。信则书之，疑则阙之，此其所以为异辞也。”信则书之，疑则阙之，为史学上的阙疑。孔子固屡言：

“多闻阙疑，慎言其余。”[19]“吾犹及史之阙文也”[20]。“君子于其所不知，盖阙如也”[21]。“夏礼吾能言之，杞不足征也。殷礼吾能言之，宋不足征也。文献不足故也。足则吾能征之矣”[22]。多闻阙疑，凡所不知，凡文献不足征者，则阙之，穿凿之习，附会之说，自然从此而廓清了。孔子的阙疑，盖有所沿袭。孔子以后，战国时代，学术界弥漫阙疑的理论。“疑事毋质”[23]；“君子疑则不言”[24]；“知之曰知之，不知曰不知，内不自以诬，外不自以欺”[25]；驯致而“不知而不疑”[26]的理论出现了，“计人之所知，不若其所不知”[27]的真知灼见出现了。“井蛙不可以语于海者，拘于虚也。夏虫不可以语于冰者，笃于时也。曲士不可以语于道者，束于教也。今尔出于崖涘，观于大海，乃知尔丑，尔将可与语大理矣。天下之水，莫大于海，万川归之，不知何时止，而不盈，尾闾泄之，不知何时已，而不虚，春秋不变，水旱不知，此其过江河之流，不可为量数，而吾未尝以此自多者，自以比形于天地，而受气于阴阳，吾在天地之间，犹小石小木之在大山也。方存乎见少，又奚以自多，计四海之在天地间也，不似礨空之在大泽乎？计中国之在海内，不似稊米之在大仓乎？号物之数谓之万，人处一焉，人卒九州，谷食之所生，舟车之所通，人处一焉，此其比万物也，不似豪末之在于马体乎？”[28]这真是一番阙疑的宇宙论了。战国以后，中国的学术界，大致恪守孔子阙疑之教不渝。“信古而阙疑”[29]，“凡无从考证者，辄以不知置之，宁缺所疑，不敢妄言以惑世”[30]。必如是，历史上的真，才隐约出现。

中国史学家能阙疑，故凡所撰述，皆有根据。《左传》根据百国宝书，《史记》根据《尚书》、《国语》、《左传》、《世本》、《战国策》、《秦纪》、《楚汉春秋》诸记载[31]，自己所撰写者不过十之一，删述所存者十之九；早于《左传》、《史记》的百国宝书以及《尚书》、《国语》诸记载，又各有其根据，而史官记录，为根据的大原。史官记录，史学家撰述，不外记言与记事，“古人记言与记事之文，莫不有本。本于口耳之授受者，笔主于创，创则期于适加其事与言而已；本于竹帛之成文者，笔主于因，因则期于适如其文之旨”[32]。而“记事之法，有损无增，一字之增，是造伪也。往往有极意敷张，其意弗显，刊落浓辞，征文旁缀，而情状跃然，是贵得其意也。记言之法，增损无常，惟作者之所欲，然必推言者当曰意中之所有，虽增千百言不为多。苟言虽成文，而推言者当日意中所本无，虽一字之增，亦造伪也”[33]。中国史官与史学家秉笔之际，其态度的慎重，可以想象。所以撰述时向壁虚造，在中国是极为不道德的一件事。于是因袭成文，变成了“史家运用之功”[34]。如《汉书·武帝纪》前，纪传多用《史记》文，而即以为己作。在文学上，这是钞窃；在史学上，这是由阙疑而引起的慎重，虽有弊端，却非过错。西方史学家非常惊讶中国史学家的“不断地袭用旧史原文”，无止境“重复既已确定叙述”，如果他们知道中国史学上的阙疑理论弥漫，就应当释然了。

（二）求真

西方史学家认为中国史学的发展，永远没有突破通往真历史的最后障碍——希望窥探往事的真相。这是论定中国史学中未出现求真，以致真历史不见。厚诬中国史学之论，莫过于此。

求真的原理，在中国出现极早。《尚书·尧典》篇开端的“曰若稽古”四字，是稽考故实之意[35]。孔子为求真，极力反对“道听而涂说”[36]，并论使臣的传言曰：“传两喜两怒之言，天下之难者也。夫两喜必多溢美之言，两怒必多溢恶之言。凡溢之类妄，妄则其信之也莫，莫则传言者殃。故《法言》曰，传其常情，无传其溢言，则几乎全。”[37]使臣传言，传其常情，不传其溢美溢恶之言，以免流于虚妄，是为求真，亦期于免祸。荀子对于“无稽之言，不见之行，不闻之谋”[38]，极为戒慎，认为“不闻不若闻之，闻之不若见之，见之不若知之，知之不若行之”[39]。同时主张“凡论者贵其有辨合，有符验”[40]。“以人度人，以情度情，以类度类，以说度功，以道观尽。”[41]荀子为求真，已悟出一套求真的方法论。其后《中庸》上所谓“博学之，审问之，慎思之，明辨之，笃行之。有弗学，学之，弗能弗措也；有弗问，问之，弗知弗措也；有弗思，思之，弗得弗措也；有弗辨，辨之，弗明弗措也；有弗行，行之，弗笃弗措也”[42]，是更高明的求真方法论。《韩非子·显学》篇论古代史事的一段话，更为精辟：“孔子、墨子俱道尧舜，而取舍不同，皆自谓真尧舜，尧舜不复生，将谁使定儒墨之诚乎？殷周七百余岁，虞夏二千余岁，而不能定儒墨之真，今乃欲审尧舜之道于三千岁之前，意者其不可必乎？无参验而必之者，愚也；弗能必而据之者，诬也。故明据先王，必定尧舜者，非愚则诬也。愚诬之学，杂反之行，明主弗受也。”不相信儒墨的真尧舜，而力主参验，认为无参验而确定之是愚，不能确定而引以为据是诬，愚诬之学，明主弗受。论古主参验，其求真的态度，千载下犹令人敬佩。所以在中国的古代，凡事求真，为一普遍现象。又遇到怀疑理性主义（sceptical rationalism）[43]出现，于是史学上求真的考据学诞生了，这真出西方史学家的想像以外了。

中国有一怀疑理性主义的悠久传统，考据学的出现，它是最重要的一个条件。支配中国学术思想界达两千余年之久的儒家，始终是反对怪力乱神，而具有怀疑理性的。先秦儒家不必论，汉以后较醇的儒家，皆理智清明，力反迷信。范缜的《神灭论》，石介的

《石徂徕集》，谢应芳的《辩惑编》，皆是怀疑理性主义方面的大作品。以谢应芳的《辩惑编》而言，系反迷信资料的汇编，其中有征引儒家学者攻击求长生者，攻击为死者烧纸钱者，攻击释家不朽与地狱观念者，攻击轮回或转生者，攻击《易经》之占卜者，攻击星命学者，攻击吉凶日者，攻击风水学者，攻击相术者。从此已可见儒家反迷信的积极以及怀疑理性主义在中国流行的程度了。

怀疑理性主义及于史学，为促使史学家不轻信既有的文字记载，这是史学上极重要的怀疑精神，订讹正谬的考据学，自此萌芽。春秋时代，孔子作《春秋》，能阙所疑。至战国时代，一生以继孔子之业为矢志的孟子，则倡言“尽信书则不如无书，吾于《武成》，取二三策而已矣。仁人无敌于天下，以至仁伐至不仁，而何其血之流杵也?”[44]这是史学上的怀疑精神。自此中国史学家，能阙疑复能怀疑。司马迁网罗天下遗文古事，著《史记》，于洪荒难稽之史，时时致其怀疑。观其于《五帝本纪》赞云：“学者多称五帝，尚矣。然《尚书》独载尧舜以来，而百家言黄帝，其文不雅驯，荐绅先生难言之。孔子所传《宰予问》、《五帝德》及《帝系姓》，儒者或不传。余尝西至空桐，北至涿鹿，东渐于海，南浮江淮矣。至长老皆各往往称黄帝尧舜之处，风教固殊焉。总之不离古文者近是。予观《春秋》、《国语》，其发明《五帝德》、《帝系姓》章矣，顾弟弗深考，其所表见皆不虚。书缺有间矣，其轶乃时时见于他说。非好学深思，心知其意，固难为浅见寡闻道也。余并论次，择其言尤雅者，故著为本纪书首。”[45]不轻信百家不雅驯之言，而必以亲所访问及孔子所传《五帝德》、《帝系姓》两篇有关黄帝尧舜的正式记录作依据，旁及《春秋》、《国语》所载，司马迁已由怀疑而创出他的一套考据学了。而且他已建立了考据的标准，“载籍极博，犹考信于六艺”[46]，在浩如烟海的资料中，以言雅而较为原始的六艺，作为考信的标准，这已是一种极为进步的考据学了。所以说《史记》“大部分为编纂，司马迁自其所能发现之古典资料中，逐一钞录，略作文字上的润色，大部分则无条件接受，传奇与真理混而为一”，殊失事实的真相。

降至魏晋南北朝，盛行谈辩。治经者重辩，其重辩在于辩名理以求其义；治史者亦重辩，其重辩在于辩事实以求真。谈辩影响及于史学者为考据，这是史学上的考据。如蜀人谯周，陈寿之师，著《古史考》，辩《史记》与群籍的相异，这是以考据治史第一部书见于著录者。晋司马彪继之，据新出的史料《竹书纪年》（《汲冢纪年》），补考谯周之所未及，条《古史考》中凡一百二十二条事为不当[47]。二书虽皆已佚，其方法显为聚群籍而互作比较，与司马迁的“载籍极博，犹考信于六艺”的方法大异。司马彪以后，以类似方法考史者，有孙盛，著《魏氏春秋》，别著《魏氏春秋异同评》，盖以考史料的异同。《隋书·经籍志》不著录其书，裴松之注《三国志》引之。如《魏书·袁绍传》云：“简精卒十万，骑万匹，将攻许。”《世语》云：“绍步卒五万，骑八千。”孙盛评曰：“案魏武谓崔琰曰：‘昨案贵州户籍，可得三十万众。’由此推之，但冀州胜兵已如此，况兼幽并及青州乎？绍之大举，必悉师而起，十万近之矣”[48]。像这样的考据，岂非相当精当？惜其书已佚，仅存裴注所引十条。孙盛以后，裴松之鸠集群书，补《三国志》的阙漏，引书至二百种之多，其中发明史法，考据史事者殊多。其考据史事者，如《魏书·武帝纪》载操与袁绍相拒于官渡云：“时公兵不满万，伤者十二三。”裴注云：“魏武初起兵已有众五千，自后百战百胜，败者十二三而已矣。但一破黄巾，受降卒三十余万众，所吞并不可悉记，虽征战损伤，未应如此之少也。夫结营相守，异于摧锋决战。本纪云，绍众十余万，屯营东西数十里。魏太祖虽机变无方，略不世出，安有以数千之兵，而得逾时相抗者哉？以理而言，窃谓不然。绍能屯营数十里，公能分营与相当，此兵不得甚少，一也。绍若有十倍之众，理应悉力围守，使出入断绝，而公使徐晃等击其运车，公又自出击淳于琼等，扬旌往还，曾无抵阂，明绍力不能制，是不得甚少，二也。诸书皆云公坑绍众八万，或云七万。夫八万人奔散，非八千人所能缚，而绍之大众皆拱手就戮，何缘力能制之？是不得甚少，三也。将欲记述者欲以少见奇，非其实录也。按《钟繇传》云：'公与绍相持，繇为司隶，送马二千余匹以给军。'本纪与《世语》并云公时有骑六百余匹，繇马为安在哉？"[49]综合记载，而穷诸异同事理，非徒斤斤求之于记载的异同，这应是极为高明的考据学了[50]。

刘知几生值魏晋南北朝之后，直接受魏晋南北朝考据史学的影响，他在《史通》中，极注重史料的考据，认为史学家不单靠搜集史料而已，史料贵在靠得住，所以主张精密的考据史料，前人所不敢怀疑的他敢怀疑，从《论语》、《春秋》、《孟子》以至诸子，都举出不可信的证据出来。其《惑经》一篇，说《春秋》有五虚美十二未喻。自此史学家更清楚史事不可轻信，史料不可轻用。唐代的考据学，于是也现出了曙光。

宋代的考据学，已极精密。专门考据史事异同的书，有吴缜的《新唐书纠谬》、《五代史纂误》，以比较方法，证明《新唐书》、《新五代史》本身的矛盾与错误。自著一书，而附以考据，以说明史料去取的原因，则有司马光的《资治通鉴考异》。自著书而自考据，中外史学家之所难。司马光则以一身而兼具了二者之长。

司马光有一套极客观的处理史料、考据史料的方法，他不是随得史料随写《通鉴》的，而是有他由搜集史料到处理史料的程序；他也不是"任凭私意的选用文献而即目之为可信"的，而是有他去取的客观标准。

由丛目而长编，由长编而《通鉴》，是司马光处理史料的程序。

观其《与范内翰论修书帖》云：

> “梦得今来所作丛目，方是将实录事目标出，其实中事应移在前后者，必已注于逐事下讫。自《旧唐书》以下，俱未曾附注，如何遽可作长编也。请且将新旧《唐书》纪志传及统纪补录并诸家传记小说以至诸人文集稍干时事者，皆须依年月日添附。无日者，附于其月之下，称是月；无月者，附于其年之下，称是岁；无年者，附于其事之首尾；有无事可附者，则约其时之早晚，附于一年之下。但稍与其事相涉者，即注之过多不害。尝见道原云，只此已是千余卷书，日看一两卷，亦须二三年工夫也。俟如此附注既毕，然后请从高祖初起兵修长编，至哀帝禅位而止。……其修长编时，请据事目下所记新旧纪志传及杂史小说文集，书检出一阅，其中事同文异者，则请择一明白详备者录之；彼此互有详略，则请左右采获，错综铨次，自用文辞修正之，一如《左传》叙事之体也。此并作大字写。若彼此年月事迹，有相违戾不同者，则请选一证据分明情理近于得实者，修入正文，余者注于其下，仍为叙述所以取此舍彼之意。（先注所舍者，云某书云云，今按某书证验云云，或无证验，则以事理推之云云，今从某书为定。若无以考其虚实是非者，则云今两存之。其实录、正史未必皆可据，杂史、小说未必皆无凭，在高鉴择之。）”51

其丛目颇类似近代的资料目录，长编则是经过选择而极为丰富的资料汇编，所谓宁失于繁无失于略，是当时修长编的原则。无疑问的如此搜集史料，是极科学的方法。所以自战国以至五代所能搜集的史料，皆汇于一编，而无遗漏之患。一旦由繁富的长编，再撷精取华，自易写成体大思精的《通鉴》。此与漫无计划，随得史料随动笔写，不能窥其全而见其大，相去实不可以道里计。举目世界，能遵守如此程序以搜集史料处理史料者，盖不可多观。

司马光由繁富的长编，写成体大思精的《通鉴》，更有其去取史料的客观标准。修长编之初，已将史料经过一番选择，所谓事同文异者，择明白详备者录之，彼此年月事迹有相违戾不同者，选证据分明情理近于得实者用之，是极客观的选择。取此舍彼的原因，亦一一加以叙述，由其叙述，知其普遍地应用了比较研究法，以两种或两种以上的书互相比较，得到证验，便取此舍彼。如无证验，则以事理推之。所谓“实录、正史未必皆可据，杂史、小说未必皆无凭，在高鉴择之”，是司马光用史料，胸中无成见，而着重于自己的鉴择。明白详备证据分明而又近于情理，是其鉴择的标准。至于他《与范内翰论修书帖》所云：“诗赋等若止为文章，诏诰等若止为除官，及妖异止于怪诞，诙谐止于取笑之类，便请直删不妨。若诗赋有所讥讽，诏诰有所戒谕，妖异有所儆戒，诙谐有所补益，并告存之。”不但充分表现出他以史资治的标准，也足以说明其采用史料的广度。

修长编时，去取史料的标准如此，由长编写成《通鉴》，其慎于去取，可推想而知。三十卷的《通鉴考异》，是司马光写《通鉴》时去取史料的说明。里面不但反映出他用比较研究法，将各种不同的史料放在一起比较，同时反映出他有时以当时的情理作为论断的标准，在遇到迹近荒诞的史实而又无确切的证据以证其非实时，这是极上乘的考据方法。如后人引为美谈的汉初四皓故事，他则非之：

“按：高祖刚猛伉厉，非畏搢绅讥议者也，但以大臣皆不肯从，恐身后赵王不能独立，故不为耳。若决意欲废太子，立如意，不顾义理，以留侯之久故亲信，犹云非口舌所能争，岂山林四叟片言遽能柅其事哉？借使四叟实能柅其事，不过污高祖数寸之刃耳！何至悲歌云，羽翮已成，矰缴安施乎？若四叟实能制高祖，使不敢废太子，是留侯为子立党以制其父也，留侯岂为此哉？此特辩士欲夸大四叟之事故云然；亦犹苏秦约六国从，秦兵不敢阙函谷关十五年，鲁仲连折新垣衍，秦将闻之，却军五十里耳。凡此之类，皆非事实。司马迁好奇，多爱而采之，今皆不取。”[52]

又如晋庄宗三矢事，《新五代史》极称之，他亦不以为然：

“《五代史》阙文：‘世传武皇临薨，以三矢付庄宗曰：一矢讨刘仁恭，汝不先下幽州，河南未可图也。一矢击契丹，且曰，阿保机与吾把臂而盟，结为兄弟，誓复唐家社稷，今背约附梁，汝必伐之。一矢灭朱温，汝能成吾志，死无憾矣。庄宗藏三矢于武皇庙庭。及讨刘仁恭，命幕吏以少牢告庙，请一矢，盛以锦囊，使亲将负之，以为前驱。凯旋之日，随俘馘纳矢于太庙。伐契丹，灭朱氏，亦如之。’按薛史《契丹传》，庄宗初嗣位，亦遣使告哀，赂以金缯，求骑军以救潞州，契丹答其使曰：我与先王为兄弟，儿即吾儿也，宁有父不助子邪？许出师，会潞平而止。广本〔按广本刘恕所编，《考异》中亦时称刘恕广本，或即五代长编之别称〕，刘守光为守文所攻，屡求救于晋，晋王遣部兵五千救之，然则于时庄宗未与契丹及守光为仇也。此盖后人因庄宗成功，撰此事以夸其英武耳。”[53]

由上可知，司马光不但是一位第一流的历史创作家，同时也是一位第一流的历史考据学家，他有一套极富科学精神的历史考据学，取材时有其标准，有其客观考据方法，不以史事的新奇可喜而予以轻信。巴特菲尔德说中国史学后面，有一假想，即凡属历史记载，皆完全客观；说中国史学家任凭私意地选用文献而即目之为可信，取此而舍彼的原因，不予以讨论；说中国的考据限于自我证明的工作上，而不科学地窥寻史学的真相与看看史料与实际发生的事实符合的程度；说中国的考据学未能对证据作科学的评价与分析，无较高境界的批评。我们只要举出司马光的历史考据学来，就可以知道巴氏的不了解中国史学了。

时至清代，中国的考据学，发展至最高峰。清代三百年学术，一言以蔽之，是考据学。其学倡自清初顾炎武，极盛于乾嘉时代，晚清学风转变，而考据学之统不绝。清代的考据学，自顾氏起，最重证据。顾氏写《日知录》，写《音学五书》，皆普遍归纳证据，反复批评证据，确切提出证据，审慎组合证据[54]。如于《音学五书·唐韵正》卷四“牙”字下，注云“古音吾”，共列举三十九条证据；“家”字下，注云“古音姑”，共列举六十二条证据；卷五“行”字下，注云“古音杭”，共列举三百七十六条证据。为证明文字的古音，无不遍搜证据。而且对证据的原始性，极为重视，不取“废铜”，而重“采山之铜”[55]；又能大致做到引原文，注出处；“每一事必详其始末，参其证佐，而后笔之于书”[56]；“有一疑义，反覆参考，必归于至当；有一独见，援古证今，必畅其说而后止”[57]。这是何等对证据作科学评价与分析的考据学！与顾氏同时的学者阎若璩，沉潜三十余年，写成《尚书古文疏证》一书，证明了千余年来中国举国上下视为神圣不可侵犯的《古文尚书》为伪书，更是专门的大考据学。阎氏尝谓读书不寻源头，虽得之殊可危。手一书，至检数十书相证，侍侧者头目皆眩，而精神涌溢，眼烂如电。一义未析，反覆穷思，饥不食，渴不饮，寒不衣，热不扇，必得其解而后止[58]。他写《尚书古文疏证》，就篇数的不合，篇名的不合，文字的不合，证明《古文尚书》之伪；以古论对证，以《孟子》对证，以《史记》对证，以《说文》对证，证明《古文尚书》之伪；复就书法的错误，史例的矛盾，证明《古文尚书》之伪。综观《疏证》全书，凡其所言，皆有证据，绝少凿空悬揣之辞，自此《古文尚书》之伪，遂成定谳。有人问阎氏的考据学方法要旨，他回答道：不越乎"以虚证实，以实证虚"而已。他举孔子适周之年作例，旧说孔子适周共有四种不同的说法，一为昭公七年（《水经注》），二为昭公二十年（《史记·孔子世家》），三为昭公二十四年（《史记索隐》），四为定公九年（《庄子》）。阎氏根据曾子问礼说，孔子从老聃助葬恰遇日食一条，用算法推得昭公二十四年夏五月乙未朔日食，故断定孔子适周在此年[59]。这是何等精密的科学考据方法！以此等考据方法，复殚毕生精力考据学术史上的一个问题，谁说"中国历史永远没有发展自我批评与发现的方法，无情的考验通则，有目的地搜求文献以证明假设"呢？

清初以文才史才名而非考据学家的戴名世，于一篇文章中，也谈到历史考据的方法："夫史之所借以作者有二，曰国史也，曰野史也。国史者，出于载笔之臣，或铺张之太过，或隐讳而不详，其于群臣之功罪贤否，始终本末，颇多有不尽，势不得不博征之于野史。而野史者，或多徇其好恶，逞其私见，即或其中无他，而往往有伤于辞之不达，听之不聪，传之不审，一事而纪载不同，一人而褒贬各别。呜呼！所见异辞，所闻异辞，吾将安所取正哉。书曰：'三人占，则从二人之言'。吾以为二人而正也，则吾从二人之言；二人而不正也，则吾仍从一人之言；即其人皆正也，而其言亦未可尽从，夫亦惟论其世而已矣。一事也，必有一事之终始；一人也，必有一人之本末。综其始终，核其本末，旁参互证，而固可以得其十八九矣。子曰：‘众好之，必察焉，众恶之，必察焉。’察之而可好，亦未必遂无可恶者，察之而有可恶，亦未必遂无可好者。众不可矫也，亦不可徇也。设其身以处其地，揣其情以度其变，此论世之说也。吾既论其人之世，又谙作野史者之世，彼其人何人乎？贤乎否乎？其论是乎非乎？其为局中者乎？其为局外者乎？其为得之亲见者乎？其为得之逖听者乎？其为有所为而为之者乎？其为无所为而为之者乎？观其所论列之意，察其所予夺之故，证之他书，参之国史，虚其心以求之，平其情而论之，而其中有可从有不可从，又已得其十八九矣。”[60]这实是极精湛的历史考据方法，而且大体上已到达西方18世纪末19世纪初史学运动（或史学革命）的境界。西方18世纪末19世纪初史学运动的代表人物为德国大史学家尼布尔（Barthold George Niebuhr）与兰克（Leopold von Ranke），他们开创了一种语言文字的批评方法，从语言文字方面着手，追寻史料形成的来源，批评史料可信的程度，这自然是极富科学精神的历史考据方法。以尼布尔而论，他对于史料，不但不杂有宗教、种族与文学的偏见，并且常持有寻源、怀疑与批评的态度。第一，要问史料的来源如何？即史料本身是不是原手的史料（是否原作者的亲笔著作）？第二，要问所用史料是否杂有后人的意见？曾否被人修改？第三，原手史料不存，方许用最早的副料（转手的史料），但副料不能代替原料。第四，原料与副料价值的判断，依时间、地域、亲见或传闻为主，不偏重文辞的是否优美与形式的是否完备。第五，要注意记载人记载事实的动机与态度。以此原则，尼布尔批评李维（Livy）的《罗马史》，具体地指出，哪些与实际情实不符合，哪些全部地抄袭他书，哪些局部地抄袭他书。于是学者对于李维的书信心动摇，从此研究罗马史的人，有兴趣从古文书、古遗物中寻求实证，因而有孟森

（Theodor von Mommsen）优美可信的罗马史。罗马史因尼布尔的方法论而重建了[61]。以兰克而论，1824 年他出版的名著《一四九四年至一五一四年罗马民族与日尔曼民族史》后面，附一长文，名为《近代历史作者评议》（Zur Kritik neuer Geschichreiber），在其中他将尼布尔的原则，进一步发挥。他认为最接近事件的目击者为最佳证据提供人；当事人的信件较编年家所录的逸闻为有价值；案牍、报告、古物与亲见亲闻的史料，要去搜罗；作者的个性，要去了解；作者从何处获得其见闻，要去探究。而且他最有名与最有影响力的格言"呈现往事的真相"，也在此名著的序言中出现[62]。自此西方史学进入一新世纪。以尼布尔、兰克二人所开创的新史学亦即所开创的新历史考据方法，与 17 世纪末 18 世纪初中国的戴名世（1653－1713）随意在一篇文章里所谈者相比较，其间相去并不甚远。戴氏在追问史料的来源方面，在判断史料的价值方面，在注意记载人记载事实的动机与态度方面，在了解记载人的个性，探究记载人从何处获得其见闻方面，皆与尼、兰二氏所谈，若合符节。只是戴氏未能将其形成一股潮流罢了。至于从语言文字方面，追寻史料形成的来源，批评史料可信的程度，以及从古文书、古遗物中寻求实证，清初顾、阎等考据学家，皆优为之[63]。所以 18 世纪末 19 世纪初西方史学运动所到达的境界，中国在 17 世纪末 18 世纪初已悠然地到达了。

清代的考据学，发展到乾嘉时代，形成两大潮流，一为经学上的考据学，一为史学上的考据学，两者皆成就卓越。经学上的考据学，以戴震所领导的皖派，最为出色。皖派治学，不主一家，惟求其是，最富求真精神。戴氏曾云：

> "凡仆所以寻求于遗经……寻求而获，有十分之见，有未至十分之见。所谓十分之见，必征之古而靡不条贯，合诸道而不

留余议，巨细必究，本末兼察。若夫依于传闻以拟其是，择于众说以裁其优，出于空言以立其论，据于孤证以信其通，虽溯流可以知源，不目睹渊泉所导，循根可以达杪，不手披枝肄所歧，皆未至十分之见也。”[64]

此最足代表皖派治学的精神与方法，凡所研究经学上的问题，必追根寻源，以明其真相，广征博据，以断其是非，以至于十分之见（依于传闻，择于众说，出于空言，据于孤证，皆不能达于十分之见）。戴氏弟子段玉裁著《说文解字注》，先就《说文》融会贯通，以求其义例（类似归纳），然后以义例律之本书（类似演绎），致创见叠出，被推为“千七百年来无此作”[65]。高邮王氏父子王念孙、王引之的治学，凡立一说，必广求参验，引申触类，务求其安。故其著书，极为审慎，积父子两代心血凝成的《经义述闻》一书，系穷年累月，慎思博证的成果。每一说出，皆令人涣然冰释。所谓“实足令郑、朱俛首，汉唐以来，未有其比”[66]；所谓“凡古儒所误解者，无不旁征曲喻，而得其本义之所在，使古圣贤见之，必解颐曰：‘吾言固如是，数千年误解之，今得明矣’”[67]，为平情之论。如《经义述闻·孰为》条云：

“赵盾曰：‘天乎？天乎？予无罪，孰为盾而忍弑其君者乎？’范注曰：‘回己易他，谁作盾而当忍弑君者乎？’《释文》曰：‘孰为盾绝句。’家大人曰：‘范训为为作，谓谁作盾而当忍弑君，义甚迂曲。陆又读孰为盾绝句，皆非也。为犹谓也，言谁谓盾而忍弑其君也。’（礼器，谁谓由也而不知礼乎？《家语·公西赤问》篇作孰为。）《公羊传》曰：‘赵盾曰：“吾不弑君，谁谓吾弑君者乎？”’是其证矣。古书为字，或与谓同义。

《楚策》‘贲诸怀锥刃而天下为勇，西施衣褐而天下称美。’为勇，即谓勇也。《孟子·公孙丑》篇，‘管仲曾西之所不为也，而子为我愿之乎？’言子谓我愿之也。《告子》篇，‘为是其智弗若与？曰，非然也。’言谓是其智弗若也。为与谓同义，故二字可以互用。文王世子曰：‘父在斯为子，君在斯谓之臣。’《庄子·天地》篇曰：‘四海之内共利之之谓悦，共给之之为安。’《盗跖》篇曰：‘今谓臧聚曰，女行如桀纣，则有作色，有不服之心。今为宰相曰（《秦策》，秦令周取为楚王曰，《齐策》，淳于髡为齐王曰，《墨子·鲁问》篇，墨子为鲁阳君曰，《韩子·内储说》篇，嗣公为关吏曰，商臣为其傅潘崇曰。为字并与谓同义），子行如仲尼、墨翟，则变容易色，称不足。’《楚策》曰：‘今为马多力则有矣，若曰胜千钧则不然者，何也？夫千钧非马之任也。今谓楚强大则有矣，若越赵魏而斗兵于燕，则岂楚之任也？’为亦谓也。故《大戴礼·文王官人》篇，‘此之为考志也。’《逸周书·官人》篇，为作谓。庄二十二年《左传》，‘是谓观国之光’。《史记·陈杞世家》，谓作为。《墨子·公输》篇，‘宋所为无雉兔鲋鱼者也。’《宋策》，为作谓。《庄子·让王》篇，‘今某抱仁义之道，以遭乱世之患，其何穷之为？’《吕氏春秋·慎人》篇，为作谓。”

为证明“孰为”作“孰谓”解，可谓极尽广求参验，引申触类的能事了。《经义述闻》上的各条，皆类此。如此而言，又如何能说中国学者不能“无情的考验通则，有目的地搜求文献以证明假设”呢？

乾嘉时代史学上的考据学，以钱大昕、王鸣盛、崔述等为代表人物。他们治史，最能求真，实事求是，不涉虚诞，反对驰骋议论？

反对书法褒贬。如崔述在《考信录》一书中云：

> “今《考信录》中，凡其说出于战国以后者，必详为之考其所本，而不敢以见于汉人之书者，遂真以为三代之事。”[68]“余为《考信录》，于汉晋诸儒之说，必为考其原本，辨其是非，非敢诋諆先儒，正欲平心以求其一是。”[69]
>
> “今为《考信录》，不敢以载于战国秦汉之书者，悉信以为实事；不敢以东汉魏晋诸儒之所注释者，悉信以为实言。务皆究其本末，辨其同异，分别其事之虚实而去取之。虽不为古人之书讳其误，亦不至为古人之书增其误也。”[70]“今为《考信录》，悉本经文以证其失，并为抉其误之所由，庶学者可以考而知之，而经传之文，不至于终晦也。”[71]“今为《考信录》，专以辨其虚实为先务，凡无从考证者，辄以不知置之。宁缺所疑，不敢妄言以惑世。”[72]
>
> “大抵文人学士多好议论古人得失，而不考其事之虚实。余独谓虚实明而后得失或可不爽。故今为《考信录》，专以辨其虚实为先务，而论得失者次之，亦正本清源之意也。”[73]

崔氏治史，求真如此。其求真的方法为穷源，他引用谚语“打破沙锅纹到底”，即可表明其穷源的精神。“沙锅体脆，敲破之，则其裂纹直达于底；‘纹’与‘问’同音，故假借以讥人之过细而问多”[74]。治史而穷源到底，若沙锅之纹然，则真相可见。崔氏之源在六经，凡所讨论，取信于经，而认为“大抵战国秦汉之书皆难征信，而其所记上古之事尤多荒谬”[75]。战国秦汉之书是否皆如此可疑，六经是否完全可靠，是有待商榷的问题。但是尽量追求历史最后的来源，是治史最重要的原则，也是历史考据学的极高境界。18 世纪中国的史学家崔述知穷源，而又奉之为圭臬，凡说必为“考其原本”，“辨其虚实”，这足可证明18世纪中国的历史考据学所达到的境界了。

钱大昕、王鸣盛的历史考据学，尤代表乾嘉时代历史考据学的潮流，王鸣盛在《十七史商榷序》中云：

“大抵史家所记，典制有得有失，读史者不必横生意见，驰骋议论，以明法戒也，但当考其典制之实，俾数千百年建置沿革，了如指掌，而或宜法，或宜戒，待人之自择焉可矣。其事迹则有美有恶，读史者亦不必强立文法，擅加与夺，以为褒贬也，但当考其事迹之实，俾年经事纬，部居州次，记载之异同，见闻之离合，一一条析无疑，而若者可褒，若者可贬，听之天下之公论焉可矣。书生匈臆，每患迂愚，即使考之已详，而议论褒贬，犹恐未当，况其考之未确者哉？盖学问之道，求于虚不如求于实。议论褒贬，皆虚文耳。作史者之所记录，读史者之所考核，总期于能得其实焉而已矣，外此又何多求耶？”

钱大昕在《十驾斋养新录》中云：

“史家纪事，唯在不虚美，不隐恶，据事直书，是非自见。若各出新意，掉弄一两字，以为褒贬，是治丝而棼之也。”[76]

以议论褒贬为虚文，力主“据事直书”，倡言“作史者之所记录，读史者之所考核，总期于能得其实”，与百年后西方史学家所宣言的“呈现往事的真相”、“窥探往事的真相”，所见若合符节。以致钱、王等乾嘉时代的历史考据学家，治史皆充分利用归纳方法，读史先作劄记，心有所得，则条记于纸，每每积至数千百条，由此储蓄的大量资料，再归纳而得其史学上的新说。像钱大昕的《十驾斋养新录》，卢文弨的《钟山札记》、《龙城札记》，都是应用此法的结晶。凡立一说，必凭证据，由证据而产生其说，非由其说而找寻证据；证据的选择，以最原始为尚，如《汉书》与《史记》抵牾，则宁信《史记》而不相《汉书》；孤证不定其说，其无反证者姑存之，得有续证则渐信之，遇有力之反证则弃之；隐匿证据或曲解证据，则认为大不德[77]。于是形成一种为学问而学问的学术研究风气，治史不先有任何观点，不渗有其他因素，由史而治史，由屡次发生的史迹，以说明历史的现象，故往往能订古人之伪，发千载之覆。

钱、王等历史考据学家，治史亦广泛应用历史辅助科学，以作史实考据的工具，如经学、小学、舆地、金石、板本、音韵、天算诸专门学问，都用之以助考史，史学家亦往往兼为经学家、小学家、舆地学家、金石学家、版本学家、音韵学家、天算学家。此与19世纪以后西方史学家利用语言学、文字学、古文书学、印章学、泉币学、族谱学、年代学、地理学以及政治学、社会学、经济学社会科学以治史，科目虽不尽相同，而其欲以辅助科学，使历史研究几于客观的研究者则一。这是中西史学不谋而合的发展。中国且早发展百年。比较中西史学，自此可见其大端。

从以上可知清乾嘉时代经学上的考据学与史学上的考据学，皆已发展到极高的境界，皆已形成极科学的考据方法，我们岂能说中国的考据学限于自我证明的工作上，而不科学的窥寻史料与实际发生的事实符合的程度？我们岂能说中国永远没有发展自我批评与发现的方法，无情的考验通则，有目的地搜求文献以证明假设？我们又岂能说中国史学的发展，永远没有突破通往真历史的最后障碍——希望窥探往事的真相，永远没有发展批判史学，中国人永远没有意识视历史为客观的了解?

两千余年中，中国史学家记实于历史事实发生之初，同时求真于历史事实既已确定之后，记实继之以求真，史学能事，尽在于此矣。

---

① Preface: *Histories of the Latin and Germanic Nations from* 1494 – 1514, in Fritz Stern's The Varieties of History, 1956, p. 57.

② Beryl Smalley, *Historians in the Middle Ages*, 1974, p. 19.

③ Arnaldo Momigliano, History and Biography, in Moses Finley, ed., *The Legacy of Greece: A New Appraisal*, pp. 161 – 162.

④ Michael Grant, *The Ancient Historians*, 1970, p. 258.

⑤ Cicero 曾言 "Historiography was a branch of rhetoric." 转见 Stephen Usetr, *The Historians of Greece and Rome*, 1969, p. ix。

⑥ G. P. Gooch, *History and Historians in the Nineteenth Century*, 1913, p. 277.

⑦ Ibid., p. 75.

⑧ 《左传》昭公二十年。

⑨ 《左传》襄公二十七年。

⑩ 《左传》桓公六年。

⑪ 《左传》昭公二十年。

⑫ 《史通·惑经》篇。

⑬ 《史通·鉴识》篇。

⑭ 《史通·惑经》篇。

⑮ 钱大昕:《潜研堂文集·春秋论二》。

⑯ 钱大昕:《十驾斋养新录》卷一三《唐书直笔新例》条。

⑰ 《汉书·司马迁传》赞云："自刘向、扬雄博极群书，皆称迁有良史之材，服其善序事理，辨而不华，质而不俚，其文直，其事核，不虚美，不隐恶，故谓之实录。"

⑱ 顾炎武《日知录》卷十八《三朝会典》条云："崇祯帝批讲官李明睿之疏

曰：‘纂修实录之法，惟在据事直书，则是非互见。’大哉王言，其万世作史之准绳乎！”

⑲ 《论语·为政》篇。

⑳ 《论语·卫灵公》篇。

㉑ 《论语·子路》篇。

㉒ 《论语·八佾》篇。

㉓ 《礼记》卷一《曲礼上》，胡邦衡注曰：“质，正也。事有可疑，勿以臆决正之，所谓阙疑。”按《礼记》一书，据近人考证，大致是战国或汉初的作品。

㉔ 《荀子·大略》篇。

㉕ 《荀子·儒效》篇。《荀子·法行》篇亦云：“君子知之曰知之，不知曰不知，言之要也。”

㉖ 《战国策》卷十九《武灵王平昼间居》。

㉗ 《庄子·秋水》篇。

㉘ 同上。

㉙ 顾炎武《日知录》卷二《丰熙伪尚书》。

㉚ 崔述《考信录提要》卷上。

㉛ 司马迁写《史记》时，天下遗文古事，靡不毕集于前，其所根据的资料，因不仅上述数种，近人已作了不少这方面的详细研究。

㉜ 章学诚：《文史通义·答·邵二云书》。

㉝ 章学诚：《章氏遗书》卷十四《与陈观民工部论史学》。

㉞ 同上。

㉟ 马其昶注曰：“史臣述事以曰若稽古发端，古犹故也，谓稽考故实。”

㊱ 《论语·阳货》篇：子曰：“道听而途说，德之弃也。”

㊲ 孔子之言，载于《庄子·人间世》篇。

㊳ 《荀子·正名》篇：“无稽之言，不见之行，不闻之谋，君子慎之。”

㊴ 《荀子·儒效》篇。

㊵ 《荀子·性恶》篇。

㊶ 《荀子·非相》篇。

㊷《中庸》写成的时代，可能在战国时期或汉初，参见张心澂：《伪书通考》经部，第327－341页及屈万里：《先秦文史资料考辨》下编第二章，第346－352页。

㊸语出加拿大汉学家E. G. Pulleyblank，见*The Listener*，28 Sept.，1961。

㊹《孟子·尽心》篇。

㊺《史记·五帝本纪》。

㊻《史记·伯夷列传》。

㊼《晋书·司马彪传》。

㊽见《三国志·魏志·袁绍传》注引。

㊾见《三国志·魏武帝纪》建安五年。

㊿参见牟润孙师就职香港中文大学讲座教授演讲《魏晋以来之崇尚谈辩及其影响》，该讲词于1966年由香港中文大学印出。后收入牟著《注史斋丛稿》中。

51 司马光：《与范内翰论修书帖》，附见于明万历刊本《通鉴》。

52 见《资治通鉴考异》太子客使吕释之夜见吕后条。

53《资治通鉴考异》晋王命克宁等立存勖条。

54 参见拙文：《顾炎武与清代历史考据学派之形成》，《故宫文献》第三卷第四期及第四卷第一期，1972年9月、12月。

55《亭林文集》卷四《与人书十》。

56 见《四库全书·日知录提要》。

57 见潘耒：《日知录序》。

58 见阎咏：《先府君行述》。

59 参见《尚书古文疏证》卷八第一百二十条及胡适：《治学的方法与材料》一文（《胡适文存》第三集）。

60《戴名世集》卷十四《史论》。

61 参见费特儿（Ed. Fueter）所著《现代史学的历史》（*Geschichte der neven Historiographie*）及姚从吾师所写《近代欧洲历史方法论的起源》一文（载于中国历史学会所编《史学集刊》第二期，后收入《姚从吾先生全集》（一）《历史方法论》）。

⑥② G. P. Gooch, *History and Historians in the Nineteenth Century*, 1913, p. 75.

⑥③ 阎若璩撰:《尚书古文疏证》,已用了语言文字的知识(如上文所言及者),顾炎武在搜集与应用古文书、古遗物的方面,尤为积极,他常"怀毫舐墨,踯躅于山林猿鸟"之间,并用金石文字资料,与史书互相发明。详见拙文:《顾炎武与清代历史考据学派之形成》。

⑥④ 《戴震文集》卷九《与姚孝廉姬传书》。

⑥⑤ 王念孙:《说文解字注序》。

⑥⑥ 方东树:《汉学商兑》。

⑥⑦ 阮元:《序经义述闻》。

⑥⑧ 《考信录提要》卷上。

⑥⑨ 同上。

⑦⓪ 同上。

⑦① 同上。

⑦② 同上。

⑦③ 同上。

⑦④ 《考信录提要》卷下。

⑦⑤ 《考信录提要》卷上。

⑦⑥ 《十驾斋养新录》卷一三《唐书直笔新例》条。

⑦⑦ 参见梁启超:《清代学术概论》,第 101 - 102 页。

第七章　中国史学中的思想、理论与方法

史学的生命，寓于思想、理论与方法之中。没有史学思想、史学理论与史学方法，所谓史学，将徒具躯壳，一丝生命不存。

中国史学中的思想、理论与方法如何？有待平情以论之。

（一）史学思想

认为中国史学只是一种编纂，而无思想可言，是近代中外史学界极为流行的一种论调①。具有开明思想的卡耳只认为中国拥有富史料性的历史（well-documented history）；也有西方史学家认为中国的《春秋》，属于公家日记一类，《尚书》像是奇幻的政府档案（fanciful archive of state papers），两者仅是真历史（true history）的资料②。让西方史学家承认中国有真历史，与西方一样，像是一种梦幻。“历史是偶发事件的混合，不可理解，或是壁纸型式（a wallpaper pattern），一再重复。”③中国的历史如此，其背后的史学，岂有思想可言？研究中国历史的西方汉学家也认为中国的历史“用剪刀与浆糊编纂而成，不怎么消化，几乎没有解释”④。贬抑中国历史为“剪贴历史”（scissors-and-paste history）⑤，其史学自是一种编纂，而丝毫

涉及不到思想了。

史学是思想下的产品，没有思想，没有史学。中国发展两千余年的史学，其呈现出的思想，清晰可见。任何一位出色的史学家，皆有其特殊的史学思想；时代趋势，学术潮流，所影响于史学思想者，难以缕数；跨越时代，形成巨流的史学思想，亦斑斑可考。今谨言其大者：

1. 经世思想

中国从春秋时代以后，两千余年，经世思想是史学的一贯思想。有“断烂朝报”之称而西方视之为“公家日记一类”的《春秋》，其思想为经世，借历史以正名分，寓褒贬，别善恶，使政治上轨道，社会有秩序，人类文明得一是非真伪善恶的标准而赖以持续。孟子曾云：

> “昔者禹抑洪水而天下平；周公兼夷狄，驱猛兽，而百姓宁；孔子成《春秋》，而乱臣贼子惧。”⑥
>
> “世衰道微，邪说暴行有作，臣弑其君者有之，子弑其父者有之。孔子惧，作《春秋》。《春秋》，天子之事也。是故孔子曰：‘知我者其惟《春秋》乎？罪我者其惟《春秋》乎？’”⑦

司马迁则云：

> “吴楚之君自称王，而《春秋》贬之曰子；践土之会，实召周天子，而《春秋》讳之曰‘天王狩于河阳’。推此类以绳当世贬损之义。后有王者，举而开之，《春秋》之义行，则天下乱臣贼子惧焉。”⑧

又转述董仲舒之言云：

> “夫《春秋》，上明三王之道，下辨人事之纪，别嫌疑，明是非，定犹豫，善善恶恶，贤贤贱不肖，存亡国，继绝世，补敝起废，王道之大者也。”⑨

《春秋》的经世，经孟子、司马迁、董仲舒的解释，昭昭然若揭。孔子以后，《春秋》书法盛行，褒贬史学于是成为中国史学的传统。借历史“纲纪天人，推明大道”⑩，以维持人类的文明，是中国史学家的一致思想。所以“史学所以经世，固非空言著述”⑪之论，一直到清代，史学家仍然如此坚持。清代主张征实的历史考据学家，表面上像是反对褒贬，实际上，他们所反对者，乃“各出新意，掉弄一两字，以为褒贬”⑫。“强立文法，擅加与夺，以为褒贬”⑬。此为反对以书法褒贬，而未尝反对褒贬善恶。“《春秋》书法，去圣久远，难以揣测，学者但当阙疑，不必强解，惟考其事实可耳。况乃欲拟其笔削，不已僭乎？究之是非千载炳著，原无须书生笔底予夺。若因弄笔，反令事实不明，岂不两失主？”⑭有鉴于此，故强调“凡所贵乎史者，但欲使善恶事迹，炳著于天下后世而已，他奚恤焉。”⑮“史家纪事，唯在不虚美，不隐恶，据事直书，是非自见。”⑯据事直书，使善恶是非事迹炳著于天下后世，史学家的经世思想，岂非淋漓呈现？

中国史学的经世思想，进一步为资治。中国史学家为历史下定义，立界说，往往以资治为第一义：“史者，所以明夫治天下之道也。”⑰“夫史者，所以纪政治典章因革损益之故，与夫事之成败得失，人之邪正，用以彰善瘅恶，而为法戒于万世。是故圣人之经纶天下，而不患其或敝者，惟有史以维之也。”[18]“所贵乎史者，述往以为来者师也。为史者记载徒繁，而经世之大略不著，后人欲得其得失之枢机以效法之，无繇也。则恶用史为？”[19]中国一脉相承的廿五史，凡有关资治的史实，无不备载。律历、礼乐、食货、天文、沟洫、刑法、地理、百官、舆服、选举、兵制、部族诸志，自然无一不与治道相关。即列传也是政治史实的渊薮。如《汉书·贾谊传》载其《治安策》，《贾山传》载其《至言》，《公孙弘传》载其《贤良策》，即其明证[20]。至于《通典》、《文献通考》一类的史籍，则与政书无异。如《通典》凡分八门，计食货、选举、职宫、礼、乐、兵刑、州郡、边防。杜佑于自序中云：“所纂《通典》，实采群言，征诸人事，将施有政。夫理道之先，在乎行教化，教化之本，在乎足衣食。《易》称聚人曰财，《洪范》八政，一曰食，二曰货。管子曰：仓廪实知礼节，衣食足知荣辱。夫子曰：既富而教。斯之谓矣。夫行教化在乎设职官，设职官在乎审官才，审官才在乎精选举，制礼以端其俗，立乐以和其心，此先哲王致治之大方也。故职官设然后兴礼乐焉，教化堕然后用刑罚焉，列州郡俾分领焉，置边防遏戎狄焉。”就作者诠释其编第之旨，可以清楚地看出这是一本经纶天下的政书。所以“历史是过去的政治，政治是现在的历史”[21]一类的论调，用在中国，比用在西方，应是尤为适合了。

2. 和平思想

以中国历史的发展，与西方历史的发展相比较，大致是一为静态，一为动态；一在风平浪静中悠游荡漾，一在惊涛骇浪中猛力冲激；西方历史上惯见剧烈的变动，大规模的残酷战争，中国历史上则大致一片祥和，在和平中进展，在和谐节奏中转移到新阶段[22]。此为中西历史发展的最大不同处。有人比中国历史像一首诗，西洋历史像一本剧[23]，甚是佳喻。诗代表中国文学的最美部分，西方则以作剧为文学家的圣境。即以人物而论，苏格拉底死于一杯毒药，耶稣死于十字架，孔子则梦奠于两楹之间，晨起扶杖逍遥，诗歌自輓。三位民族圣人的死去，其景象不同如此，正足反映历史精神的全部。

中西历史发展的不同如此，史学最是关键。

西方史学自希腊时代起，即缺乏和平思想。希腊的史学名著《历史》（*History of the Persian Wars*）、《伯罗奔尼撒战争史》（*History of the Peloponnesian War*）、《远征记》（*March into the Interior*），都是以战史为名。不以战史为名者，也多写战争。根据统计，希腊史学著述总量的五分之四，为描写战争[24]。战争在希腊人心目中，是一自然事实，像生与死一样，无法避免。希腊人兴趣在追寻战争的原因，于是战争就变为希腊史学的重心了[25]。希腊史学影响罗马史学[26]，罗马史学也离不开战争[27]。罗马史学家凯撒（Julius Caesar）的《高卢战记》（*Commentaries on the Gallic War*），萨拉斯特（Sallust）《朱古达战争》（*The Jugurthine War*）也皆以战史为名。于是讴歌战争，讴歌英雄，变成西方史学的传统。亚历山大、拿破仑都是史学家笔下的偶像人物。到普鲁士学派（The Prussian School）盛倡国家主义及民族优越论，遂引起两次全人类的最大悲剧，而世界生灵为之涂炭！西方史学缺乏和平思想如此，所以西方历史上便多事了。

反观中国史学，则另是一番景象。

中国史学，源于《春秋》。《春秋》富经世思想，同时具有大一统观念。《春秋》大一统之义，是和平思想的崇高境界。中华民族在一天然的地理环境中，数千年生活在一起，过一致的文化生活，是由于受史学中大一统观念的影响。中国史学家几无不尊奉大一统之义，秦汉以后的统一局面，赖以绝而复续者屡。战祸以之而减少，生灵借之以复苏。如春秋战国的形势不变，中国数千年的历史，岂不完全演另一欧洲列强纷争之局？中国的和平，由于中国的统一。中国的统一，由于中国史学中大一统之义的涵育。西方史学无此涵育，以致欧洲由统一而分裂，由分裂而战祸不已。

中国政治，常偏重于中央的凝合，而不重于四围的吞并，常偏于生民的康乐，而不重于国力的强大，已有的完整珍视之，希望中的获得禁抑之，对外则曰昭文德以来之，对内则曰息兵以仁政化之[28]，这是一种极伟大的和平思想。此种和平思想，受政治家的影响小，受史学家的影响大。中国史学家所讲的《春秋》大一统之义，更引申一层言之，是所谓修身齐家治国平天下的治平之学，史学家心目中的远景，为天下的治平，其选择史料，与此远景有关，其解释史料，亦与此远景有关。如秦始皇、汉武帝每被谴责，即以其穷兵黩武，敝中国以事四夷；汉文帝、汉景帝每蒙赞扬，则以其在政治上恭俭无为，与民休息；大将军中如卫青、霍去病，岂较纳尔逊（Nelson）、威灵敦（Wellington）为逊色？在中国史学家笔下，他们是黯淡无光多了。近代中国史学家每称颂秦始皇、汉武帝的丰功伟绩，那是由于受西方史学的影响。中国传统史学家，则丝毫不予以假借。如《汉书·武帝纪赞》云："汉承百王之弊，高祖拨乱反正，文景务在养民，至于稽古礼文之事，犹多阙焉。孝武初立，卓然罢黜百家，表章六经，遂畴咨海内，举其俊茂，与之立功，兴太学，修郊祀，改正朔，定历数，协音律，作诗乐，建封禅，礼百神，绍周后，号令文章，焕焉可述，后嗣得遵洪业，而有三代之风，如武帝之雄材大略，不改文景之恭俭，以济斯民，虽诗书所称，何有加焉。"是专赞武帝的文治，而武功则不置一词。而实际上武帝之雄材大略，正在武功，其所辟疆土，视高、惠、文、景时，几至一倍，且永为中国四至，千万年食其利。乃班固一概抹煞，并谓其不能法文景之恭俭，转似以开疆辟土为非计。盖其穷兵黩武，敝中国以事四夷，当时实为天下大害，故宣帝时议立庙乐，夏侯胜已有武帝多杀士卒，竭民财力，天下虚耗之语。至东汉之初，论者犹以为戒。班固基于治平的观点，所以作赞如此。其《西域传赞》，亦谓光武闭玉门关，谢外国朝贡，虽大禹之叙西戎，文帝之却走马，殆无以过。其持论犹是此意㉙。一直到清代，史学家仍然说："兵者，毒天下者也，圣王所不忍用也。自非鳞介爪牙，与我殊类，而干我藩垣，绝我人极，不容已于用也，则天下可以无兵。"㉚反对用兵，甚至于主张天下无兵，中国史学家的和平思想，岂西方讴歌战争的史学家所能比拟？

3. 会通思想

中国史学中的会通思想，自上古时代出现。司马迁"究天人之际，通古今之变"㉛，是史学的会通思想。宋元史学家郑樵、马端临则作了淋漓尽致的发挥。

郑樵在《通志总序》中开宗明义地说：

> "百川异趋，必会于海，然后九州无浸淫之患。万国殊途，必通于夏，然后八荒无壅滞之忧。会通之义大矣哉！自书契以来，立言者虽多，惟仲尼以天纵之圣，总诗书礼乐而会于一手，然后能同天下之文，贯二帝、三王而通为一家，然后能极天下之变，是以其道光明，百世之上，百世之下不能及。仲尼既没，百家诸子兴焉，各效《论语》，以空言著书，至于历代实迹，无所纪系。迨汉建元、元封之后，司马氏父子出焉。司马氏世司典籍，工于制作，故能上稽仲尼之意，会《诗》、《书》、《左传》、《国语》、《世本》、《战国策》、《楚汉春秋》之言，通黄帝、尧、舜至于秦汉之世，勒成一书，分为五体，本纪纪年，

世家传代，表以正历，书以类事，传以著人，使百代而下，史官不能易其法，学者不能舍其书，六经之后，惟有此作。”

“会通”一词，第一次在中国史上被提出来，其界定的意义，“会”是网罗天下所有的资料于一书，“通”是贯穿古今，极天下之变，而成一家之言。论史学思想的恢宏，“自书契以来”，未有其比。在此思想下，郑樵力主写通史，欲“取三千年来遗文故册，运以别识心裁”㉜，以成一家之言。所成《通志》一书，大致完成了他的志愿。

马端临撰《文献通考》，赢得“会通古今，该洽载籍，荟萃源流，综统同异”㉝的美誉。观其于自序中云：

“《诗》、《书》、《春秋》之后，惟太史公号称良史，作为纪、传、书、表，纪传以述理乱兴衰，八书以述典章经制，后之执笔操简牍者，卒不能易其体。然自班孟坚而后，断代为史，无会通因仍之道，读者病之。”㉞

其所谓“会通因仍之道”，系指理乱兴衰及典章经制两方面的会通，以致《通鉴》与《通典》两书，皆为他所盛称。“司马温公作《通鉴》，取千三百余年之事迹，十七史之纪述，萃为一书，然后学者开卷之余，古今咸在。”㉟“唐杜岐公始作《通典》，肇自上古，以至唐之天宝，凡历代因革之故，粲然可考”㊱。古今咸在，历代因革之故，粲然可考，会通之道，尽在于此。

马氏由会通思想，又引发出历史相因论：

“窃尝以为理乱兴衰，不相因者也。晋之得国异乎汉，隋之丧邦殊乎唐。代各有史，自足该一代之始终，无以参稽互察为也。典章经制，实相因者也。殷因夏，周因殷，继周者之损益，百世可知，圣人盖已预言之矣。爰自秦汉，以至唐宋，礼乐兵刑之制，赋敛选举之规，以至官名之更张，地理之沿革，虽其终不能以尽同，而其初亦不能以遽异。如汉之朝仪官制，本秦规也，唐之府卫租庸，本周制也，其变通弛张之故，非融会错综，原始要终而推寻之，固未易言也。其不相因者，犹有温公之成书，而其本相因者，顾无其书，独非后学之所宜究心者乎？”㊲

以理乱兴衰不相因，典章经制相因，是极大的创见，无异将整个历史的发展，作了最明晰的解释。历史发展，呈现出的理乱兴衰，代各有异，可以作鉴戒，而没有相因的必然关系，所以“晋之得国异乎汉，隋之丧邦殊乎唐”。典章经制的发展，则前后相关，后因于前，汉代的朝仪官制，本于秦规，唐代的府卫租庸，出于周制，“虽其终不能以尽同，而其初亦不能以遽异”。所以“融会错综，原始要终”，以推寻历代典章经制的相因关系，是马氏撰写《文献通考》的最大目的。于是一生精力，尽瘁于此书，而历史相因之论，就姗姗而出了。㊳

（二）史学理论

史学理论与史学思想有别。史学思想源于理想，史学理论出于实际。中外重要的史学理论，如历史直线发展论、历史退化论、历史进化论、历史循环论，是属于历史发展方面的理论；历史相对论、历史虚无论、历史唯心论、历史唯物论，是属于历史性质方面的理论；阙疑、怀疑、虚己、平情、纪实、求真、善善、恶恶，是属于考史写史方面的理论。各种各样的史学理论，皆须有其实际。缺乏实际，则将流于虚诞，而无价值可言。

以中国与西方相比较，西方惯见新奇惊人的史学理论，如历史进化论、历史相对论、历史虚无论，皆令人目眩神摇，而为中国之所无。中国所常见者，为考史写史方面的史学理论。“取之不尽，用之不竭”，如此形容，未为夸大。今谨言数项以见其梗概：

1. 疾虚妄

虚妄是史学的大忌。西方的神学，涉于虚妄。中国汉代流行的天人相应之说，灾异谶纬之学，也涉于虚妄。王充于《论衡》一书中云：

> “《诗》三百，一言以蔽之，曰：‘思无邪’。《论衡》篇以十数，亦一言也，曰：‘疾虚妄’。”㊴
>
> “是故《论衡》之造也，起众书并失实，虚妄之言胜真美也。故虚妄之语不黜，则华文不见息；华文放流，则实事不见用。故《论衡》者，所以铨轻重之言，立真伪之平；非苟调文饰辞，为奇伟之观也。其本皆起人间有非，故尽思极心，以讥世俗。世俗之性，好奇怪之说，说虚妄之文。何则？实事不能快意，而华语惊耳动心也。是故才能之士，好谈论者，增益实事，为美盛之语；用笔墨者，造生空文，为虚妄之传。听者以为真然，说而不舍；览者以为实事，传而不绝。不绝则文载竹帛之上；不舍则误入贤者之耳。至或南面称师，赋奸伪之说；典城佩紫，读虚妄之书。明辨然否，疾心伤之，安能不论？”㊵

“《论衡》就世俗之书，订其真伪，辨其实虚。……俗传蔽惑，伪书放流。……俗传既过，俗书又伪；若夫……淮南书言共工与颛顼争为天子，不胜，怒而触不周之山，使天柱折，地维绝。尧时十日并出，尧上射九日。鲁阳战而日暮，援戈麾日，日为却还。世间书传，多若等类，浮妄虚伪，没夺正是。心渍涌，笔手扰，安能不论？”㊶

王充于东汉之初，目睹时代虚妄，愤而著《论衡》一书，虚妄之言，失实之书，订其真伪，辨其实虚，所以他用“疾虚妄”一语，概括其著书目的。“心渍涌，笔手扰”，是他执笔时激动的真况。他于《变动》篇云：

“人在天地之间，犹蚤虱之在衣裳之内，蝼蚁之在穴隙之中。蚤虱蝼蚁为顺逆横从，能令衣裳穴隙之间气变动乎？……天至高大，人至卑小。篙（当作箸）不能鸣钟，而萤火不能爨鼎者，何也？钟长而篙短，鼎大而萤小也。以七尺之细形，感皇天之大气，其无分铢之验，必也。”

于《治期》篇云：

“在天之变，日月薄蚀。四十二月，日一食。五六月，月亦一食。食有常数，不在政治。百变千灾，皆同一状，未必人君政教所致。”

于《明雩》篇云：

“世之圣君，莫有如尧汤。尧遭洪水，汤遭大旱，如谓政治所致，尧汤恶君也。如非政治，是运气也。运气有时，安可请求？……夫天之运气，时当自然。虽雩祭请求，终无补益。而世又称汤以五过祷于桑林，时立得雨。夫言运气，则桑林之说绌；称桑林，则运气之论消。世之称说者，竟当何由？救水旱之术审当何用？”

这是对汉代极为流行的天人相应之说所痛下的针砭。汉人普遍相信“天变见于上，地变动于下”，“政失于此，则变见于彼，犹景之象形，响之应声。”“人之所为，其美恶之极，乃与天地流通而往来相应”㊷。王充则认为人不足以影响天，以七尺之细形，感皇天之大气，无分铢之验。天变有其常数，出于自然，未必人君政教所致。所以他继续说，汤时前旱后雨，是“自然之气”㊸。同时强调说：“夫天道，自然也，无为。”㊹

王充又于《问孔》篇云：

“世儒学者，好信师而是古，以为贤圣所言皆无非；专精讲习，不知难问。夫贤圣下笔造文，用意详审，尚未可谓尽得实；况仓卒吐言，安能皆是？不能皆是，时人不知难；或是，而意沉难见，时人不知问。案贤圣之言，上下多相违；其文，前后多相伐者；世之学者，不能知也。”

于《书虚》篇云：

“世信虚妄之书，以为载于竹帛上者，皆贤圣所传，无不然之事，故信而是之，讽而读之；睹真是之传与虚妄之书相违，则并谓短书不可信用。夫幽冥之实尚可知，沉隐之情尚可定，显文露书，是非易见；笼总并传非实事，用精不专，无思于事也。”

这是王充积极表现出来的实事求是的史学精神。贤圣所传，未必皆是；虚妄之书，隐没实事。学者须进一步追问真相。圣如孔子，其说亦须追问。“苟有不晓解之问，追难孔子，何伤于义？诚有传圣业之知，伐孔子之说，何逆于理？”[45]在当时这是何等大胆的言论！所以遍《论衡》一书中，比比可见者，是疾虚妄之说，实事求是的史学尽现。如于《感虚》篇云：

“传书言：‘鲁襄公与韩战，战酣，日暮，公援戈而麾之，日为之反三舍。’此言虚也。凡人能以精诚感动天，专心一意，委务积神，精通于天，天为变动，然尚未可谓然。襄公志在战，为日暮一麾，安能令日返？使圣人麾日，日终不反，襄公何人，而使日反乎？”

“传书言：‘杞梁氏之妻向城而哭，城为之崩。’此言杞梁从军不还，其妻痛之，向城而哭，至诚悲痛，精气动城，故城为之崩也。夫言向城而哭者，实也；城为之崩者，虚也。夫人哭悲，莫过雍门子。雍门子哭对孟尝君，孟尝君为之于邑。盖哭之精诚，故对向之者凄怆感恸也。夫雍门子能动孟尝之心，不能感孟尝衣者，衣不知恻怛，不以人心相关通也。今城，土也；土犹衣也，无心腹之藏，安能为悲哭感恸而崩？使至诚之声能动城土，则其对林木哭，能折草破木乎？向水火而泣，能涌水灭火乎？夫草木水火，与土无异，然杞梁之妻不能崩城，明矣。或时城适自崩，杞梁妻适哭。下世好虚，不原其实，故崩城之名，至今不灭。”

于《刺孟》篇云：

“孟子言：‘五百年必有王者兴’，何以见乎？帝喾王者，而尧又王天下；尧传于舜，舜又王天下；舜传于禹，禹又王天下。四圣之王天下也，继踵而兴。禹至汤且千岁，汤至周亦然。始于文王，而卒传于武王；武王崩，成王、周公共治天下。由周至孟子之时，又七百岁而无王者。五百岁必有王者之验，在何世乎？云‘五百岁必有王者’，谁所言乎？论不实事考验，信浮淫之语……非孟子之贤效，与儒无殊之验也。”

于《艺增》篇云：

“《武成》之篇，言‘武王伐纣，血流浮杵’……亦太过焉。死者血流，安能浮杵？案武王伐纣，于牧之野，河北地高，壤靡不干燥，兵顿血流，辄燥入土，安得杵浮？且周、殷士卒，皆赍盛粮，无杵臼之事，安得杵而浮之？”

以实事考验，不信虚言，史学家的能事尽于此。“论则考之以心，效之以事，浮虚之事，辄立证验”[46]，则是他的方法论。“考之以心”，“效之以事”，先自内心衡量，再用事实效验，浮虚之事，证验成立，于是“事莫明于有效，论莫定于有证”[47]，就变成他的名言了。

大凡史学上的大患，是增益事实，溢美溢恶。古今中外史学家耗尽神智，在作这方面的澄清工作，而未臻理想。王充应是中外最早全神从事此一澄清工作的人。他曾精辟地分析增益事实、溢美溢恶的实况云：

> “世俗所患，患言事增其实；著文垂辞，辞出溢其真。称美过其善，进恶没其罪。何则？俗人好奇，不奇，言不用也。故誉人不增其美，则闻者不快其意；毁人不益其恶，则听者不惬于心。闻一增以为十，见百益以为千，使夫纯朴之事，十剖百判；审然之语，千反万畔。墨子哭于练丝，杨子哭于歧道，盖伤失本，悲离其实也。
>
> 蜚流之言，百传之语，出小人之口，驰闾巷之间，其犹是也；诸子之文，笔墨之疏，人贤所著，妙思所集，宜如其实，犹或增之；傥经艺之言，如其实乎？言审莫过圣人，经艺万世不易，犹或出溢，增过其实。增过其实，皆有事为，不妄乱误，以少为多也。然而必论之者，方言经艺之增，与传语异也。”[48]

言事增其实，辞出溢其真，称美过其善，进恶没其罪，皆是虚妄，疾而论之，岂容得已？由此言之，疾虚妄而求真，是史学家必须奉为圭臬的史学理论之一。血流浮杵，杞梁妻向城哭而城为之崩，此类虚妄之事，深信不疑，历史，历史，将不见矣！

2. “史才三长”论

刘知几的“史才三长”论，不见于其所著遍是史学理论的《史通》之中，而载于新旧《唐书》与《唐会要》，值得介绍于此。

《旧唐书·刘子玄传》云：

> “子玄掌知国史，首尾二十余年，多所撰述，甚为当时所

称。礼部尚书郑惟忠尝问子玄曰：‘自古已来，文士多而史才少，何也?’对曰：‘史才须有三长，世无其人，故史才少也。三长，谓才也，学也，识也。夫有学而无才，亦犹有良田百顷，黄金满籯，而使愚者营生，终不能致于货殖者矣。如有才而无学，亦犹思兼匠石，巧若公输，而家无楩柟斧斤，终不果成其宫室者矣。犹须好是正直，善恶必书，使骄主贼臣，所以知惧，此则为虎傅翼，善无可加，所向无敌者矣。脱苟非其才，不可叨居史任。自敻古已来，能应斯目者，罕见其人。’时人以为知言。”

《新唐书·刘子玄传》云：

“礼部尚书郑惟忠尝问：‘自古文士多，史才少，何耶?’对曰：‘史有三长，才、学、识，世罕兼之，故史者少。夫有学无才，犹愚贾操金，不能殖货；有才无学，犹巧匠无楩柟斧斤，弗能成室。善恶必书，使骄君贼臣知惧，此为无可加者。’时以为笃论。”

《唐会要》所载[49]，与《旧唐书》同[50]。比较而言，《新唐书》所载最简，而论点则一致。其所谓才、学、识三长，史才谓史学家的才能（其所言史才少之史才，系指够水准的史学家而言），史学谓史学家的知识，史识谓史学家的判断力[51]。三者为史学家必须兼备的条件，缺一不可。其论与西方近代史学家所谓“真正的史学家，必须以学者兼为思想家”[52]之说，若相仿佛。至清代而章学诚“史德”之说[53]，随之而产生。

3. **“史德”说**

刘知几倡“史才三长”论，到章学诚益以“史德”：

“能具史识者，必知史德；德者何？谓著书者之心术也。夫秽史者所以自秽，谤书者所以自谤，素行为人所羞，文辞何足取重！魏收之矫诬，沈约之阴恶，读其书者，先不信其人，其患未至于甚也。所患夫心术者，谓其有君子之心，而所养未底于粹也。夫有君子之心，而所养未粹，大贤以下所能免也。此而犹患于心术，自非夫子之《春秋》不足当也，以此责人，不亦难乎？是亦不然也。盖欲为良史者，当慎辨于天人之际，尽其天而不益以人也。尽其天而不益以人，虽未能至，苟允知之，亦足以称著述者之心术矣。而文史之儒，竞言才学识，而不知辨心术，以议史德，乌乎可哉！夫是尧舜而非桀纣，人皆能言矣；崇王道而斥霸功，又儒者之习故矣；至于善善而恶恶，褒正而嫉邪，凡欲托文辞以不朽者，莫不有是心也。然而心术不可不虑者，则以天与人参，其端甚微，非是区区之明所可恃也。夫史所载者事也，事必借文而传，故良史莫不工文，而不知文又患于为事役也。盖事不能无得失是非，一有得失是非，则出入予夺相奋摩矣，奋摩不已而气积焉；事不能无盛衰消息，一有盛衰消息，则往复凭吊生流连矣，流连不已而情深焉。凡文不足以动人，所以动人者气也；凡文不足以入人，所以入人者情也。气积而文昌，情深而文挚；气昌而情挚，天下之至文也。然而其中有天有人，不可不辨也。气得阳刚，而情合阴柔，人丽阴阳之间，不能离焉者也。气合于理，天也；气能违理以自用，人也；情本于性，天也；情能汩性以自恣，人也。史之义出于天，而史之文不能不借人力以成之；人有阴阳之患，而史文即忤于大道之公，其所感召者微也。夫文非气不立，而气贵于平；人之气，燕居莫不平也；因事生感，而气失则宕，气失则激，气失则骄，毗于阳矣。文非情不深，而情贵于正；人之情，虚置无不正也；因事生感，而情失则流，情失则溺，情失则偏，毗于阴矣。阴阳伏沴之患，乘于血气，而入于心知，其中默运潜移，似公而实逞于私，似天而实蔽于人，发为文辞，至于害义而违道，其人犹不自知也。故曰心术不可不慎也。”[54]

章氏史德之说，是中外史学史上的绝唱，精辟深奥。扼要言之，章氏的史德，是指史学家的心术而言。他又将史学家的心术，分为两类，一为史学家心术的邪正，一为史学家心术的修养程度。前者是显著的一面，后者是隐微的一面。显著的一面，人人可见。端正心术，以传信史，凡欲为史学家者，极少不以此自励。隐微的一面，则为人忽视，而历史往往因此失去公正。章氏最重的史德，在隐微的一面。他深患史学家“有君子之心，而所养未底于粹”，不自知之中，“发为文辞，至于害义而违道”。所以主张史学家写史，当慎辨于天人之际，尽其天而不益以人。章氏所谓天，系指理性，所谓人，系指血气情感。他细密的分析，历史所载者为事，凡事都有是非得失，于是出入予夺而气积；凡事都有盛衰消息，于是往复凭吊而情深。气与情随事存在，事又必借文而传，天下的至文，必然气昌而情挚，气积而文昌，情深而文挚，文又受事的影响。秉笔为文者是人，人丽阴阳之间，有气有情，又直接影响到史文。所谓“人有阴阳之患，而史文即忤于大道之公”。因此章氏希望史学家写史的时候，气平情正，其方法是发挥天赋的理性，而不妄动血气情感，所谓“尽其天而不益以人”。

气平情正，是史学家走向客观忠实的坦途。自诩客观忠实，而血气沸腾，情感激动，结果是不客观不忠实。天下绝少以欺骗为矢志的史学家，多半有君子之心，而气不能平，情不能正，以致丧失历史的真实。所以章氏所强调的史德，不是道德家的说教，而是极重要的史学理论。用中国其他史学家所谈的话，就是“平心察之”[55]，“虚心斟酌”[56]，“虚其心以求之，平其情而论之”[57]。用西方史学家所谈的话，就是“心情平静”（calmness of tempper）、“思潮平静”（calmness of mind）、“不动肝火”（free from passion）[58]、“谦虚为怀”（humility of mind）[59]。如果说此时的史学家，像是闲话玄宗的白头宫女，津津乐道，而心平气和，真是最恰当不过了。

（三）史学方法

史学方法与史学理论，难以清楚划分。“不虚美，不隐恶”，是一种史学理论，实践起来，就是一种史学方法了。“信则书之，疑则阙之”[60]，是一种史学理论，应用到历史写作上，就是一种史学方法了。相信较古的记载，不敢以见于汉人之书者，遂真以为三代之事，是一种史学理论，定为标准后，就是史学方法了。大抵史学理论与史学方法的差别，在于抽象与具体之间。当抽象时，是史学理论；当具体时，是史学方法；当史学方法最细致亦即最具体的时候，是史学理论的最大发挥。

以中国与西方的史学方法相比较，西方的史学方法，竞艳斗奇，中国的史学方法，平实质朴，两者冶于一炉，将是史学上的盛事。

中国两千余年来，史学家应用的史学方法，值得称述者约如下：

1. **比较方法**

中国先秦、两汉的史学家，皆有其精湛的史学方法。其选择史料，有其标准；其考证史料，审慎细密；其消化史料，圆韵灵活。自《春秋》、《左传》、《史记》、《汉书》的写成，可以灼见。以选择与考证史料的标准而言，司马迁所揭出的“载籍极博，犹考信于六艺”[61]的标准，是最被称道的。远古史料，根据传闻写成者多，渺茫难稽，于是以可信的六艺作为考信的标准。写及五帝，其纷纭的传说，皆不轻信，而相信孔子传《宰予问》、《五帝德》及《帝系姓》的记载，参以亲身见闻，旁稽《春秋》、《国语》的相互发明，于是《五帝本纪》写成[62]，于是司马迁变成治史态度极为谨严的史学家。但是六艺是否完全可信呢？孔子所传的史料，是否完全没有谬误呢？这是有待深思的问题。治史以广参博证为贵。聚群籍而考其异同、辨其是非，较之只信一种史料，其为治史的大法，不待言而可知。所以到了聚书、读书、抄书、校书风气极盛的魏晋南北朝时期[63]，“载籍极博，犹考信于六艺”的标准，遂被代替。蜀人谯周，陈寿之师，著《古史考》，辨《史记》与群籍的相异。晋司马彪继之，据新出的史料《竹书纪年》（《汲冢纪年》），补考谯周之所未及，条《古史考》中凡一百二十二事为不当[64]。二书虽皆已佚，其方法显为聚群籍而互作比较，与司马迁的“载籍极博，犹考信于六艺”的方法大异。司马彪以后，以类似方法治史者，有孙盛，著《魏氏春秋》、别著《魏氏春秋异同评》，盖以考史料的异同。《隋书·经籍志》不著录其书，裴松之《三国志注》引之。如《魏书·袁绍传》云：“简精卒十万，骑万匹，将攻许。”《世语》云：“绍步卒五万，骑八千。”孙盛评曰：“案魏武谓崔琰曰：‘昨案贵州户籍，可得三十万众。’由此推之，但冀州胜兵已如此，况兼幽、并及青州乎？绍之大举，必悉师而起，十万近之矣”[65]。像这样的考据，岂非采用了聚群籍而考其异同、辨其是非的史学方法？惜其书已佚，仅存裴注所引十条。孙盛以后，集这种史学方法大成的是裴松之。裴松之注《三国志》，系从其简略的缺陷入手。他鸠集群书，增补《三国志》所未备，并考证其谬误，以明历史之真。观其《上〈三国志注〉表》云：“臣前被诏，使采三国异同以注陈寿国志。寿书铨叙可观，事多审正。诚游览之苑囿，近世之嘉史。然失在于略，时有所脱漏。臣奉旨寻评，务在周悉。上搜旧闻，旁摭遗逸。按三国虽历年不远，而事关汉、晋，首尾所涉，出入百载，注记纷错，每多舛互。其寿所不载，事宜存录者，则罔不毕取以补其阙。或同说一事，而辞有乖杂，或出事本异，疑不能判，并皆抄内以备异闻。若乃纰缪显然，言不附理，则随违矫正以惩其妄。其时事当否及寿之小失，颇以愚意有所论辩。”自此上表可以看出裴松之注《三国志》，主要为从补阙及考证谬误两方面着手。“其寿所不载，事宜存录者，则罔不毕取以补其阙”，“或同说一事，而辞有乖杂，或出事本异，疑不能判，并皆抄内以备异闻”，这是补阙的工作。“纰缪显然，言不附理，则随违矫正以惩其妄”，“其时事当否及寿之小失，颇以愚意有所论辩”，这是考证谬误的工作。《四库全书总目提要》析论之云：“宋元嘉中，裴松之受诏为注，所注杂引诸书，亦时下己意。综其大致，约有六端：一曰引诸家之论，以辨是非；一曰参诸书之说，以核讹异；一曰传所有之事，详其委曲；一曰传所无之事，补其阙佚；一曰传所有之人，详其生平；一曰传所无之人，附以同类。”[66]自此可尽见裴松之治史采用了簇新的史学方法。“上搜旧闻，旁摭遗逸”，引书至两百种之多[67]，完全符合近人治史先广泛搜集史料的原则，以致注文超出陈寿原书数倍，其保存历史之功，与《三国志》实相若。而且其考证部分，极为精辟。如《魏书·武帝纪》载曹操与袁绍相拒于官渡云："时公兵不满万，伤者十二三。"裴注云："魏武初起兵，已有众五千，自后百战百胜，败者十二三而已矣。但一破黄巾，受降卒三十余万，余所吞并，不可悉纪，虽征战损伤，未应如此之少也。夫结营相守，异于摧锋决战。本纪云：'绍众十余万，屯营东西数十里。'魏太武虽机变无方，略不世出，安有以数千之兵，而得逾时相抗者哉？以理而言，窃谓不然。绍能屯营数十里，公能分营与相当，此兵不得甚少，一也。绍若有十倍之众，理应悉力围守，使出入断绝，而公使徐晃等击其运车，公又自出击淳于琼等，扬旌往还，曾无抵阂，明绍力不能制，是不得甚少，二也。诸书皆云公坑绍众八万，或云七万。夫八万人奔散，非八千人所能缚，而绍之大众皆拱手就戮，何缘力能制之？是不得甚少，三也。将欲记述者欲以少见奇，非其实录也。按《钟繇传》云：'公与绍相持，繇为司隶，送马二千余匹以给军。'本纪及《世语》并云公时有骑六百余匹，繇马为安在哉？"[68]综合记载，而核诸事理，非徒斤斤求之于记载的异同，这应是极为精辟的考证史料是非真伪的方法了[69]。

魏晋南北朝是一个载籍极博的时代。魏荀勖所造四部，凡二万九千九百四十五卷。宋元嘉中，谢灵运造四部目录，凡六万四千五百八十二卷。元徽中，王俭别造目录，凡一万五千七百四卷（王俭又别撰《七志》）。齐永明中，王亮、谢朏又造四部书目，凡一万八千一十卷。至梁代，出现五部目录，以任昉、殷钧的四部目录最著称，又有处士阮孝绪，笃好坟史，更为《七录》（经典录、记传录、子兵录、文集录、技术录、佛录、道录），以致梁武帝时代，出现"四境之内，家有文史"[70]的盛况。侯景倡乱，梁元帝平之，收集公私载籍，归于江陵，凡七万余卷，洋洋大观，足以当之（周师入郢，尽遭焚毁）[71]。而此时在上者又每提倡刊校载籍、编纂载籍的工作。南朝梁武帝所造的《通史》六百卷，是一种编纂载籍的工作。北朝的周明帝，即帝位后，集公卿以下有文学者八十余人，于麟趾殿刊校经史，又招采众书，自羲、农以来，讫于魏末，叙为《世谱》，凡百卷[72]，这是刊校载籍及编纂载籍的工作。在上者如此提倡，上行下效，于是聚群书而考其异同，辨其是非，变成当时极为流行的史学方法，一代琳瑯满目的作品，多借这种方法以写成。刘彤曾集众家晋书，注干宝《晋纪》，凡四十卷。刘昭则集后汉异同以注范晔《后汉书》，凡一百八十卷[73]。萧子显撰《南齐书》以前，另采众家后汉书，考正同异，写成自成一家之言的《后汉书》[74]，如刘珍等的《东观汉记》、谢承的《后汉书》、薛莹的《后汉记》、司马彪的《续汉书》、刘义庆的《后汉书》、谢沈的《后汉书》、张莹的《后汉南记》、袁山松的《后汉书》、范晔的《后汉书》，以及袁宏、张璠的《后汉纪》，可能都是他的根据[75]。所以聚群书而考其异同，辨其是非，不只谯周、司马彪、孙盛、裴松之等人采用这种方法，这是魏晋南北朝时期的史学家普遍采用的一种史学方法。在载籍极博的时期，出现了这种史学方法，其成果遂斐然可观。

2. 归纳方法

自司马光的史学巨著《通鉴》问世以后，中国史学家写史，先作长编，形成了普遍流行的风气。李焘写北宋一百六十八年的历史，即名其书为《续资治通鉴长编》；清初青年史学家吴炎、潘柽章草创明史，也是先作长编，然后笔之于书[76]。长编系资料的汇编，《通鉴》长编之稿盈两屋[77]，字数超出《通鉴》十倍以上；李焘则以木厨十枚，汇集资料，每厨抽替匣二十枚，每匣以甲子志之，凡本年之事，有所闻必归此匣，分日月先后次第之[78]。如此汇集资料，以近代名词言之，是普遍的归纳资料，客观的归纳方法，为史学家采用，比起仅用比较方法，进了一步。

中国清代史学家最精于采用归纳方法。当时史学家读史，必置一劄记册子，心有所得则条记之。按劄记的性质，为资料的储蓄，亦即证据的归纳。其创立一说，必凭证据，无证据而以臆度者，在摈斥之列；证据的选择，以原始为尚，以原始证据较为可信；孤证不定其说，无反证者姑存之，得有续证则渐信之，遇有力的反证则放弃之；隐匿证据或曲解证据，认为是大不德；且最喜罗列同类的事实，为比较的研究[79]，此与西方自培根（Francis Bacon）以来所盛行的归纳方法（inductive method），未有差异，而精密或过之。梁启超曾畅论之云：

> “清儒之治学，纯用归纳法，纯用科学精神；此法此精神，果用何种程序始能表现耶？第一步，必先留心观察事物，觑出某点某点有应特别注意之价值；第二步，既注意于一事项，则凡与此事项同类者或相关系者，皆罗列比较以研究之；第三步，比较研究的结果，立出自己一种意见；第四步，根据此意见，更从正面旁面反面博求证据，证据备则泐为定说，遇有力之反证则弃之；凡今世一切科学之成立，皆循此步骤，而清考据家之每立一说，亦必循此步骤也。”[80]

梁氏概括清代史学家、经学家以及其他学者的治学方法而言之。以清初经学家兼史学家顾炎武而言，顾氏著《日知录》，归纳证据与不时修改其自创之说者，凡三十余年，且极不满意早期写成的《日知录》，而必以临终绝笔为定[81]，寄之好友，希望“一一为之批驳”[82]，恳求“攻瑕指失，俾得刊改”[83]，这是真得归纳方法的精髓。乾嘉时代史学家钱大昕撰《廿二史考异》，自乾隆十九年（1754年）反复校勘自史汉迄金元廿二家之史，虽寒暑疾疢，未尝少辍，偶有所得，写于别纸[84]，此为其归纳证据的初期；至乾隆三十二年（1767 年），始正式纂辑，且继续归纳证据，所谓“岁有增益，卷帙滋多”[85]；迨设教钟山书院，“谨肄之暇，复加讨论，间与前人暗合者，削而去之，或得于同学启示，亦必标其姓名”[86]，迨于乾隆四十七年（1782 年），《考异》始编定，而刊行则在嘉庆二年（1797 年），其间又有修订。如此反复不已，与西方史学家所强调的“再审察”（re-examination）与“新解释”（re-interpretation）的方法[87]，亦即最精密可靠的归纳方法，实已若合符节了。

3. 参伍错综以求其是的方法

明清之际，出现了一种参伍错综以求其是的史学方法，这是最接近西方历史研究的一种方法。如潘耒云：

> “作史犹治狱也。治狱者，一丝不得其情，则失入失出，而天下有冤民。作史者，一事不核其实，则溢美溢恶，而万世无信史。故史笔非难，博闻多识为难；博闻多识非难，参伍而折衷之为难。”[88]

以作史犹治狱，凡事必核其实，故重博闻多识；博闻多识，又须参伍而折衷之，则是综合资料以求其是。潘耒之兄潘柽章撰《国史考异》，“博访有明一代之书，以实录为纲领，若志乘，若文集，若墓铭家传，凡有关史事者，一切钞撮荟萃，以类相从，稽其异同，核其虚实。积十余年，数易手稿，而成《国史考异》一书，盛为通人所称许。专言国史者，野史家史不可胜驳，惟实录有疏略与曲笔，不容不正，参之以记载，揆之以情理，钩稽以穷其隐，画一以求其当，去取出入，皆有明征，不徇单辞，不逞臆见，信以传信，疑以传疑”[89]。这是参伍错综以求其是的大概。同时代的史学家戴名世云：

“一事也，必有一事之终始。一人也，必有一人之本末。综其终始，核其本末，旁参互证，而固可以得其十八九矣。”[90]

参与修明史的万斯同云：

“吾少馆于某氏，其家有列朝实录，吾默识暗诵，未敢有一言一事之遗也。长游四方，就故家长老求遗书，考问往事，旁及郡志、邑乘、杂家志传之文，靡不网罗参伍，而要以实录为指归。盖实录者，直载其事与言，而无可增饰者也。因其世以考其事，核其言，而平心以察之，则其人之本末，可八九得矣。然言之发或有所由，事之端或有所起，而其流或有所激，则非他书不能具也。凡实录之难详者，吾以他书证之；他书之诬且滥者，吾以所得于实录者裁之，虽不敢具谓可信，而是非之枉于人者盖鲜矣。”[91]

综合以上诸家所言，参伍错综以求其是的方法，大致可以描绘如下：

汇集所有的史料，从实录到野史家史。皆罗列之，以类相从，参伍钩稽，求其折衷，穷其隐微，不徇单辞，不逞臆见。历史研究至此，已至极为客观的境界[92]。

---

① 吴怀祺于所著《中国史学思想史·后记》中云：“我们国家历史典籍丰富，恐怕谁也无法否认。但是要说中国史学有丰富的深邃的思想，就不是所有

的人都认同这一点。在有些西方学人看来，仿佛只有他们的脑袋绝顶聪颖，能对历史提出高明的见解，而中国的史学家像傻子一样，只知道编编抄抄，一代一代编那些无穷无尽的王朝史、帝王家谱。如果说由于语言障碍，读不懂中国文献，造成了误解，还可理解，但如果以一种偏见（包括我们族人中的偏见）来谈中国史学，我们是不会同意的。”这是一段语重心长的话，故引述于此。

② Jacques Barzun & Henry F. Graff, *The Modern Researcher*, 1970, revised edition, p. 47.

③ Allan NevinS, *The Gateway to History*, 1938, revised edition, 1962, p. 14.

④ W. G. Beasley and E. G. Pulleyblank, ed., *Historians of China and Japan*, 1961, p. 30.

⑤ 英国史学家柯林吾将所有不用科学方法批评证据而仅将证据以私意摘录入书的历史，皆视之为剪贴式的历史。详见其所著 *The Idea of History*, 1946, pp. 257 –258。

⑥ 《孟子·滕文公下》。

⑦ 同上。

⑧ 《史记·孔子世家》。

⑨ 《史记·太史公自序》。

⑩ 《文史通义·答客问上》。

⑪ 《文史通义·浙东学术》。

⑫ 钱大昕:《十驾斋养新录》卷一三《唐书直笔新例》。

⑬ 王鸣盛:《十七史商榷序》。

⑭ 《十七史商榷·李昭德来俊臣书法》。

⑮ 《十七史商榷·昭哀二纪独详》。

⑯ 钱大昕:《十驾斋养新录》卷一三《唐书直笔新例》。

⑰ 曾巩:《南齐书序》。

⑱ 戴名世:《南山集》卷十四《史论》。

⑲ 王夫之:《读通鉴论》卷六。

⑳ 参见赵翼:《廿二史劄记》卷二《汉书多载有文之文》。

㉑　英国史学家 E. A. Freeman 坚持此说。

㉒　西方历史划时代的进步，常在惊心动魄的震荡中产生，若以此意态来看中国史，则常如昏腾腾地没有长进。中国史上，亦有大规模从社会下层掀起的斗争，不幸此等常为纷乱牺牲，而非有意义的划时代的进步。秦末刘项之乱，可谓例外。明祖崛起，扫除胡尘，光复故土，亦可谓一个上进的转变。其他如汉末黄巾，乃至黄巢、张献忠、李自成，全是混乱破坏，只见倒退，无上进。近人治史，颇推洪杨，夫洪杨固为近世中国民族革命的光辉，然其十余年扰乱，除予国家社会以莫大的创伤外，成就何在？建设何在？此中国史上大规模从社会下层掀起的斗争，常不为民族文化进展之一好例也。然中国史非无进展，乃常在和平形态下，以舒齐步骤得之。（说详见钱穆：《国史大纲·引论》）

㉓　见钱穆：《国史大纲·引论》及钱著：《中国历史研究法》。

㉔　Arnold Toynbee, *Greek Historical Thought*, 1965, p. xiii.

㉕　参见 Arnoldo Momigliano, "Some Observations on Causes Of War in Ancient Historiography", in Arnoldo Momigliano, *Studies in Historiography*, 1966, pp. 120－121。

㉖　J. B. Bury, *The Ancient Greek Historians*, p. 241.

㉗　绍特韦尔著，何炳松、郭斌佳译：《西洋史学史》，第 295 页："罗马史实为连年战争史，李维所最擅长者，即在形容战后与战时之情景。"

㉘　参见钱穆：《国史大纲·引论》。

㉙　参见赵翼：《廿二史劄记》卷二《汉书武帝纪赞不言武功》。

㉚　王夫之：《读通鉴论》卷五。

㉛　司马迁：《报任少卿书》，见《汉书·司马迁传》。

㉜　章学诚之语（见《文史通义·申郑》），大致道出郑樵的心愿。

㉝　清高宗：《文献通考制序》。

㉞　《文献通考·自序》。

㉟　同上。

㊱　同上。

㊲　同上。

㊳ 吴怀祺主编的十卷本《中国史学思想通史》（黄山书社出版），论述中国史学思想甚详，值得参考。

㊴《论衡》卷二十《佚文》篇。

㊵《论衡》卷二十九《对作》篇。

㊶ 同上。

㊷ 董仲舒语，见《汉书·董仲舒传》。

㊸《论衡》卷十八《感类》篇。

㊹《论衡》卷十四《谴告》篇。

㊺《论衡》卷九《问孔》篇。

㊻《论衡》卷二十九《对作》篇。按王充所立的证验，亦有值得商榷者。如于《刺孟》篇所云："禹至汤且千岁，汤至周亦然。"即有年代之误。禹至汤约五百年，汤至周约六百年，皆不到千年。

㊼《论衡》卷二十三《薄葬》篇。

㊽《论衡》卷八《艺增》篇。

㊾《唐会要》卷六十三《修史官》条。

㊿ 仅文字上略有更动而已。

51 近代中国史学史一类的专书及论刘知几的专论，皆谈及何谓史才、史学、史识三者，而颇有出入，读者可参考之。

52 G. N. Clark, *Historical Scholarship and Historical Thought*, 1944, p. 22: "The true historian must be both a scholar and a thinker."

53 见《文史通义·史德》篇。

54 同上。

55 方苞：《望溪文集·万季野先生墓表》

56 潘耒：《遂初堂文集·明史议》。

57 戴名世：《南山集·史论》。

58 参见 Editor's Preface of R. G. Collingwood's, *The Idea of History*, by T. M. Knox, p. XX。

59 H. Butterfield, *History and Human Relations*, p. 156.

60 顾炎武：《日知录》卷四《所见异辞》。

⑥1 《史记·伯夷列传》。

⑥2 详司拙著:《中国史学史》第一册第五章,第 173 – 174 页。

⑥3 详见拙著:《中国史学史》第二册第九章,第 47 – 48 页。

⑥4 《晋书·司马彪传》。

⑥5 见《三国志·魏书·袁绍传》注引。

⑥6 《四库全书总目》卷四十五。

⑥7 自清钱大昕、钱大昭、赵翼以来,不少学者谈及《三国志注》引书的问题。逯耀东教授在《裴松之与三国志注研究》一文中所论最精详,约举出一百八十六种被引及之书,值得参阅。

⑥8 见《三国志·魏武帝纪》建安五年。

⑥9 参见牟润孙师就职香港中文大学讲座教授演讲:《魏晋以来之崇尚谈辩及其影响》,收入牟著:《注史斋丛稿》。

⑦0 《隋书·经籍志》。

⑦1 参见《隋书·经籍志》。

⑦2 《北史·周本纪》。

⑦3 《梁书·刘昭传》。

⑦4 《梁书·萧子显传》。

⑦5 详见拙著:《中国史学史》第二册第九章注三七。

⑦6 潘耒:《遂初堂文集》卷七《松陵文献序》。

⑦7 《文献通考》卷一九三《经籍考》云:“张新叟言洛阳有《资治通鉴》草稿盈两屋,黄鲁直阅数百卷,讫无一字草书。”

⑦8 周密:《癸辛杂识》。

⑦9 参见梁启超:《清代学术概论》,第 77 – 78 页。

⑧0 梁启超:《清代学术概论》,第 101 页。

⑧1 《日知录》有多种刻本,康熙九年刻八卷本,以后康熙十二年、十五年,迄于其卒,皆有刻本。

⑧2 《亭林余集·与陆桴亭札》。

⑧3 《蒋山傭残稿》卷一《与友人书》。

⑧4 参见钱大昕:《廿二史考异序》。

㉟ 同上。

㊱ 同上。

㊲ Herbert Butterfield, *Man on His Past*, 1955, p. 162.

㊳ 潘耒:《遂初堂文集》卷六《国史考异序》。

㊴ 同上。

㊵ 戴名世:《南山集》卷一《史论》。

㊶ 《方望溪先生文集》卷十二《万季野先生墓表》。

㊷ 潘耒于《遂初堂文集》卷五《修明史议》云:“实录既多舛错……家乘爵里年月可凭,而多虚美。野史记事,言人人殊,影响附会,十居七八。必先分割排纂,以类相从,核其虚实,参伍众说,归于一是。”
朱彝尊于《曝书亭集》卷三十二《史馆上总裁书》云:“国史官文书而外,家录野史,靡不钩索质验,旁互而参审焉,无妨众说并陈,草创讨论,而会于一。……家录野纪,虽未足尽凭,然亦当错综诠次,而后是非可掩,本末具见。”(第七书)此可作佐证。

第八章　中国史学与人类文明史

（一）

史学家应不应有道德判断（moral judgment），对历史施行褒贬（praise and blame），西方史学界一直在争论之中。德国史学家兰克认为：“史学家必须在其资料引导之下，自己隐藏于后。他可以探究、评估人的动机，但必须抑制道德判断。”①英国史学家阿克顿（Lord Acton）则持相反的论调，坚信“史学家所扮演的角色，不仅是评估人与国家的工作，同时对人与国家须施行道德判断”②。“史学家的第一天职，是对他所描述的历史人物，作道德判断。”③德英大史学家持论歧异如此。自此以后，议论纷纭，莫衷一是。主张将历史中性化，以脱离人的褒贬者，似占优势。英国史学家伯林（Isaiah Berlin）曾很感慨地说：“当我们被告诉，批判查理曼、拿破仑、成吉思汗、希特勒屠杀，是愚不可及的”；“当我们被告诉，作为史学家，其任务仅仅为描述（describe）”；“对此我们只能回答，接受这种理论，是摧毁了我们的基本道德观（the basic notions of our morality），误解了我们对过去的意识。”④从此可见西方史学界流行反对寓有褒贬色彩的道德判断，认为史学家仅作描述就已尽其天职了。杀人的魔王丛出，史学家视若无睹，不下针砭，人类的文明史，何处去寻觅呢？

（二）

中国的褒贬史学，是在道德判断下产生的史学，其源出于《春秋》，其影响及于后代两千余年之久。

孔子据鲁史作《春秋》，记载从鲁隐公元年（公元前722年）到鲁哀公十四年（公元前481年）共两百四十二年间的史事，涉及祭祀、战争、朝聘、盟会、弑君、灾异、婚葬等广泛内容，一共用了一万八千余字（今存一万七千五百七十二字），可称极为简约之作。其背后的深义，从《春秋》三传、孟子、董仲舒、司马迁等较早的解释，可以知其梗概：

> “《春秋》之称，微而显，志而晦，婉而成章，尽而不污，惩恶而劝善，非圣人谁能修之？”⑤
>
> “《春秋》之称，微而显，婉而辩，上之人能使昭明，善人劝焉，淫人惧焉，是以君子贵之。”⑥
>
> “《春秋》为尊者讳，为亲者讳，为贤者讳。”⑦
>
> “君子不以亲亲害尊尊，此《春秋》之义也。”⑧
>
> “王者之迹熄而《诗》亡，《诗》亡然后《春秋》作。晋之《乘》，楚之《梼杌》，鲁之《春秋》，一也。其事则齐桓、晋文，其文则史。孔子曰：‘其义则丘窃取之矣。’”⑨
>
> “昔者禹抑洪水而天下平；周公兼夷狄，驱猛兽，而百姓

宁；孔子成《春秋》，而乱臣贼子惧。”⑩

“世衰道微，邪说暴行有作，臣弑其君者有之，子弑其父者有之。孔子惧，作《春秋》。《春秋》，天子之事也。是故孔子曰：‘知我者其惟《春秋》乎？罪我者其惟《春秋》乎？’”⑪

“吴楚之君自称王，而《春秋》贬之曰子；践土之会，实召周天子，而《春秋》讳之曰‘天王狩于河阳’。推此类以绳当世贬损之义，后有王者，举而开之，《春秋》之义行，则天下乱臣贼子惧焉。”⑫

“周道衰废，孔子为鲁司寇，诸侯害之，大夫壅之。孔子知言之不用，道之不行也，是非二百四十二年之中，以为天下仪表，贬天子，退诸侯，讨大夫，以达王事而已矣。子曰：‘我欲载之空言，不如见之于行事之深切著明也。’夫《春秋》，上明三王之道，下辨人事之纪，别嫌疑，明是非，定犹豫，善善恶恶，贤贤贱不肖，存亡国，继绝世，补敝起废，王道之大者也。”⑬

由上可知《春秋》之作，可从三方面来看：

第一，《春秋》讲究书法，其辞微而显，志而晦，婉而成章，尽而不污。

第二，《春秋》隐讳史实，为尊者讳，为亲者讳，为贤者讳。

第三，《春秋》施行褒贬，惩恶而劝善。

三者一言以概之，为《春秋》开创了惩恶劝善的褒贬史学，自道德判断论定历史，两千余年来，赞成与反对之声，不绝于耳。

(三)

《春秋》"属辞比事"[14]，同是记战争，有伐、侵、战、围、入、灭等不同的写法。声罪致讨曰伐，潜师掠境曰侵，两军相接曰战，环其城邑曰围，造其国都曰入，毁其社稷曰灭。同是记杀人，有杀、诛、弑、歼等不同的写法。无罪见杀曰杀，有罪当杀曰诛，以下杀上曰弑，不留孑遗曰歼。这是用不同的字，表达不同的历史情况。于是所谓书法者出。而史事纷纭庞杂，《春秋》乃用"以事系日，以日系月，以月系时，以时系年"的时间顺序，加以排比，又将前后相类的史事，比而列之[15]。于是《春秋》从属辞到比事的整套笔削艺术呈现。这套笔削艺术，为后代史学家所模仿，亦为后代史学家所反对。

欧阳修于北宋时代，撰写《新五代史》，"褒贬义例，仰师《春秋》"[16]，"法严词约"[17]。其用兵之名有四，两相攻曰攻，以大加小曰伐，有罪曰讨，天子自往曰征。攻战得地之名有二，易得曰攻，难得曰克。以身归曰降，以地归曰附。立后得其正者，曰以某妃某夫人为皇后，立不以正者，曰以某氏为皇后。凡此皆先立一例。各以事从之，而褒贬自见[18]。这俨然是《春秋》书法。

南宋朱熹创写《紫阳纲目》，踵欧阳修之法，而设例益严，以致自宋以后，务为简单奥隐之词，行其豁刻溢激之褒贬者遍天下，伤害历史，莫此为甚。清代史学家力矫之，猛烈攻击书法褒贬。如钱大昕云：

"《春秋》之法，内诸侯称薨，内大夫称卒，外诸侯亦称卒，虽宋文公、鲁桓公、仲遂、季孙意如之伦，书薨卒无异辞，所谓直书而善恶自见也。欧公修唐书，于本纪亦循旧史之例，如李林甫书薨，田承嗣、李正己书卒，初无异辞。独于宰相表变文，有书薨书卒书死之别，欲以示善善恶恶之旨。然科条既殊，争端斯启，书死者固为巨奸，书薨者不皆忠谠，予夺之际，已无定论。《紫阳纲目》，颇取欧公之法，而设例益繁，或去其官，或削其爵，或夺其谥，书法偶有不齐，后人复以己意揣之，而读史之家，几同于刑部之决狱矣。”⑲

“史家纪事，唯在不虚美，不隐恶，据事直书，是非自见。若各出新意，掉弄一两字，以为褒贬，是治丝而棼之也。”⑳

王鸣盛云：

“大抵作史者宜直叙其事，不必弄文法，寓予夺；读史者宜详考其实，不必凭意见，发议论。”㉑

“大抵史家所记，典制有得有失，读史者不必横生意见，驰骋议论，以明法戒也，但当考其典制之实，俾数千百年建置沿革，了如指掌，而或宜法，或宜戒，待人之自择焉可矣。其事迹则有美有恶，读史者亦不必强立文法，擅加与夺，以为褒贬也，但当考其事迹之实，俾年经事纬，部居州次，记载之异同，见闻之离合，一一条析无疑，而若者可褒，若者可贬，听之天下之公论焉可矣。书生匈臆，每患迂愚，即使考之已详，而议论褒贬，犹恐未当，况其考之未确者哉？盖学问之道，求于虚不如求于实。议论褒贬，皆虚文耳。作史者之所记录，读史者之所考核，总期于能得其实焉而已矣，外此又何多求耶？”㉒

清代史学家钱大昕、王鸣盛等反对欧阳修、朱熹的书法褒贬，基于掉弄文字以为褒贬，易于失去史实真相，造成混乱。书法褒贬之弊，尽被道出。

（四）

历史不能隐讳，《春秋》为尊者讳，为亲者讳，为贤者讳，是隐讳史实，犯了史学上的大忌。近代中外史学界诋毁《春秋》，这是最大的关键。

孔子曾称美晋太史董狐“书法不隐”[23]，他主张“为尊者讳，为亲者讳，为贤者讳”，似另有苦衷。刘勰于《文心雕龙》一书中曾为之解释云：

> “尊贤隐讳，固尼父之圣旨，盖纤瑕不能玷瑾瑜也；奸慝惩戒，实良史之直笔，农夫见莠，其必锄也。若斯之科，亦万代一准焉。”[24]

这是将“尊贤隐讳”与“奸慝惩戒”，当成万世的法则。所以“尊贤隐讳”，理由在于“纤瑕不能玷瑾瑜”。明代学者刘基更清楚地解释云：

> “郁离子曰：呜呼！吾今而后知以讦为直者之为天下后世害不少也！夫天之生人，不恒得尧舜禹汤文王以为之君，然后及其次焉，岂得已哉？如汉之高祖，唐之太宗，所谓间世之英，不易得也。皆传数百年，天下之生，赖之以安，民物蕃昌，蛮

夷向风，文物典章可观，其功不细，乃必搜其失而斥之，以自夸大，使后世之人，举以为词，曰，若是者亦足以受天命，一九有？则不师其长，而效其短，是岂非以讦为直者之流害哉！或曰，史直笔也，有其事则直书，天下之公也，夫奚讦？郁离子曰：是儒生之尝言，而非孔子之训也。孔子作《春秋》，为贤者讳，故齐桓、晋文，皆录其功，非私之也。以其功足以使人慕，录其功而不扬其罪，虑人之疑之，立教之道也。故《诗》、《书》皆为孔子所删，其于商周之盛王，存其颂美而已矣。”㉕

“以讦为直”，视尊者亲者为路人，不讳其私，美其名为“直笔”，而人类的文明，已一丝不存。贤者功在人群，而必搜其失以斥之，是以纤瑕玷瑾瑜，非历史之公。《春秋》于齐桓、晋文，皆录其功，而不扬其罪；孔子删《诗》、《书》，于商周盛王，亦存其颂美，可知孔子之讳，其用意所存。

（五）

《春秋》的褒贬史学，其功在万世者，为惩恶而劝善。“善人劝焉，淫人惧焉”，人类的文明，赖以维持于一线。“褒见一字，贵逾轩冕，贬在片言，诛深斧钺”㉖。一字片言的威严如此。“守铁石之深衷，厉松筠之雅操，见贞心于岁暮，标劲节于严风，赴鼎镬其如归，履危亡而不顾，书名竹帛，画象丹青，前史以为美谈，后来仰其徽烈”㉗。“王公大人之妃，偶肆情于淫僻之俗，虽衣文衣，食珍膳，坐金屋，乘玉辇，不入彤管之书，不沾青史之笔，将草木以俱落，与麋鹿而同死”㉘。名留青史的尊贵又如此。以致清以前中国史学家论史，皆尊褒贬。“史之为务，申以劝戒，树之风声”[29]。“史之为用也，记功司过，彰善瘅恶，得失一朝，荣辱千载”[30]。“夫史者所以纪政治典章因革损益之故，与夫事之成败得失，人之邪正，用以彰善瘅恶，而为法戒于万世”[31]。种种言论，说明了褒贬史学在中国史学史上的地位。反对书法褒贬的史学家，也说“史家纪事，唯在不虚美，不隐恶，据事直书，是非自见”。用“据事直书”彰显是非，其治史重褒贬的深意，灼然可见。

善恶褒贬，惩恶最是关键。所谓“天下乱臣贼子惧”，所谓“其有贼臣逆子，淫君乱主，苟直书其事，不掩其瑕，则秽迹彰于一朝，恶名被于千载”[32]。所谓“大奸大恶将何所惩创乎？曰：‘苟其人之行事，载之于史，传之于后，使千载而下，人人欲加刃其颈，贱之为禽兽，是亦足矣”[33]。历代论调，皆重惩恶。赤裸裸留下大奸大恶的秽迹，使其恶名被于千秋，是惩恶的方法。所以在中国史籍中，文景之治，贞观、开元之治，文天祥、史可法的殉国大节，顾炎武、黄宗羲的学术光辉，史学家缕述之，而于历代的弊政，宦官的害民，酷吏的肆虐，流寇的窜扰，史氏尤致其详；对于杀人毒民的君主，则以悲愤之笔痛斥之。如五胡十六国中的石虎（即石季龙），征集民家女年十三以上二十以下三万余人，入充后宫，犹不满足，又强夺已婚貌美妇女九千余人，并杀其所夺妇女之夫至数千人，其恶滔天如此，史臣斥其“假豹姿于羊质，骋枭心于狼性”[34]，未至过分。准此以言，世界级杀人的魔王，查理曼、拿破仑、成吉思汗、希特勒，其罪恶自不应自史学家笔下消失了！

（六）

惩恶劝善，良史之笔，而善恶的标准难定。中外善恶的标准，皆由道德判断判定；道德判断随时代而转变，一个客观的普遍的道德标准，遂难存在于天地之间。惟宇宙的不灭，天地的长存，仍然靠一些不变的道德标准维持。正义（justice）永远为正义，慈悲（mercy）永远为慈悲，荣誉（honour）永远为荣誉，诚实（truthfulness）永远为诚实；屠戮（murder）不因时间不同而非屠戮；叛异（treachery）不因空间不同而非叛异；迫害（intolerance）、诈伪（perjury，即为其一）、自私的野心（selfish ambition），无一而非邪恶。[35]凡此都是不变的。当一些道德标准随时代的转变而转变时，这些都屹立不动。史学家卓然以此标准判断，则其判断为人类文明的源泉。世界和平，人类幸福，实利赖之。

（七）

《后汉书·梁冀列传》云：

“冀乃大起第舍，而寿（孙寿，梁冀之妻）亦对街为宅，殚极土木，互相夸竞。堂寝皆有阴阳奥室，连房洞户。柱壁雕镂，加以铜漆；窗牖皆有绮疏青琐，图以云气仙灵。台阁周通，更相临望；飞梁石蹬，陵跨水道。金玉珠玑，异方珍怪，充积臧室。远致汗血名马。又广开园囿，采土筑山，十里九坂，以

> 像二崤，深林绝涧，有若自然，奇禽驯兽，飞走其间。冀、寿共乘辇车，张羽盖，饰以金银，游观第内，多从倡伎，鸣钟吹管，酣讴竟路。或连继日夜，以骋娱恣。客到门不得通，皆请谢门者，门者累千金。又多拓林苑，禁同王家，西至弘农，东界荥阳，南极鲁阳，北达河淇，包含山薮，远带丘荒，周旋封域，殆将千里。又起菟苑于河南城西，经亘数十里，发属县卒徒，缮修楼观，数年乃成。移檄所在，调发生菟，刻其毛以为识，人有犯者，罪至刑死。尝有西域贾胡，不知禁忌，误杀一兔，转相告言，坐死者十余人。冀二弟尝私遣人出猎上党，冀闻而捕其宾客，一时杀三十余人，无生还者。冀又起别第于城西，以纳奸亡，或取良人，悉为奴婢，至数千人，名曰'自卖人'。"

"跋扈将军"㊱梁冀的穷奢极欲，罪深恶极，淋漓尽致地和盘托出，史氏之笔，像是严霜。自此例观之，中国春秋之笔，可为举世法。㊲

---

① John Kenyon, *The History Men*, Weidenfeld and Nicolson, 1983, p. 133.

② Ibid.

③ Ibid.

④ Isaiah Berlin, *Historical Inevitability*, Oxford University Press, 1954, pp. 76 – 77.

⑤ 《左传》成公十四年，左丘明托之"君子曰"之言。

⑥ 《左传》昭公三十一年，左丘明托之"君子曰"之言。

⑦ 《公羊传》闵公元年。

⑧ 《穀梁传》文公二年。

⑨ 《孟子·离娄下》。

⑩ 《孟子·滕文公下》。

⑪ 同上。

⑫ 《史记·孔子世家》。

⑬ 司马迁转述董仲舒之言，见《史记·太史公自序》。

⑭ 《礼记·经解》。

⑮ 毛奇龄于《春秋属辞比事记序》云："夫辞何以属？谓天下史文之散漶者，宜合属也。事何以比？谓夫史官所载之事，畔辞参错，而当为之比以类也。"按《春秋》记日食三十六，地震五，火灾十四，弑君三十六，亡国五十二，可见其比事的一般。

⑯ 陈师锡：《五代史记序》。

⑰ 《宋史》卷三一九《欧阳修传》。

⑱ 参见赵翼：《廿二史劄记》卷二十一《欧史书法谨严》条。

⑲ 《廿二史考异》卷四六。

⑳ 《十驾斋养新录》卷十三《唐书直笔新例》条。

㉑ 《十七史商榷》卷九二《唐史论断》条。

㉒ 《十七史商榷序》。

㉓ 《左传》宣公二年。

㉔ 《文心雕龙·史传》篇。

㉕ 刘基：《郁离子》卷上《论史》。

㉖ 《文心雕龙·史传》篇。

㉗ 《晋书·忠义传》。

㉘ 《北史·列女传》。

㉙ 《史通·直书》篇。

㉚ 《史通·曲笔》篇。

㉛ 戴名世：《南山集》卷一《史论》。

㉜ 《史通·直书》篇。

㉝ 黄宗羲：《南雷文约》卷三《地狱》。

㉞ 《晋书·石季龙载记》。

㉟ 参见 Lord Acton，Inaugural Lecture on the Study of History（Delivered at Cambridge，June，1985）in *Lectures on Modern History*，Macmillan，1906，pp.

27－28；D. M. Sturley, *The Study of History*, Longmans, 1969, p. 32。

㊱《后汉书·梁冀列传》云："冀立质帝，帝少而聪慧，知冀骄横，尝朝群臣，目冀曰：'此跋扈将军也！'"

㊲西方颇多讨论道德判断或价值判断（value judgment）的专书及专文，今举要列举于下，以备参考：

1. Jacob Burckhardt, *Reflections on History*, Allen & Unwin. 1943.
2. Merie Collins Swabey, *The Judgment of History*, Philosophical Libray, 1954.
3. Isaiah Berlin, *Historical Inevitability*, Oxford University Press, 1954.
4. Herbert Butterfield, "Moral Judgments in History", in *Butterfield's History and Human Relations*, Collins, 1951.
5. Ann Low-Ben, "Moral Judgments in History and History Teaching", in W. H. Burston and D. Thompson's Studies in *The Nature and Teaching of History*, Routlege and Kegan Paul, 1967.

第九章　中国史学的缺陷与所应西学于西方者

（一）概说

中国史学的缺陷，在清末民初西方史学东来之际，备受中国学术界猛烈攻击。直斥中国正史为帝王家谱者，为极流行的论调；领导学术界的梁启超，则痛诋中国史学“知有朝廷而不知有国家”，“知有个人而不知有群体”，“知有陈迹而不知有今务”，“知有事实而不知有理想”；驯致认为中国史学“能铺叙而不能别裁”，“能因袭而不能创作”。浮夸之论如此，历百年而未被完全修正。西方史学界，其论及中国史学者，尤多过激、荒诞。力主客观公正的德国史学家兰克认为中国只有冗长的编年史，没有真历史，立论完全失去客观公正；竭尽能力了解中国史学的英国史学家巴特菲尔德与浦朗穆，得出的结论，是中国文化中没有历史观念、中国史学永远没有突破通往真历史的最后障碍——希望窥探往事的真相，论见如此，令人感觉史学上的真理，渺茫不可期。

中国史学，自有缺陷，而有待中肯真切之论评判之。谨于下文试言其大者：

（二）中国史学的缺陷

1. 神圣独立的史官中，非无曲笔逢迎者

中国设立的史官，神圣独立，历历见于史册。董狐、齐太史、南史氏，其高风亮节，千古称颂；“宁为兰摧玉折，不作瓦砾长存”的史官，也接踵出现。惟畏祸徇时，曲笔逢迎者，亦非无其人。“舞词弄札，饰非文过”，“用舍由乎臆说，威福行乎笔端”，“事每凭虚，词多乌有，或假人之美，借为私惠，或诬人之恶，持报己雠”①，此类“记言之奸贼，载笔之凶人”②，刘知几一一揭出其史实。北宋时代所修类书《册府元龟》于国史部《不实》条列举了从古代到唐代史宫曲笔逢迎的具体事件，并于该条的序论云：

> “《传》曰：‘书法不隐’。又曰：‘不刊之书，盖圣人垂世立法，惩恶劝善者也。’若乃因嫌而沮善，渎货以隐恶，或畏威而曲加文饰，或徇时而蔑纪勋伐，恣笔端而溢美，擅胸臆以厚诬，宜当秽史之名，岂曰传世之实。垂于后世，不其恧欤？”③

史官如此记事，真历史将不见。史官出现伤害历史的败类，中国的史学，遂笼罩重重阴影。

2. 集众官修的正史，每见繁芜、陋劣之作

中国集众官修正史的制度，为中国留下大量珍贵的原始资料，其功在史学，举世无伦。惟历史写作（the writing of history），原则上是一人的专业，集众修史，“是犹招市人而与谋室中之事”④，难

期臻于理想。西方学者很明白地说："历史巨著，必须是一家之学，而非集众专家各出其所长以凝成。"⑤历史专业，成于众人，其弊端必生。中国史学家刘知几、万斯同都指出集体修史，没有适当的领导人，通盘精密设计，监修者尸位素餐，撰修者互相推避，条章不立，著述无主，选材不宜，择事欠精，以致苟延岁月，杂乱成书⑥，这是极为中肯的批评。以元、明所修的正史而论，元代所修的《宋史》，繁芜不堪；明代所修的《元史》，陋劣无比（同一书中，本纪或一事而再书，列传或一人而两传），皆显现集众修史的弊端。情况如此，官修正史中遂难见《史记》、《汉书》一类的巨著。

3．纪传体例，能现历史万象，而有见树不见林之弊

中国史学中的纪传体例，为中国的绝大发明，其优点为能呈现历史万象，巨细靡遗，其缺陷则为有见树不见林之弊。事实与事实间失去连接关系，历史的意义不见，历史发展的轨迹不彰。缺陷如此，而盛行两千余年，未被代替。清代史学家章学诚拟思变革，代以类似纪事本末的体例：

> "按本末之为体也，因事命篇，不为常格，非深知古今大体，天下经纶，不能网罗隐括，无遗无滥，文省于纪传，事豁于编年，决断去取，体圆用神，斯真《尚书》之遗也。"⑦

与友人书则云：

> "神奇可化臭腐，臭腐亦复化为神奇。纪事本末本无深意，而因事命题，不为成法，则引而伸之，扩而充之，遂觉体圆用神，《尚书》神圣制作，数千年来可仰望而不可接者，至此可以

仰追，岂非穷变通久，自有其会，纪传流弊，至于极尽，而天诱仆衷，为从此百千年后史学开蚕丛乎？今仍纪传之体，而参本末之法，增图谱之例，而删书志之名，发凡起例，别具《圆通》之篇，推论甚精，造次难尽，须俟脱稿，便为续上奉郢质也。”⑧

章氏所撰《圆通》篇，未传于世，然其理想中的体例，大约为师《尚书》之意，参本末之法，因事命篇，不为常格，决断去取，体圆用神，此与西方流行的史学体例，甚相吻合。西方流行的史学体例，为分章节，章节命名，没有常格，视历史发展的情势及事件的重大性而定，以致变化无穷。“因事命篇，不为常格”，“决断去取，体圆用神”，与此遂无二致。自此可见中西史学体例的异同优劣所在。

4．宋以后流行的史论，不能与西方的历史解释相比拟

中国的史论，为就历史上的人物以及历史上所发生的事件所作的评论。自《左传》、《史记》发其端，此后正史于叙事之后，皆有论赞，以作评论。自宋以后，写史论可以供帖括之用，与功名利禄相连，于是蔚为风气，苏洵、苏轼父子，皆喜写史论。吕祖谦的《东莱博议》，张溥的《历代史论》，则为史论专书。风气所趋，千年不绝。

史论是否属于历史解释，为一极富争论性的问题。正史上的论赞，往往能高瞻远瞩，以剖析历史；苏轼、吕祖谦等则效纵横家言，任意雌黄史迹；“才缮史略，即可成文”，“凿空生义，僻谬不情”⑨，其史论自不应视之为历史解释，尤不能与西方的历史解释相比拟。西方的历史解释，为就历史发展的渊源、原因、背景、影响，编织历史事实以解释，其解释容或主观，然皆有无限根据，非凿空生论。西方学者认为中国的史论，大多根据道德观点，对历史事件所下的泛论，是属于政治的与伦理的历史解释（political and ethical interpretation of history）⑩。其评论甚为中肯，深值虚心采纳。

5. 西方汉学家的评论

西方研究中国历史的汉学家，对于中国史学的评论，往往能灼见其缺陷所在：

> “从我们的现代观点来看，司马光的方法最严重的缺陷之一，也是几乎所有中国传统史学家的缺陷，是将注意力局于一个时代的一项孤立事件，约略叙其前后，以及综论人的品德等等，可是不曾尝试将每一事件与其他众多事件编织成一错综的关系网。”⑪

这是评论中国史学孤立事件的缺陷。

> “与西方史学比较起来，整个中国史学的显著特征安在？西方史学家虽经审慎考虑，力摒成见，其所能提供的答案，将为中国史学的刻板特性（stereotype character）而已。所谓‘刻板’，意味着显然相反的两事。它意味着中国史学缺乏人的感触（personal touch），也意味着缺乏到达综合的抽象思维（abstract thinking）；因为当涉及人物的时候，其人物非个人，而为一群人物的代表，个人的特性溶于群体之中；而当涉及事件的时候，仅载其详细事实，虽相同事实，经常重复，而未能将其通观（generalization）。”⑫

"以近代观点来看，传统中国史学有一些缺陷。刻板的纪年与博引，而不以一家之言，作贯通性的叙事，阻碍了真正的历史综合（real historical synthesis）"。⑬

这是评论中国史学刻板性的缺陷。

"中国传统史学家，已为我们提供了丰富的传记资料。但是比较起来，时代不如其他历史著作正确，同时不如其他历史著作经过严密的批评。此外，严格说起来，传记是出自家庭颂扬作品（the eulogistic writings of family cults），仅涉及传主生平的一面。还有传记几乎仅写与作者同一社会群体的人物。在这些自我限制（self-imposed limitations）之下，又凭作者严格受拘束的意向去观察，成果完全称得上丰硕，但是对近代学者来讲，这些限制带来一严重问题，大大说明了无个人的气息，给初研究中国史的人一难以忍受的印象。"⑭

这是评论中国史学中传记部分的缺陷。

孤立事件，不将每一事件与其他众多事件编织成错综的关系网，是中国史学的最大缺陷之一；刻板的纪年与博引，不以一家之言，作贯通性的叙事，同时缺乏到达综合的抽象思维，未能通观历史，也是中国史学的严重缺陷；传记取之于家庭颂扬作品，未经过严密的批评，其成就自然落于西方传记学之后。凡此，都是金玉良言，应珍若球璧。

（三）中国所应西学于西方者

1. 兼采西方史学体例

中国流行两千余年的纪传体，到西方史学输入中国以后，差不多完全为西方的史学体例代替了。史学家写史，不再采用纪传体，而用西方因事命篇的章节体。选题详述，综其始末，而穷其究极。能现历史万象的纪传体，自史学中消失，史学的损失，莫大于此。

兼采西方史学体例，以与中国史学体例相配合，是当今应采取的一种态度。中国大陆正在撰修中的《清史》，系采用纪传体与章节体的综合体例[15]，如能成功，将现中国新史学的一页。

2. 融合西方史学方法

以中西史学方法相比较，西方史学方法竞艳斗奇，中国史学方法平实质朴，互有短长，难分轩轾。冶于一炉，将是史学上的盛事。

作者于 1979 年曾撰写《史学方法论》一书，融合中西史学方法于一编。当时感觉两者可以互补，未有冲突。惟以三十年治史的匆匆岁月（维运治史，自 1951 年始），遽论中西三千年的治史方法，所见必有谬误，战兢之情，无时或已。近三十年来，继续钻研，朝夕披阅中西史籍，不时将旧著修正，删削，增加，未敢期于理想，只欲略尽微力而已[16]。前驱小卒，期待今后博雅学者，完成此一伟业，以为史学辟新猷，开蚕丛。

3. 会通西方史学理论

西方惯见新奇惊人的史学理论，如历史进化论、历史相对论，皆石破天惊，风行一时，此为中国之所无。中国考史写史方面的史学理论，则丛出叠现，取之不尽，用之不竭，其丰富非西方所能企及。两者会通，以其所有，易其所无，则史学理论，将放万丈异彩。

西方史学家长于分析，精于综合，凡所论述，皆能建立体系，自成其说，喋喋数十万言不休。中国史学家则往往将其理论，寓于简约文字之中，寥寥数语，隐约其义，读者遂难尽明其真义所在。以西方史学理论的剖析明辨，济中国史学理论的简约隐晦，会通之道，尽在于此。

---

① 《史通·曲笔》篇。

② 同上。

③ 《册府元龟》卷五五六二。

④ 钱大昕：《潜研堂文集》卷三八《万先生斯同传》。

⑤ Bertrand Russell, *History As an Art*, Hermon Ould Memorial Lecture, 1954, p. 4.

⑥ 参见《史通·忤时》、《辨职》篇及《潜研堂文集》卷三八《万先生斯同传》。

⑦ 《文史通义·书教下》。

⑧ 《文史通义·与邵二云论修宋史书》。

⑨ 语出《四库全书总目提要》史部史评类。

⑩ W. G. Beasley and E. G. Pulleyblank, eds., *Historians of China and Japan*, 1961, p. 136.

⑪ Ibid., p. 158:

"From our modern point of view one of the most serious limitations of Ssu-ma Kuang's method—an often mentioned limitation of almost all traditional Chinese historians—was the restriction of attention to one isolated event at a time, with a certain amount of backward and forward glancing, generalizing about a man's character, etc., but without the attempt to see each event interwoven into a complex mesh of interrelationships with other events."

此为加拿大汉学家浦立本（E. G. Pulleyblank）对中国史学的评论。

⑫ E. Balazs, "History as a Guide to Bureaucratic Practice", in Balazs, *Chinese Civilization and Bureaucracy*, 1964, p. 129:

"What is the distinctive feature of Chinese historiography as a whole, when compared with that of the west? The answer a Western historian would give, even after thinking about the matter carefully and doing his best to rid himself of prejudice, would be: its stereotype character. And 'stereotype' would imply two apparently contradictory things. It would imply that Chinese historiography lacks the personal touch, and that it also lacks the kind of abstract thinking required for reaching a synthesis; for when it deals with people, they appear not as individuals but as representative members of a group in which their individual characteristics are merged; and when it deals with events, it merely states details facts, and although the same facts may be constantly repeated, this does not amount to generalization about them."

此为法国汉学家白乐日（E. Balazs）对中国史学的评论。白氏在《中日史学家》（*Historians of China and Japan*）一书中用法文写《历史为从政的辅导》（L'histoire Comme Guide de La Practique Bureaucratique）一文，1964 年他出版《中国文明与官僚政治》（*Chinese Civilization and Bureaucracy*）一书，其中"History as a Guide to Bureaucratic Practice"一章（pp. 129－149），与法文稿全同，今转引之。

⑬ Earl H. Pritchard, "Traditional Chinese Historiography and Local Histories", in *The Uses of History*, ed. by Hayden V. White, 1968, p. 200:

"Judge by modern ideas, however, traditional Chinese historiography had certain weaknesses. The rather rigid chronological manner of presentation and the practice of quoting extensively, rather than giving a unified account of events in one's own words, discouraged real historical synthesis."

此为美国汉学家普里查德（Earl H. Pritchard）对中国史学的评论。

⑭ W. G. Beasley and E. G. Pulleyblank, *Historians of China and Japan*, pp. 113－114:

"Chinese traditional historians have provided us with a wealth of biographical material. But this is less accurately dated and subjected to less scrupulous criticism than the other sections of historical works. It is, moreover, biography in a strictly limited sense, derived from the eulogistic writings of family cults, and concerned with only one aspect of the subject's life. Lastly, it is concerned almost exclusively with members of the same social group as its authors. Within these self-imposed limitations, and viewed from the strictly circumscribed intentions of the authors, the results are perfectly adequate, but for the modern scholar these limitations present a serious problem and account for much of the impersonal atmosphere which makes such a forcible impression on one beginning the study of Chinese history."

此为英国汉学家杜希德（D. C. Twitchett）对中国史学的评论。

⑮ 参见拙文:《集体写史的方法论》(收入拙著:《变动世界中的史学》，北京大学出版社，2006年9月第一版)。

⑯ 拙著《史学方法论》于1979年2月由华世出版社出版，共分二十二章，同年10月再版。继由三民书局印行，迄于1997年9月，近二十年中，共印十四版，每版尽量皆作修订，或订谬误，或作增删。出第七版时，增加了《传记的特质和撰写方法》一章。1999年大规模增订，全书由直排改为横排，增加了《一部柔美的历史》、《可以看到听到的历史》、《史学家的胸襟》、《史学方法的承旧与创新》四章，并为《史料析论》、《史料考证》、《历史辅助科学》（易名为《博学与历史研究》)、《历史的功用与弊害》(易名为《历史的两个境界》)、《比较方法》诸章，增加中国史学方法，称第十五版。其后第十六、十七、十八版续出，至2008年出版的第十九版，《集体写史的方法》与《历史研究与灵感》两章，又新入其中。三十年中，拙著出版的沧桑如此。版本学家，宁不伤神?！犹忆第五版的后记云：

"'君子之学，廓然而大公，物来而顺应，故闻一善言，见一善行，若决江河，沛然莫之能御。'(《日知录·艮其限》)生平治学，最服膺顾亭林斯言，常置座右，以自策励。拙著《史学方法论》自1979年2月问世以来，三年多的时间，印行了五版，读者的热烈反应，给了我鼓舞，也使我万分惶恐。尝思就最不满意部分，详加修订，而患不能。仅于每出新版之际，对字句间的误谬，略作校正。约计第二版时校正误谬六十余处，第三版时校正误谬四十余处，第四版时校正五十余处，今出第五版，又校正误谬数处。误谬的发现，有出于自我者，有出于师友的指教者。以师友论及拙著的来信而论，已积至五十余封，短者数十言，长者近万言。其中精见叠出，如徐复观、左景权、严耕望、许冠三、杜聿新、胡昌智诸先生的来信，皆能启我茅塞。张存武、黄俊杰两先生的书评，尤其提出了许多宝贵意见。将来拙著动大手术时，必一一斟酌采纳。现在仅取其涉及字句之小者。特记于此，聊表谢意。

拙著于出版后不久，即幸获‘教育部’六十七年度学术奖，兴奋之余，战兢不已。惟期亡羊补牢，时作修正，以赎过愆。

1982 年 8 月杜维运记于香港听涛楼。”

仅附于此，聊备一览。

第十章　比较史学与世界史学的建立

（一）兰克史学的冠冕地位及陷于危机

西方自拿破仑战争（the Napoleonic Wars）以后，史学进入黄金时期（the golden age of historiography）[①]，迄于1914年第一次世界大战前夕，百余年间，西方史学，臻于极盛[②]，举世史学，皆俯首于其下。德国大史学家兰克尤其扮演了最主要的角色，其史学的光芒，耀射寰宇。德国史学家尼布尔（Barthold George Niebuhr）、孟森（Theodor von Mommsen），法国史学家泰恩（Hippolyte Taine）、菲斯泰尔（Fustel de Coulanges），英国史学家阿克顿（Lord Acton）、伯里（J. B. Bury），又为之辅翼，为之宣扬[③]，以致兰克史学，跃居西方史学的冠冕地位，全世界仰慕之，仿效之，成为风尚。

兰克史学何以如此风靡世界呢？1824年兰克所倡出的"呈现往事真相"（to show what actually happened）一语，震撼了西方史学界，但是在中国此语却是治史者人人所尽知。"据事直书"，"书法不隐"，"实录直书"，"有是事而如是事"，都是"呈现往事真相"。数千年中国史学家倡言之，而未起波浪。兰克史学掀起世界浪潮，"呈现往事真相"一语，只是起点，其重要关键在于兰克所开创的史学方法，带动了史学革命，致使流风所至，不可遏御。今谨据西方史学家所论及者，扼要言其有珍贵价值的史学方法：

兰克治史，力主客观，公正（impartiality），不具成见，不染色彩。根绝记录中的虚伪与谬误，致力于考证资料本身的一致，且与同时代产生的资料相切磋；坚持使用原始资料（primary sources），视目击者的报告（eyewitness reports）为最纯质（purest）；避免依赖转手资料（secondary sources），而自档案资料，追寻历史的真相；建立了大学中的研讨室（seminar rooms），借讨论以进行研究；眼光也扩及到全球；耐心，谨严，细致，忠实，变成了治史的信条④。

如此看起来，兰克开创了一套批判史学（critical historiography），亦即所谓科学史学（scientific historiography）。西方史学家随风高倡“历史是科学，也应该是科学”（History is and should be a science）⑤；“历史是不折不扣的科学”⑥；有一天史学家可以写出无瑕无疵，后人不能复赘一词的尽善尽美的历史（ultimate history）⑦，是史学家的乐观；追寻历史真理（historical truth），发现历史定律（historical law），成为史学家的任务；辉煌威严的兰克史学殿堂，于是出现了，历史统一的大业，像是已经完成了。

惟自第一次世界大战以后，西方史学界已觉悟到兰克史学的缺陷及所受的限制。1930年代极为盛行的历史相对论（historical relativism），否定了历史是实际发生的往事（what actually happened），而是史学家写出来的，“人人皆自主的史学家”⑧及“历史为信仰行为”⑨的信念，成为一时的口头禅；英国剑桥史学家对于“尽善尽美的历史”，也提出极为悲观的看法：“后一代的史学家无此奢望，他们预感其作品将一再被代替。他们认为，过去的知识，流传下来，经过许多学者的处理，其中决不可能仅含有基本的无个人色彩的原素，而不可增减。……这些探险工作，似乎是永无止境的；一些缺乏耐性的学者，甚至陷入怀疑论调，或者至少认为，既然一切历史判断都牵涉到人的观点，那么就无所谓是非，无所谓‘客观的历史真理’了。”[10]一直到晚近，相信科学史学的史学家，也不得不说：“无论如何，史学家没有放弃对历史忠实的基本约定，此一基本约定，鼓舞了兰克及其同道。在最近，史学家逐渐承认客观所受的限制。……史学家用批判的工具研究其资料，在很多方面，仍然是一样的。不过，我们考察资料，更小心翼翼。我们更警觉到资料所能传达的真实，有其限度。”[11]历史不是实际发生的往事，而是史学家写出来的；一切历史判断都牵涉到人的观点，没有所谓历史真理；历史上的客观、真实，也都受到限制、约束。那么兰克史学，已受到了极大的挑战。

1960 年代末期，西方出现的后现代主义，则使兰克史学以及整个西方史学，陷入最大的危机之中。后现代主义者认为在历史上没有真理，没有客观，没有真实，历史与文学作品的虚构，没有两样，这是摧毁兰克史学的基本论调；从文献（即资料，后现代主义者称之为 text）中，后现代主义者不认为能有故事叙述出来，这是否定兰克资料至上的主张；坚持历史对现代及未来没有任何功用，同时宣布历史已经死亡，这是整个抛弃了历史[12]。史学，历史，同归于尽，人类命运，已不可知。西方史学家奋起应战，而未奏肤功[13]。这就有待比较史学（comparative historiography）出现，以拯救西方史学了。

（二）比较史学的魔杖神力
——以中国史学济西方史学之穷

法国年鉴学派（The Annales School）史学家布洛赫（Marc Bloch）有比较史学家（comparative historian）之称，他曾经说：“我

已使用了一个有神力的魔杖（a powerful magic wand），其名即比较方法（the comparative method）。”[14]比较方法是否有魔杖的神力呢？用在比较史学上，可以见其效验。

兰克的史学，像是高贵的梦（noble dream）。其实现绝难，其高贵则依然。历史怎能不直书（呈现往事真相）呢？史学家怎能不自原始资料，追寻历史的真相呢？史学家对历史忠实、客观、公正，是必须遵守的规律；史学家耐心、谨严、细致，且将眼光放之于世界，是应当培养的条件。高贵的史学，孰过于此！

惟高贵须配合，西方两千余年的史学，未能配合兰克史学，以致兰克史学，危机日深。“以中国史学之烛，照西方史学之幽”[15]，比较史学应是发挥魔杖神力的时候了！

1. 西方两千余年的史学，其最大的缺陷，为文字记录缺乏（19世纪以后例外），史学家不得已利用修辞学的方法以写史，没有资料根据，而自出抒机以创写，想像充满于历史作品之中，于是与文学作品的虚构接近。“历史若文学”之论[16]，由后现代主义者倡出，遂不意外。西方史学家争论其不然，而未有充分的论据。中国的史书，自《左传》、《史记》以后，何止万千？而皆与文学作品泾渭分明。由文学家写成的历史作品，也与文学作品，划分此疆彼界。所以如此，由于中国自上古时代起，设立了及时记载天下事的史官，数千年史官逐日记事，以致为中国留下大量的文字记录；史官又及时修史，将累积的文字记录，修成史书，国史、实录、正史盈宇内，历史又怎能沦于文学的虚构呢？中国有史官记事制度，西方则无，中西史学，遂现分歧，由此可知史学的急务所在。中国史学能济西方史学之穷，这是其一。

2. 西方史学家的历史解释艺术（the art of historical interpretation），独步寰宇，而历史叙事艺术（the art of historical narrative），

则落于中国之后。西方史学家选择历史上的重大问题，进行解释，溯其渊源，明其发展，而穷其影响；所运用的历史事实，与其解释密切配合；所呈现出来的和谐画面（a coherent picture），及深具意义的整体（a meaningful whole），有如天成，令人激赏。惟另外史学家根据另外的历史事实，对同一问题进行解释时，则解释立现歧异。历史解释，新陈代谢，历史不确定，其价值遂易被怀疑。反观中国，史学家叙事，精细，详赡，不是为解释而叙事，而能将具体、独一、特殊的历史事件，原原本本的叙述出来，琐碎饾饤之弊，自所难免，而大量保存了历史事实，使历史趋于稳定，而不易流于虚幻。中国史学能济西方史学之穷，这是其二。

3. 后现代主义者提倡撰写殖民史、妇女史、奴隶史、劳工史，甚至于疯癫史、性史、同性恋史，是其有卓见处，矫正了兰克仅重政治史、军事史、外交史的流弊。法国年鉴学派史学家呼吁撰写人类全史（total history），其代表史学家布罗代尔（Fernand Braudel）所写的《菲力浦二世时代的地中海与地中海世界》（*The Mediteranean and the Mediteranean World in the Age of Philip Ⅱ*）一书，就地中海世界的自然与人文地理，经济、政治的生活，政治结构以及菲力浦二世的地中海政策，一一缕述，而仍未臻于理想[17]。中国由司马迁所首创的纪传体，用本纪、世家、列传、书（志）、表记载天下所发生的各类事件，本纪、世家、列传写人物，书志写学术、制度、名物，表以时间系事件，一部书中，万象毕陈，无遗无漏，这是接近理想的全史，为西方所无。中国史学能济西方史学之穷，这是其三。

4. 西方向全世界骄傲者，为其批判史学（critical historiography）。批判史学所以求真。兰克史学在求真。兰克以后西方所出现的讨论史学方法的书，早期如班汉穆（Ernst Bernheim）的《史学方法论》（*Lehrbuch der historichen Methode*，1889 年出版），朗格诺瓦、瑟诺博司合著的《史学原论》(V. Langlois & Ch. Seignobos, *Introduction to the Study of History*, translated by G. G. Berry, 1898年出版), 皆为求真。近代史学界治史、规规以西方兰克以后的史学方法为准则, 而不敢逾越。殊不知中国所发展的史学方法, 其悠久, 其准确, 有逾于西方者。中国史学家所用的聚群籍而考其异同、辨其是非的比较方法, 大量作劄记同时作长编的归纳方法, 都是值得举世效法的史学方法; 中国考据史料的方法, 与西方考据史料的方法, 极为接近; 中国讨论史学方法的专书如《史通》、《文史通义》(二者于谈史学方法以外, 兼谈史学理论、史学思想等), 比班汉穆、朗格诺瓦等人之书精辟广阔。平心静气比较中西史学方法, 可知其异同优劣所在。中国史学能济西方史学之穷, 这是其四。

5. 后现代主义者觉悟到欧洲不再是世界的中心, 白种人不再是主宰天下的主人, 其世界眼光, 已超越了兰克。兰克虽有世界眼光, 虽倾力撰写世界史, 但是他的世界, 仍然以欧洲为重心, 对于欧洲以外的国家民族, 仍有歧见。中国则自上古时代起, 史学家已具有世界眼光, 司马迁于写中国历史以外, 写他所能知的整个世界, 匈奴、朝鲜、南越、东越、西南夷、大宛, 一一列传, 人迹所至, 日月所临, 全写到《史记》里面去。《史记》以后, 中国历代的正史, 皆写外族, 是世界史的胸襟;《通典》、《通鉴》、《通志》、《文献通考》以及章学诚所倡写的通史, 都是世界史的规模。西方流行写国家民族史 (national history), 中国流行写世界史, 中国史学能济西方史学之穷, 这是其五。[18]

（三）世界史学的建立

中国史学与西方史学为世界史学的最大遗产，已是不争之论。阿拉伯史学虽有成就，但难与中西史学鼎足而三。四大文明古国之一的印度，被认为没有史学[19]。非洲地区，甚至于被认为没有历史[20]。辽阔的世界，史学珍贵。将中西史学比较、综合之后，可望建立崭新的世界史学。下章将详论之。

---

① Theodore S. Hamerow, *Reflections on History and Historians*, The University of Wisconsin Press, 1987, p. 163.

② H. E. Barnes, *A History of Historical Writing*, Okla. 1937, Dover Press, 1962:

"Historical scholarship, by 1914, seemed to have attained a very high degree of impartiality. Patriotic sentiment were subordinated to the desire to tell the truth.... The historian who allowed patriotism to distort his judgment or ruffle his mental calm was very sharply criticized." p. 277.

③ S. W. F. Holloway, "History and Sociology: What History is and What it ought to be", in *Studies in the Nature and Teaching of History*, eds. by W. H. Burston and D. Thompson, Routledge & Kegan Paul, 1967, p. 1:

"It was Leopold von Ranke, together with his contemporaries and successors of the Prussian Historical School, who laid the foundation of modern academic history. If there is meaning in history it can only be discovered, said Ranke, by a patient and detailed examination of the facts by men trained in the use of objective methods of historical scholarship. To be objective, it is necessary that only what the documents reveal must have actually happened should be reported. 'The strict presentation of the facts is... the supreme law of historiography', declared Ranke. In 1859 the new Historische Zeitschrift announced to its contributors that 'this periodical should, above all, be a scientific one. Its first task, therefore, should be to represent the true method of historical research and to point out the deviations therefrom'. Critical methods were devised for sifting, testing, collating and evaluating documentary sources, and the most rigorous standards were employed in judging the objectivity, impartiality, and accuracy of historical works. A series of great scholars, Ranke, Niebuhr, and Mommsen in Germany, Taine and Fustel de Coulanges in France, Lord Acton and J. B. Bury in England, taught these techniques of historical science to a new generation of historians."

④ Lord Acton:

"Ranke is the representative of the age which instituted the modern study of history. He taught it to be critical, to be colourless, and to be new. We meet him at every step, and he has done more for us than any other man. There are stronger books than any one of his, and some may have surpassed him in political, religious, philosophic insight, in vividness of the creative imagination, in originality, elevation, and depth of thought; but by the extent of important work well executed, by his influence on able man, and by the amount of knowledge which mankind receives and employs with stamp of his mind upon it, he stands without a rival." (A Lecture on the Study of History, delivered at Cambridge, June 11, 1895, October, 1895, Macmillan & Co., pp. 48-49.)

Fritz Stern:

Ranke

"Two qualities, I think, are required for the making of the true historian: first, he must feel a participation and pleasure in the particular for itself. ...

Still, this does not suffice; the historian must keep his eye on the universal aspect of things. He will have no preconceived ideas as does the philosopher." (Fritz Stern, ed., *The Varieties of History*, *from Voltaire to the Present*, Meridian Books, 1956, p. 59.)

Joyce Appleby, Lynn Hunt & Margaret Jacob:

“To be scientific, consequently, history needed something like a laboratory and something like physical evidence. The seminar rooms and archives where university scholars taught and did research became the laboratories of history; historians sought their evidence amid the dust of actual documents and other traces left by the past. Through the seminar, invented in the 1830s by German Professor of history, Leopold von Ranke, the master teacher taught the techniques of reading and dissecting historical documents. Students learned to compare the documents rigorously; newly opened state and church archives became places where truth night be found through an interrogation of document after document. Ranke' s students (all men) saw themselves as ‘intimate disciples’ of the beloved master. ‘He would break into jouyous laughter’, one of them reported, ‘when he succeeded in destroying a false tradition or in reconstructing events as they occurred.’ It is hard to imagine that quality of enthusiasm in the most history classrooms today.” (Joyce Appleby, Lyun Hunt & Margaret Jacob, *Telling the Truth about History*, Norton, 1994, p. 73.)

Richard J. Evans:

“Historians, argued Ranke, had to root out forgeries and falsifications from the record. They had to test documents on the basis of their internal consistency’ and their consistency with other documents originating at the same period. They had to stick to ‘primary sources’, eyewitness reports and what Ranke called the ‘purest, most immediate documents’ which could be show to have originated at the time under investigation, and avoid reliance on ‘secondary sources’ such as memoirs or histories generated after the event. Moreover, they had to investigate the subject to the critical method all the sources relating to the events in which they were interested. They should not be content, as for example Gibbon had been, to rely on printed documents, and chronicles generally available in libraries. They had instead to sally forth, as Ranke did, into the archives, to work their way through the vast unpublished hoards of original manuscripts. ... Only then, by gathering, criticizing and verifying all the available sources, could they

put themselves in a position to reconstruct the past accurately." (Richard J. Evans, *In Defence of History*, Grants Books, 1997, p. 18.)
类似论述，不胜枚举。

⑤ Fritz Stern, ed., *The Varieties of History, from Voltaire to the Present*, Meridian Books, 1956, p. 179；法国史学家 Fustel de Coulanges 之言。

⑥ J. B. Bury, *The Science of History*, inaugural lecture of January, 1903.

⑦ *The Cambridge Modern History: Its Origin, Authorship and Production*, pp. 10－12. 执笔者为 Lord Acton。

⑧ Car L. Becker, *Everyman His Own Historian*, Presidential Address delivered before the American Historical Association, 1931.

⑨ Charles A. Beard, "Written History as an Act of Faith", in *American Historical Review*, XXIX, 2 (1934).

⑩ The New Cambridge Modern History, 1 (1957), pp. xxiv－xxv，执笔者为克拉克（Sir George Clark, 1890－1979）。

⑪ Georg G. Iggers, *New Directions in European Historiography*, revised edition, Methuen, 1985, p. 144.

⑫ 关于后现代主义，国人的论述，重要者可参阅王晴佳、古伟瀛著：《后现代与历史学》（巨流图书公司，2000 年 4 月初版）；黄进兴著：《后现代主义与史学研究》（三民书局，2006 年 1 月初版）；刘元忠：《后现代西洋史学发展的反省》（文载《台湾师范大学历史学报》第二十六期，1998 年 6 月）；汪荣祖：《后现代思潮下中国现代史学的走向》（文载《"中央研究院"近代史研究所集刊》第五十六期，2007 年 6 月）。
英文方面，重要的论述，约如下：

1. Michel Foucault, *The Archaeology of Knowledge*, Harper & Row, 1972.
2. Hayden White, *Metahistory*, The Johns Hopkins University Press, 1973.
3. Jean-Francois Lyotard, *The Postmodern Condition: A Report on Knowledge*, University of Minnesota Press, 1984.
4. Lynn Hunt, ed., *The New Cultural History*, University of California Press, 1989.

5. Keith Jenkins, *Re-thinking History*, Routledge, 1991.

6. Jacques Derrida, *Archive Fever*, The University of Chicago Press, 1995.

7. Joyce Appleby, Elizabeth Couington, David Hoyt, Michael Latham, Allison Sneider, eds., *Knowledge and Postmodernism in Historical Perspective*, Routledge, 1996.

8. Keith Jenkins, *The Postmodern History Reader*, Routledge, 1997.

9. Alum Munslow, *The Routledge Companion to Historical Studies*, Routledge, 2000.

10. Keith Jenkins & Alum Munslow, eds., *The Nature of History Reader*, Routledge, 2004.

11. Bowen Raddeker, *Sceptical History*, *Feminist and Postmodern Approaches in Practice*, Routledge, 2007.

⑬ 西方反后现代主义的论述，重要者略举于下：

1. Joyce Appleby, Lynn Hunt & Margaret Jacob, *Telling the Truth about History*, Norton, 1994.

2. Beverley Southgate, *History*: *What & Why*? Routledge, 1996.

3. Keith Windschuttle, *The Killing of History*, The Free Press, 1996.

4. Richard J. Evans, *In Defense of History*, Granta Books, 1997.

5. Gertrude Himmelfarb, *The New History and the Old*, revised edition, The Belknap Press of Harvard University Press, 2004.

⑭ 转见 C. Vann Woodward, *The Future of the Past*, Oxford, 1989, p. 144。

⑮ 晚清以后，西学东来，中国学者倡出各种融合中学西学的论调。严复有“以西方文明之烛，照中国文化之幽”之说，今姑仿其语而用之。

⑯ 参见黄进兴著：《后现代主义与史学研究》第三章。

⑰ John Tosh, *The Pursuit of History*, fourth edition, 2006, p. 139.

⑱ 以上五项所论列者，基本论据，详见本书第四、五、六、七诸章。此为荦荦大者。

⑲ 沈刚伯师于《古代中西史学的异同》一文中云：“古代的民族，像埃及、苏米尔人、巴比伦、亚述、希伯来人与波斯等，他们统统留下了各种不少

的文字记录；但这些都只是他们的历史记录，而不能说是他们的史学。在古代，有史学的只有东方的中国与西方的希腊。”（收入《沈刚伯先生文集》，“中央日报社”出版，1982 年初版；原载 1964 年 10 月 12 日《征信新闻》）

Herbert Butterfield, *The Origins of History*, Basic Books, 1981, p. 208:

“Some countries and civilizations, of which India is the most important, did not previously have what we should today call a historiography.”

⑳ 英国史学家 Hugh Trevor – Roper 在 1965 年曾宣称非洲没有历史。参见 Richard J. Evans, *In Defence of History*, Granta Books, 1997, p. 178。

第十一章　世界新史学的展望

（一）建立及时记载天下事的制度

历史须根据史料以写成。最直接的史料，是在事件发生时，当事人或同时人将其原委，及时记载下来。当事人的及时记载不多见，同时人的记载，遂极珍贵。中外建立及时记载天下事的制度，数千年来，只有中国的史官记事制度。大量珍贵的直接史料，保存下来。论史学，重要无过于此者。今后世界的新史学，必以建立世界性的史官制度为首务。国际性的会议，万国史官群集；一代的大兴革，大事变，史官和笔濡墨以缕述；采风之史遍各地，民间的疾苦、风俗，赖以纤细悉存。此种记事，与新闻记者的采访不同。新闻记者采访，往往旨在逢迎时代，哗众取宠；史官的记事，则在存真历史，直书所见所闻。如史官像历史女神一样，神圣独立，不畏强御，那么真历史便保存下来了。

（二）扩展辽阔的世界史学视野

西方从流行撰写国家民族史（national history）到近代史学家相继倡写世界史（world history），是西方史学的长足进步。“没有世界史，历史没有意义。”[①]如此真知灼见之论，为以前所未曾出现。中国人口与欧洲大陆（mainland Europe）人口相等，其文明的发展，且早于欧洲，而在一般通史（general histories）之中，中国仅占一章两章，如此情况，西方史学家坦言之[②]。他们也很郑重地说：

> “世界史扩大我们的视野，认识到其他时代其他民族的成就，察及自己心目中的世界所受的局限。简言之，世界史促使我们‘避免地方观念’。”[③]
>
> “战争变成世界性的灾难（a universal disaster），盲目、惨酷的摧毁；炸弹在儿童摇篮中爆炸；炸弹击沉输送食物到非战区及中立国的船只。我们觉悟到现在没有和平，仅有全世界的和平（a common peace）；现在没有繁荣，仅有全世界的一致繁荣（a general prosperity）。但是没有共同的历史观念（common historical ideas），不可能有世界和平。共同的历史观念，团结世人，合作无间，缺乏了这种观念，尽是偏狭、自私、相冲的国家传统，民族间自然趋向冲突与互相摧毁了。”[④]

威尔斯（H. G. Wells）在第一次世界大战结束以后，出版其畅销世界的大著《历史大纲》（*The Outline of History*，1920年初版），沉痛地指出世界的和平、繁荣，胥赖共同的历史观念（以上第二段所引)；共同的历史观念，能团结世人，合作无间。然而如何能使共同的历史观念出现呢？世界史的撰写，自然极为需要，于是他便以业余史学家的身份，撰写其世界简史了。⑤

巴拉克劳甫（Geoffrey Barraclough）于 1955 年出版其《变动世界中的历史》（*History in A Changing World*）一书后，即不断提倡撰写世界史，卓见叠出（自以上第一段所引可见），欧洲富有地方观念的国家民族史，于是便退居次要的地位了。

今后的史学家，必须扩展辽阔的世界史学视野，人迹所至，日月所临，皆写其历史，其难度甚大，而必须倾力以赴。世界和平，人类幸福，实利赖之。

（三）撰写全人类的历史

历史的范围须扩大，在此范围内的社会人群，皆须写及。所谓全史，是史学的极高境界。中国的纪传体，是全史的典范之一。法国年鉴学派的全史，揭开了新历史的一页。政治史、经济史、军事史、社会史、文化史、学术思想史、妇女史、殖民史，甚至于疯癫史，同时撰写，历史便可望巨细毕陈，无遗无漏了。

在喧嚣的市场及竞逐不已的政治舞台之外，沉默、谦虚的大众，其真实的存在，其维系天地元气，不容史学家忽视。史学家舍名位的赫然者，捃拾沟渠墙之间，起酸魂落魄，使其显于青史，是大史学家的风范。

（四）维护历史神圣独立的尊严

西方的历史女神克丽欧（Clio），象征历史的神圣；中国有风节的史官，直书权势人物的罪行，象征历史的独立。神圣独立，历史的尊严尽现，历史的尊贵，遂为其他学术所不能及。

在英国，“历史教学（history teaching）是完全自由的，不受政府约束，几乎完全没有政治压力”⑥。“政府知道如何尊重独立研究，不要求史学家违背其学术标准（academic standards）。”⑦即使在第二次世界大战期间，史学家为政府聘用，而负有宣传的使命，“他们的训练，使他们坚守忠实的崇高传统”⑧。英国如此尊重历史，举世应尊为典范。

维护历史神圣独立的尊严，是史学家的重任。“烈士徇名，壮夫重气，宁为兰摧玉折，不作瓦砾长存。若南、董之仗气直书，不避强御；韦、崔之肆情奋笔，无所阿容，虽周身之防有所不足，而遗芳余烈，人到于今称之。”⑨史学家慷慨捐命，历史凛凛神圣独立。一旦史学家“假回邪以窃位”，“持谄媚以偷荣”⑩，历史变成工具，其神圣独立安在哉！

（五）发扬历史客观、公正的精神

客观、公正，历史所以珍贵。绝对的客观，不可企求；完全的公正，有如幻影。尽力追求，不陷主观，不徇偏私，则已理想。史学家肆意主观，自其民族的立场执笔，循其理论的模式取材⑪，历史已成宣传工具；史学家私心重重，视历史为私利，回护，窜改，溢美，溢恶，历史则成糟粕，全无价值。客观、公正，兰克所强调者，应悬为万世圭臬。

“如果一种历史解释，不比另外一种历史解释好，历史研究即毫无价值。”[12]历史相对论摧毁了历史的客观。“艾克唐曾说，公正的史学家没有朋友，然即使牺牲如此，史学家在得结论及陈述时，仍须公正。”[13]客观、公正，历史精神，伟大所系，有待发扬。“事每凭虚，词多乌有；或假人之美，借为私惠；或诬人之恶，持报己雠。”[14]历史，历史，将归何处？

（六）治中西求真的史学方法于一炉

历史须真，不真的历史，失去其为历史的条件。全真的历史，无法寻求。近真的历史，可以窥探。西方近代发展的批判史学，是求真的史学方法，风靡全球。史学家精确考证史料的外部与内部，同时利用语言、文字等辅助学问，以进行了解，历史之真，可望出现。中国求真的史学方法，发展较西方悠久。“载籍极博，犹考信于六艺”，司马迁时代，已建立了考信的标准。自此以后，比较与归纳方法，史学家交互运用，参伍错综以求历史之真。至18世纪历史考据学出，博学成为求真的条件。百年之间，治史之士，埋首故纸堆中，以渊博的知识，为旧史订伪正谬，补充阙遗，旧史借以趋于正确，史学求真，无过于此。所以中西求真的史学方法，各擅胜场，不相轩轾，冶于一炉，将是史学上的盛事。[15]

（七）发展叙事、解释、分析、综合的艺术

历史的第一本质是叙事，没有叙事，没有历史。在西方侧重解释的潮流里，史学家仍然说："历史的艺术，永远停留在叙事艺术上。"[16] "叙事是历史的血液。"[17] "叙述故事是史学家的真正事业。"[18]惟历史不能止于叙事，止于叙事，历史将流于断烂朝报，而失去意义。所以史学家于叙事以后，必须将相关的史实，编织在一起，以建立史实与史实之间的关系，以了解史实发生的原因、意义与影响，这是所谓解释，历史的第二本质。举例以言，中外的编年史，中国的纪传史，都是叙事的历史。各种专门史，各种重大问题的论述，都是解释的历史。历史上的大事件，须安排在时间秩序之中，人物的生平，有待娓娓缕述，所以须有编年史、纪传史；进一步深入历史之中，以见历史的底蕴，则是解释历史的任务。解释的历史，如能与叙事的历史相配合，史学上的新猷，将悠悠出现。[19]

在叙事与解释进行之中，分析与综合扮演幕后的功臣。叙事的条理清晰，须经过细密的分析；解释精辟独到，是分析入微的成果。综合更是解释的命脉所系。大规模的综合，能见历史演化的轨迹，而历史哲学出；综合前人的研究成果，能扩大史学家的眼光，而非局限于一人的狭小范围。[20]叙事，解释，分析，综合的艺术，充分发展，新史学将展现于世人之前。

（八）培养史学家的优美气质

史学家应具备什么样的条件，中西史学家都提出意见。第 8 世纪中国史学家提出史才、史学、史识三长之论，至 18 世纪又有史德之说。西方近代史学家倡言“真正的史学家，必须以学者兼为思想家”[21]；“学术（scholarship）、理解（understanding）与文学技巧（literary skill）”是“成功重建往世的史学家所必备的三个特质”[22]。中西遥隔，而论见相符。博学，多识，文采翩翩，欲作史学家，必须具备此种条件。

博学，多识，文采翩翩以外，史学家亦须具有优美的气质。其要者，如开明、谦虚、恬澹、冷静，皆关系历史的客观与公正。史学家开明，思想宽阔（open mind），才能对任何时代、任何地区的历史，一视同仁。史学家谦虚，才能时时感觉“学之不博，见之不卓”，反复与其他学者讨论、切磋，不留余地地接受批评。史学家恬澹，远于名利，才能为真历史贡献全力。史学家冷静，情绪正常，才能荡尽偏激，居于大中至正的地位。历史如高山，其上寒冷而荒凉，史学家登上顶峰，所须具备者，实在太多了！

（九）正视新史料的丛出与新技术的训练

1. 新史料的丛出

史料至近代而激增。英国国家档案处（The Public Record Office）装满档案的插架，已超过一百公里[23]，以汗牛充栋一类的名词，已不足以形容史料的浩瀚。晚近新史料更层出不穷，无线电报、电影、电视录影带、录音带、电脑、邮传、传真、微卷、网络等新史料，遽增史学家的负担，也将掀起史学的革命。

2. 新技术的训练

史学上有一些技术问题。量化的统计技术，不必说了。一般性的如作附注及列参考书目（footnotes and bibliographical references），都有其特殊的技术。两者在西方发展至完美的程度。引书必引原文，一字一句皆注出处，而且力求精确，作者，书名，出版年月，出版处所，篇名，卷数，页数，皆一一注出，书后更详列参考书目，以为读者参考、质证，这是坦白地告诉读者"闻见之广狭，功力之疏密，心术之诚伪"[24]。当代在后现代主义冲击下，很多学术著作，纵然是由大学出版社出版，也没有任何附注[25]，这真是学术的沉沦了！

新史料须用新技术处理。新出的史料，涉及电脑、网络、录音、录影，其技术崭新，非经训练，无法应用。正视新史料，训练新技术，新史学之新，这是关键之一。

---

① Reinhard Wittram 之语，转引自 Geoffrey Barraclough, *Main Trends in History*, Holmes & Meier, 1978, p. 104。

② 参见 Marshall G. S. Hodgson, eds., *Rethinking World History*, Cambridge University Press, 1993, p. 35。

③ Geoffrey Barraclough, *Main Trends in History*, p. 15.

④ 按此为 H. G. Wells（1866－1946）序其第四版 *The Outline of History*（1920 年初版）的导言，转引自 C. H. Williams, ed., *The Modern Historian*, Nelson, 1938, p. 108。

⑤ H. G. Wells 于 1922 年出版其 *The Short History of the World*。

⑥ 参见 E. H. Dance, *History the Betrayer*, Hatchinson, 1960, p. 72。

⑦ G. N. Clark, *Historical Scholarship and Historical Thought*, 1944.

⑧ Ibid.

⑨ 《史通·直书》篇。

⑩ 同上。

⑪ 以写《欧洲通史》(*A History of Europe*)而驰名的英国史学家费希尔(H. A. L. Fisher)曾精辟地指出:"'模型历史'(pattern history)的危险之一……是史实必须编织于模型之中。"(H. A. L. Fisher, *Pages from the Past*, Oxford, 1939, p. 235.)

⑫ Alan Richardson, *History Sacred and Profane*, 1964, p. 251.

⑬ C G. Crump, The Logic of History, *Help for Students of History*, No. 6 S. P. C. K., 1919, p. 59.

⑭ 《史通·曲笔》篇。

⑮ 以辨伪书而言,中国超过西方,何啻倍蓰。西方辨伪书,始自文艺复兴时代。中国则自秦火以后,即已发展,延至近代,学者已归纳出若干鉴别伪书的通例,极值参考。参见胡应麟:《四部正伪》、《四库全书总目提要》、张心澂:《伪书通考》及梁启超:《中国历史研究法》第五章。

⑯ G. M. Trevelyan 之语,转引自 John Cline, *Not by Fact Alone*, Houghton Mifflin, 1989, p. 281。

⑰ Barbara W. Tuchman, *Practising History*, Macmillan, 1981, p. 17.

⑱ J. H. Hexter, *Reappraisals in History*, Longmans, 1961, p. 21.

⑲ 关于叙事与解释,拙著《史学方法论》第十三章《历史叙事与历史解释》曾详论之。

⑳ Alan Richardson 曾很精辟地说:

"Every historian has to accept masses of second-hand judgments, however critical he tries to be, because it is impossible for him to verify every single 'fact' of history for himself." (*History Sacred and Profane*, 1964, p. 194.)

㉑ G. N. Clark, *Historical Scholarship and Historical Thought*, 1944, p. 22.

㉒ Alan Richardson, *History Sacred and Profane*, 1964, p. 159.

㉓ John Tosh, *The Pursuit of History*, Longmans, fourth edition, 2006, p. 80.

㉔ 章学诚《文史通义·史注》。

㉕ Gertrude Himmelfarb, *The New History and the Old*, revised edition, The Belknap Press of Harvard University Press, 2004, p. 24.

第十二章　结语

（一）

1955年英国剑桥大学汉学讲座教授浦立本在其《中国历史与世界历史》（*Chinese History and World History*）一书中，曾很激动地说："中国历史绝不应置于世界历史潮流之外。"①

中国历史不应置于世界历史潮流之外，在21世纪的今天，已大致为西方史学家所接受。中国史学的世界地位，则仍在虚无缥渺之中。盈天下多是卑视中国史学之论，谁肯承认中国史学能与西方史学分庭抗礼呢？

西方史学面临后现代主义的挑战，已危机日深。中国史学能济西方史学之穷，自本书所论，已见其梗概。今后欲建立世界性的新史学，不能摒绝中国史学。中国史学的优点，自非浅论所能尽其精微。中国史学，亦非无缺陷。神圣独立的史官之中，非无曲笔逢迎的败类②；集众官修的正史，每见繁芜、陋劣之作③；纪传体例，能现历史万象，而有见树不见林之弊；史书如云，史家如林，为中国史学的盛况，而良史非多数；宋以后流行的史论，效纵横家言，任意雌黄史迹，不能与西方的历史解释相比拟。凡此，都是中国史学的缺陷，有待西学于西方者。中国史学界以广阔的胸襟、恢宏的眼光，迎接西方史学，现在正是千载难逢的良机。

（二）

至目前为止，中国对于西方史学的认识，尚未至深入的阶段。西方史学，涉及的范围甚广，德国史学，法国史学，英国史学，美国史学，都是西方史学，又上涉希腊史学、罗马史学、中世纪史学、文艺复兴时代史学，内容的复杂，语言文字的障碍，使史学家如临重洋瀚海；同时又须深入于西方文化与社会之中，真正的认识，诚非一朝一夕之功。中国认识西方史学的困难如此，西方认识中国史学，尤如千山万水阻隔。西方研究中国学问的学者曾说：

> “西方史学家很少有动机承认中国史学以往的成就，或重视其极不同的传统，以与自己作比较。
>
> 必须承认，纵然动机存在，纵然西方史学家希望去认识远东史学，亦将困难重重。翻译的作品太少，而且史学是传统孔子文化的极密切的一支，受中国社会的支配，在能真正认识之前，必须相当深入于其文化与社会之中。同时颇能采取两种观点的人，才能解释中国史学。他们必须是精通中国学问的专家，同时深深晓得西方史学家的兴趣与先入之见，以便解释时使其心目中的听众感觉到有意义。很少沟通此一鸿沟的尝试，此一工作大部分要留待将来去做。”④
>
> “中国不曾间断的历史写作，最迟上溯至孔子的时代。20世纪初期，中国帝国结束，其传统的写作体例，始告废止。然

此极少为西方研究史学的学者所注意。部分原因，为进入其中，绝对困难。中文实在太难，一个人也不可能仅为考察史学传统的性质而去学习中文。翻译成欧洲文字的作品太少，翻译过来的，对于稍为了解中国历史与文化的学者，也没有多大意义。”⑤

对于西方研究中国史学的学者而言，中文实在是一种太难的文字，直接自中文文献，认识中国史学，对他们而言，几乎是不可能的事。中国的社会与文化，又与西方绝相殊异，深入其中，亦非易事，所以他们就寄望将来的学者去做了。

认识在中西史学的交流上，扮演最重要的角色，而认识的普遍，须经过翻译。少数专家学者的精通对方文字，无法完全达成认识的任务。大量的翻译，司其枢纽。印度佛学的输入中国，翻译即居大功。今后中西学术界所应努力的方向，自此可见一端。

（三）

“在历史上，后现代主义者拒绝史学家的客观，不承认过去的真实，不认为有求得过去真理的可能。对于所有的学科，其所引进的，是急进的怀疑主义、相对主义与主观主义，不仅拒绝任何学科的真理，也拒绝真理此一概念。”⑥

后现代主义：

“第一是颠覆历史研究的方法（the methodology of historical

research)；第二是摧毁历史与小说之间的区别；第三是不仅不相信能接近过去，也认为没有理由相信脱离我们而独立的过去曾经存在。”⑦

有卓见倡写殖民史、劳工史、文化史等新史的后现代主义者，颠覆历史研究方法，否定历史的客观、真实与真理，其所写成的新史，必与小说无异。不认为历史有任何功用，宣布历史已经死亡，后现代主义无疑是史学的大敌，人类历史的丧钟。

---

① E. G. Pulleyblank, *Chinese History and World History*, Cambridge University Press, 1955, p. 36.

② 北宋时代所修类书《册府元龟》卷五五六二《国史部》“不实”条曾将从古代到唐代曲笔逢迎的史官，一一列举其不实记录，并于该条的序论云：“《传》曰：‘书法不隐’。又曰：‘不刊之书，盖圣人垂世立法，惩恶劝善者也。’若乃因嫌而沮善，渎货以隐恶，或畏威而曲加文饰，或徇时而蔑纪勋伐，恣笔端而溢美，擅胸臆以厚诬，宜当秽史之名，岂曰传世之实。垂于后世，不其愿欤？”

③ 中国官修的正史，《宋史》最为繁芜，《元史》最为陋劣。

④ 加拿大汉学家浦立本师于《中日史学家》（*Historians of China and Japan*, ed. by W. G. Beasley and E. G. Pulleyblank, Oxford University Press, 1961）一书的序论（Introduction）中如此云。

⑤ David Morgan, “The Evolution of Two Asian Historiographical Tradition”, in Michael Bently, ed., *Companian to Historiography*, Routledge, 1997, p. 17.

⑥ Gertrude Himmelfarb, *The New History and the Old*, revised edition, The Belknap Press of Harvard University Press, 2004, p. 16.

⑦ Keith Windschuttle, *The Killing of History*, The Free Press, 1996, p. 36.

参考书目

甲、中文方面

（一）清以前载籍

《周易述》　惠栋　中华书局　四部备要本

《诗经》　新兴书局影印　岳珂相台五经本

《诗三家义集疏》　王先谦　民国四年家刻本

《尚书正义》　孔颖达　十三经注疏本

《尚书今古文注疏》　孙星衍　中华书局　四部备要本

《今文尚书考证》　皮锡瑞　中华书局

《周礼正义》　孙诒让　艺文印书馆　影印楚学社本

《仪礼正义》　胡培翚　中华书局　四部备要本

《礼记训纂》　朱彬　中华书局　四部备要本

《礼记集解》　孙希旦　苏州新刻本

《公羊义疏》　陈立　中华书局　四部备要本

《谷梁补注》　钟文烝　中华书局　四部备要本

《春秋左传诂》　洪亮吉　中华书局　李解民点校本

《左传会笺》　竹添光鸿　明达出版社

《春秋左传注》（修订本）　杨伯峻　中华书局

《论语正义》　郑宝楠　世界书局　新编诸子集成本

《论语疏证》　杨树达　上海古籍出版社

《孝经郑注疏》　皮锡瑞　中华书局　四部备要本

《孟子正义》　焦循　世界书局　新编诸子集成本

《尔雅正义》　邵晋涵　学海堂本

《荀子集解》　王先谦　世界书局　新编诸子集成本

《老子校释》　朱谦之　中华书局

《老子道德经补正》　秦维聪　中州古籍出版社

《庄子集释》　郭庆藩　世界书局　新编诸子集成本

《庄子集解》　王先谦　世界书局　新编诸子集成本

《墨子间诂》　孙诒让　世界书局　新编诸子集成本

《列子集释》　杨伯峻　世界书局　新编诸子集成本

《管子校正》　戴望　世界书局　新编诸子集成本

《商君书新校正》　严万里　世界书局　新编诸子集成本

《商君书注释》　高亨　中华书局

《韩非子集解》　王先谦　世界书局　新编诸子集成本

《吕氏春秋》　世界书局　新编诸子集成本

《吕氏春秋汇校》　蒋维乔、杨宽、沈延国、赵善诒　中华书局

《淮南子》　世界书局　新编诸子集成本

《别录》　刘向　师石山房丛书本别录佚文

《新语》　陆贾　世界书局　新编诸子集成本

《方言》　扬雄　科学出版社　周祖谟校本

《扬子法言》　扬雄　世界书局　新编诸子集成本

《法言义疏》　汪荣宝　艺文印书馆

《新序》 刘向 商务印书馆 四部丛刊本
《说苑》 刘向 商务印书馆 四部丛刊本
《列女传》 刘向 商务印书馆 四部丛刊本
《潜夫论》 王符 世界书局 新编诸子集成本
《论衡》 王充 世界书局 新编诸子集成本
《论衡校释》 黄晖 商务印书馆
《白虎通疏证》 陈立 世界书局 新编诸子集成本
《申鉴》 荀悦 世界书局 新编诸子集成本
《逸周书》 抱经堂校定本
《世本》 雷学淇、茆泮林辑本
《竹书纪年存真》 朱右曾
《古本竹书纪年辑校》 王国维 艺文印书馆
《古本竹书纪年辑证》 方诗铭、王修龄 华世出版社
《山海经笺疏》 郝懿行 郝氏遗书本
《山海经校注》 袁珂 上海古籍出版社
《穆天子传》 郭璞注 平津馆本
《国语》 上海古籍出版社
《国语韦氏解》 世界书局
《战国策》 上海古籍出版社
《战国纵横家书》 马王堆帛书
《史记》 司马迁 艺文印书馆 景印清乾隆武英殿本
《史记》 司马迁 中华书局 1982 年标点本
《史记会注考证》 日泷川龟太郎 洪氏出版社
《汉书补注》 王先谦 艺文印书馆 景印长沙王氏刻本
《汉书》 班固 中华书局 1975 年标点本
《东观汉记校注》 吴树平 中州古籍出版社 1987 年第一版

《东观汉记》　姚之骃辑　柏筠书屋后汉书补逸本
《东观汉记》　清乾隆四库全书馆馆臣辑　武英殿聚珍本
《汉纪》　荀悦　商务印书馆　万有文库本
《说文解字》　许慎　中华书局影印本
《文选》　萧统　中华书局影印胡克家本
《全上古三代秦汉三国六朝文》　严可均辑　中华书局
《汉官六种》　中华书局
《秦会要》　徐复订补　孙楷
《西汉会要》　徐天麟　世界书局
《东汉会要》　徐天麟　上海古籍出版社
《三国志集解》　卢弼　艺文印书馆
《三国志》　陈寿　中华书局　1962 年标点本
《后汉书集解》　王先谦　艺文印书馆　景印长沙王氏刻本
《后汉书》　范晔　中华书局　1973 年标点本
《后汉纪》　袁宏　清光绪述古堂本
《后汉纪校注》　周天游　天津古籍出版社　1987 年第一版
《晋书》　房玄龄　艺文印书馆
《晋书》　房玄龄　中华书局　1974 年标点本
《宋书》　沈约　艺文印书馆　景印清乾隆武英殿本
《宋书》　沈约　中华书局　1994 年标点本
《南齐书》　萧子显　艺文印书馆　景印清乾隆武英殿本
《南齐书》　萧子显　中华书局　1972 年标点本
《梁书》　姚思廉　艺文印书馆　景印清乾隆武英殿本
《梁书》　姚思廉　中华书局　1973 年标点本
《陈书》　姚思廉　艺文印书馆　景印清乾隆武英殿本
《陈书》　姚思廉　中华书局　1973 年标点本

《魏书》　魏收　艺文印书馆　景印清乾隆武英殿本
《魏书》　魏收　中华书局　1974 年标点本
《北齐书》　李百药　艺文印书馆　景印清乾隆武英殿本
《北齐书》　李百药　中华书局　1972 年标点本
《周书》　令狐德棻　艺文印书馆　景印清乾隆武英殿本
《周书》　令狐德棻　中华书局　1972 年标点本
《南史》　李延寿　艺文印书馆　景印清乾隆武英殿本
《南史》　李延寿　中华书局　1975 年标点本
《北史》　李延寿　艺文印书馆　景印清乾隆武英殿本
《北史》　李延寿　中华书局　1974 年标点本
《隋书》　魏徵　艺文印书馆　景印清乾隆武英殿本
《隋书》　魏徵　中华书局　1973 年标点本
《旧唐书》　刘昫　艺文印书馆　景印清乾隆武英殿本
《旧唐书》　刘昫　中华书局　1975 年标点本
《新唐书》　欧阳修、宋祁　艺文印书馆　景印清乾隆武英殿本
《新唐书》　欧阳修、宋祁　中华书局　1975 年标点本
《七家后汉书》　汪文台辑　周天游校　河北人民出版社　1987 年第一版
《八家后汉书辑注》　周天游辑注　上海古籍出版社　1986 年第一版
《古史考》辑本　谯周　平津馆辑本
《十六国春秋》辑本　崔鸿　汉魏丛书本
《帝王世纪》辑本　皇甫谧　宋翔凤辑　浮溪精舍本
《高士传》　皇甫谧　汉魏丛书本
《高僧传》　释慧皎　海山仙馆本
《神仙传》　葛洪　汲古阁本

《典论》　魏文帝　严可均辑本
《金楼子》　梁元帝　世界书局　景辑永乐大典本
《文心雕龙》　刘勰　上海会文堂书局
《刘子集校》　刘勰　林其锬、陈凤金集校　上海古籍出版社　1985 年第一版
《华阳国志》　常璩　汉魏丛书本
《戴校水经注》　郦道元　戴震校　戴氏遗书本
《水经注释》　赵一清　原刻本
《洛阳伽蓝记》　杨衒之　罗振玉玉简斋丛书本
《世说新语笺疏》　余嘉锡　华正书局
《汉魏南北朝墓志汇编》　赵超　天津古籍出版社　1992 年第一版
《汉魏六朝百三家集》　张溥辑　文津出版社
《大唐创业起居注》　温大雅　唐宋丛书本
《贞观政要》　吴兢　河洛图书出版社
《顺宗实录》　韩愈　海山仙馆本
《建康实录》　许嵩　张海鹏刻本
《松窗杂录》　李濬　笔记小说大观第三编
《国史补》　李肇　学津本
《明皇杂录》　郑处诲　守山阁校本
《初学记》　徐坚　新兴书局
《杜诗镜铨》　杜甫　杨伦笺注　上海古籍出版社
《柳河东集》　柳宗元　上海人民出版社
《皇甫持正集》　皇甫湜　汲古阁本
《白氏长庆集》　白居易　商务印书馆　四部丛刊本
《樊川文集注》　杜牧　冯集梧注　原刻本

《唐六典》 李林甫等 陈仲夫点校 中华书局
《唐大诏令集》 宋敏求 鼎文书局
《唐会要》 王溥 中华书局 1955年第一版
《唐代文选》 孙望、郁贤皓主编 江苏古籍出版社 1994年第一版
《全唐文》 董诰等编 中文出版社 京都
《全唐诗》 文史哲出版社 1978年初版
《文苑英华》 苏易简编 华联出版社
《唐文粹》 姚铉编 商务印书馆 四部丛刊本
《旧五代史》 薛居正 艺文印书馆 景印清乾隆武英殿本
《旧五代史》 薛居正 中华书局 1976年标点本
《新五代史》 欧阳修 艺文印书馆 景印清乾隆武英殿本
《新五代史》 欧阳修 中华书局 1974年标点本
《通典》 杜佑 浙江古籍出版社影印清殿本
《资治通鉴》 司马光 中华书局 标点本
《通志》 郑樵 浙江古籍出版社影印清殿本
《文献通考》 马端临 浙江古籍出版社影印清殿本
《西京杂记》 葛宏
《史通》 刘知几 上海古籍出版社 王煦华标点校勘浦起龙注本
《史通释评》 浦起龙释、吕思勉评 华世出版社
《经典释文》 陆德明 抱经堂本
《韩昌黎文集校注》 马其昶 上海古籍出版社
《三经新义》 王安石
《乐城集》 苏辙 上海古籍出版社
《续资治通鉴长编》 李焘 世界书局

《三朝北盟会编》 徐梦莘 文海出版社 影印本
《建炎以来系年要录》 李心传 文海出版社 影印本
《东都事略》 王偁 文海出版社 影印本
《通鉴纪事本末》 袁枢 商务印书馆 四部丛刊本
《资治通鉴纲目》 朱熹 殿本
《新唐书纠谬》 吴缜 知不足斋本
《五代史纂误》 吴缜 知不足斋本
《五代会要》 王溥 上海古籍出版社
《文忠集》 欧阳修 华联出版社
《集古录跋尾》 欧阳修 三长物斋合刻本
《司马文正集》 司马光 商务印书馆 四部丛刊本
《稽古录点校本》 司马光 王亦令点校 友谊出版社
《司马光年谱》 明马峦、清顾栋高编著 中华书局
《二程全书》 程颢、程颐 求我斋江宁刻本
《朱子语类》 朱熹 正中书局影印明刻本
《郡斋读书志》 晁公武 四部丛刊三编本
《直斋书录解题》 陈振孙 丛书集成本
《癸辛杂识》 周密 学津讨原本
《夹漈遗稿》 郑樵 商务印书馆 景印四库全书本
《容斋随笔》 洪迈 四部丛刊本
《太平广记》 李昉编 古新书局 景印标点本
《太平御览》 李昉编 国泰文化事业公司 景印本
《艺文类聚》 欧阳询 明仿宋小字本
《册府元龟》 王钦若等编 中华书局
《玉海》 王应麟 华联出版社
《翁注困学纪闻》 王应麟 翁元圻注 宋刻本

《宋史》 脱脱 艺文印书馆 景印清乾隆武英殿本
《宋史》 脱脱 中华书局 1977 年标点本
《金史》 脱脱 艺文印书馆 景印清乾隆武英殿本
《金史》 脱脱 中华书局 1977 年标点本
《辽史》 脱脱 艺文印书馆 景印清乾隆武英殿本
《辽史》 脱脱 中华书局 1977 年标点本
《元史》 宋濂 艺文印书馆 景印清乾隆武英殿本
《元史》 宋濂 中华书局 1977 年标点本
《新元史》 柯劭忞 艺文印书馆 景印清乾隆武英殿本
《明史》 张廷玉 艺文印书馆 景印清乾隆武英殿本
《明史》 张廷玉 中华书局 1974 年标点本
《清史稿》 赵尔巽 中华书局 1977 年第一版
《逊志斋集》 方孝孺 商务印书馆 四部丛刊本
《少室山房笔丛》 胡应麟 商务印书馆 景印文渊阁四库本
《四部正讹》 胡应麟 辨伪书丛刊
《经籍会通》 胡应麟
《郁离子》 刘基
《宋文宾公全集》 宋濂 四部丛刊本
《浦阳人物记》 宋濂 明刊本
《洪武圣政记》 宋濂 明刊本
《王忠文公全集》 王祎 四库全书本
《世史正纲》 丘濬 四库全书存目丛书
《弇山堂别集》 王世贞 中华书局
《弇州史料》 王世贞 四库焚毁书丛刊
《献征录》 焦竑 上海书店影印本
《国史经籍志》 焦竑 商务印书馆

《焦氏笔乘》　焦竑　上海古籍出版社
《藏书》　李贽　四库全书存目丛书
《续藏书》　李贽　中华书局
《焚书》　李贽　中华书局
《续焚书》　李贽　中华书局
《尚书考异》　梅鷟　杭州局本
《日知录》　顾炎武　明伦出版社　原抄本
《顾亭林诗文集》　顾炎武　中华书局
《蒋山傭残稿》　顾炎武　世界书局影印本
《明儒学案》　黄宗羲　中华书局　四部备要本
《南雷文约》　黄宗羲　梨洲遗著汇刊
《南雷文案》　黄宗羲　梨洲遗著汇刊
《南雷文定》　黄宗羲　梨洲遗著汇刊
《读通鉴论》　王夫之　中华书局　四部备要本
《宋论》　王夫之　中华书局　四部备要本
《王船山诗文集》　王夫之　中华书局
《初学集》　钱谦益　商务印书馆　四部丛刊本
《有学集》　钱谦益　商务印书馆　四部丛刊本
《尚书古文疏证》　阎若璩　艺文印书馆影印本
《春秋属辞比事记》　毛奇龄　西河集本
《易图明辨》　胡渭
《读史方舆纪要》　顾祖禹
《石园文集》　万斯同　四明丛书本
《群书疑辨》　万斯同　广文书局　影印万斯同刻本
《戴名世集》　戴名世　中华书局
《遂初堂文集》　潘耒　康熙刻本

《曝书亭集》 朱彝尊 商务印书馆 四部丛刊本
《大雪山房文稿初集》 恽敬 商务印书馆 四部丛刊本
《宋元学案》 全祖望 中华书局 四部备要本
《鲒埼亭集》 全祖望 商务印书馆 四部丛刊本
《鲒埼亭集外编》 全祖望 商务印书馆 四部丛刊本
《古文尚书考》 惠栋 学海堂本
《后汉书补注》 惠栋 粤雅堂丛书本
《古文尚书撰异》 段玉裁 学海堂本
《尚书余论》 丁晏 槐庐丛书本
《读书杂志》 王念孙 原刻本
《经义述闻》 王引之 江苏古籍出版社
《十七史商榷》 王鸣盛 商务印书馆
《蛾术编》 王鸣盛
《廿二史考异》 钱大昕 潜研堂本
《十驾斋养新录》 钱大昕 潜研堂本
《潜研堂集》 钱大昕 上海古籍出版社
《廿二史劄记》 赵翼 湛贻堂本
《廿二史劄记及补编》 赵翼著 杜维运考证 鼎文书局 1975 年初版
《廿二史劄记校证》 王树民 中华书局 1984 年第一版
《文史通义》 章学诚 华世出版社
《文史通义校注》 叶瑛 中华书局
《章氏遗书》 章学诚 汉声出版社 影印刘承干嘉业堂本
《考信录》 崔述 上海古籍出版社 在崔东壁遗书内
《南江文钞》 邵晋涵 道光十二年胡敬刻
《汉书辨疑》 钱大昭 商务印书馆

《龚自珍全集》 龚自珍 河洛出版社
《隋书经籍志考证》 姚振宗 开明书局 二十五史补编第四册
《无邪堂答问》 朱一新
《四库全书总目》 永瑢等撰 中华书局
《二十五史补编》 开明书局 1959 年台一版

（二）民国以后论著

1. 专书

《古史辨》 一至七册 顾颉刚等编 万年青书店
《古史考辨》 赵光贤 北京师范大学出版社 1987 年第一版
《观堂集林》 王国维 中华书局 1959 年第一版
《伪书通考》 张心澂 明伦出版社 1971 年再版
《先秦诸子系年》 钱穆 香港大学出版社 民国二十四年商务印书馆初版，1956 年增订初版
《先秦文史资料考辨》 屈万里 联经出版公司 1983 年初版
《中国历史研究法》 梁启超 商务印书馆 民国十一年初版
《中国历史研究法补编》 梁启超 商务印书馆 民国二十二年初版
《原始儒家道家哲学》 方东美 黎明文化公司 1983 年初版
《姚从吾先生全集（一）》 历史方法论 姚从吾 1971 年初版
《沈刚伯先生文集》 沈刚伯 “中央日报社” 1982 年初版
《周代史官研究》 席涵静 福记文化公司 1983 年初版
《尚书与古史研究（增订本）》 李民 中州书画社 1981 年第

一版
《尚书通论》 陈梦家 中华书局 1985 年第一版
《尚书学史》 刘起釪 中华书局 1989 年第一版
《从公羊学论春秋的性质》 阮芝生 台大文史丛刊 1969 年初版
《春秋三传研究论集》 戴君仁等 黎明文化公司 1981 年初版
《春秋左传学史稿》 沈玉成、刘宁 江苏古籍出版社 1992 年第一版
《左传与国语的史学方法之比较研究》 顾立三 文史哲出版社 1983 年初版
《孔子传》 钱穆 东大图书公司 1987 年初版
《战国策考辨》 缪文远 中华书局 1984 年第一版
《史记探原》 崔适 中华书局 1986 年第一版
《太史公书知意》 刘咸炘 鼎文书局 景印本
《史记考索》 朱东润 开明书店
《太史公书义法》 孙德谦 中华书局 1969 年台一版
《司马迁之人格与风格》 李长之 开明书店 1968 年台一版
《司马迁撰写史记采用左传的研究》 顾立三 正中书局 1980 年初版
《史记新证》 陈直 天津人民出版社 1959 年第一版
《史记新论》 白寿彝 求实出版社 1980 年初版
《司马迁所见书考》 金建德 上海人民出版社 1963 年第一版
《司马迁史学批评及其理论》 周一平 华东师范大学出版社 1989 年第一版

《历代名家评史记》　杨燕起、陈可青、赖长扬编　北京师范大学出版社　1986 年第一版
《汉书新证》　陈直　天津人民出版社　1959 年第一版
《汉书注商》　吴恂　上海古籍出版社　1983 年第一版
《汉书窥管》　杨树达　上海古籍出版社　1984 年第一版
《汉书知意》　刘咸炘　鼎文书局　景印本
《史汉关系》　吴福助　曾文出版社　1975 年初版
《汉书导论》　王明通　康桥出版公司
《西汉思想史》　徐复观　学生书局　1979 年初版
《先秦学术概论》　吕思勉　中国大百科全书出版社　1987 年第一版
《汉代学术史略》　顾颉刚　天山出版社
《三国志校诂》　吴金华　江苏古籍出版社　1990 年第一版
《三国志所引书目》　沈寄簃先生遗著乙种　沈家本编
《史传通说》　汪荣祖　联经出版公司　1988 年初版
《史通评》　吕思勉　商务印书馆　1969 年台一版
《刘知几的实录史学》　许冠三　香港中文大学出版社　1983 年初版
《刘知几史通之研究》　林时民　文史哲出版社　1987 年初版
《史通的历史叙述理论》　彭雅玲　文史哲出版社　1993 年初版
《唐代的史馆与史官》　张荣芳　中国学术著作奖助会　1984 年初版
《中古史学观念史》　雷家骥　学生书店　1990 年初版
《唐代史学论稿》　瞿林东　北京师范大学出版社　1989 年第

一版
《注史斋丛稿》　牟润孙　商务印书馆　1987年北京第一版，1990年台湾初版
《欧阳修研究》　宋伯年　巴蜀书社　1995年第一版
《通鉴学》　张须　开明书店　1958年台一版
《通鉴隋唐纪比事质疑》　岑仲勉　九思出版公司　1978年初版
《司马光史学探微》　陶懋炳　湖南师范大学出版社　1984年第一版
《宋史研究论集》　王德毅　商务印书馆　1968年初版
《关于历代正统问题之争论》　赵令扬　学津出版社　1976年初版
《中学史学上之正统论》　饶宗颐　龙门书店　1977年初版
《宋代修史制度研究》　蔡崇榜　文津出版社　1991年初版
《宋代史学思想史》　吴怀祺　黄山书社　1992年第一版
《宋代社会经济史》　梁庚尧　允晨文化　1997年初版
《蒙元史新研》　萧启庆　允晨文化　1994年初版
《元朝史新论》　萧启庆　允晨文化　1999年初版
《明代史学的历程》　钱茂伟　社会科学文献出版社　2003年第一版
《明代史学编年考》　钱茂伟　中国文联出版社　2000年第一版
《明代史学探研》　杨艳秋　人民出版社　2005年第一版
《王世贞史学研究》　孙卫国　人民文学出版社　2006年第一版
《明清史学史》　傅玉璋、傅正　安徽大学出版社　2003年第

一版
《清朝官方史学研究》　乔治忠　文津出版社　1994年初版
《清人元史学探研》　黄兆强　稻香出版社　2000年初版
《清代学风与清儒的元史学》　吴宗儒
《钱大昕研究》　顾吉辰主编　华东理工大学出版社　1996年第一版
《清代乾嘉历史考证学研究》　罗炳良　北京图书馆出版社　2007年第一版
《史学三书平议》　张舜徽　弘文馆出版社　1986年初版
《史学三书新铨》　林时民　学生书店　1997年初版
《中国传统史学的批评主义——刘知几与章学诚》　林时民　学生书店　2003年初版
《晚清的经世史学》　彭明辉　麦田出版社　2002年初版
《新旧中西之间——五四时期的中国史学》　张越　北京图书馆出版社　2007年第一版
《学术与制度——学科体制与现代中国史学的建立》　刘龙心　远流出版公司　2002年初版
《中国近三百年疑古思潮研究》　路新生　上海人民出版社　2001年第一版
《古史辨运动的兴起》　王汎森　允晨文化　1987年初版
《疑古思想与现代中国史学》　彭明辉　商务印书馆　1991年初版
《西方史学在中国的传播》　李孝迁　华东师范大学出版社　2007年第一版
《十字路口的中国史学》　余英时著　李彤译　上海古籍出版社　2004年第一版

《国史要义》 柳诒徵 中华书局 民国三十七年初版
《史学讲话》 张致远 中华文化事业出版社 1952年初版
《史学探渊》 蒋大椿编 吉林教育出版社 1991年第一版
《史学与传统》 余英时 时报出版公司 1982年初版
《历史与思想》 余英时 联经出版公司 1976年初版
《中国史学发微》 钱穆 东大图书公司 1989年初版
《史学与中国文化传统》 陈其泰 书目文献出版社 1992年第一版
《史学：文化中的文化——文化视野中的西方史学》 张广智、张广勇 淑馨出版社 1992年第一版
《法国史论集》 张芝联 三联书店 2007年第一版
《中国史探研》 齐思和 中华书局 1981年版
《我的学术道路》 张芝联 三联书店 2007年第一版
《国史探微》 杨联陞 联经出版公司 1983年初版
《中国史学史》 金毓黻 商务印书馆 民国三十年初版
《中国史学史》 魏应麒 商务印书馆 民国三十年初版
《中国史学史概论》 王玉璋 商务印书馆 民国三十一年初版
《中国史学通论》 朱希祖 独立出版社 民国三十二年初版
《廿五史论纲》 徐浩 世界书局 民国三十六年初版
《二十五史识语》 杨家骆 鼎文书局 1980年初版
《中国史学史》 李宗侗 中国文化出版事业委员会 1955年初版
《史学概要》 李宗侗 正中书局 1968年初版
《中国史学概论》 徐文珊 维新书局 1967年初版
《中国史学史稿》 刘节 中州古籍出版社 1982年第一版
《中国史学史》 张孟伦 甘肃人民出版社 1983年第一版

《中国古代史学史简编》 仓修良、魏得良 黑龙江人民出版社 1983 年第一版
《中国史学发展史》 尹达 中州古籍出版社 1985 年第一版
《中国古代史学史概要》 高国抗 广东高等教育出版社 1985 年第一版
《中国史学史第一册》 白寿彝 上海人民出版社 1986 年第一版
《中国古代史学史略》 陶懋炳 湖南人民出版社 1987 年第一版
《中国古代史学史纲》 邹贤俊 华中师范大学出版社 1989 年第一版
《中国史学史纲要》 宋衍申主编 东北师范大学出版社 1992 年第一版
《中国史学史》 蒙文通 收入《蒙文通文集》第三卷《经史抉原》 巴蜀书社 1995 年第一版
《中国史学史纲要》 王树民 中华书局 1997 年第一版
《中国史学思想史》 吴怀祺 商务印书馆 2007 年第一版
《中国史学思想通史》 吴怀祺主编 黄山书社
《中国史学史纲》 瞿林东 北京出版社 1999 年第一版
《中国史学史六卷本》 白寿彝主编 上海人民出版社 2006 年第一版
《中国史学史》 谢保成主编 商务印书馆 2006 年第一版
《中国史学史研究述要》 乔治忠、姜胜利 天津教育出版社 1996 年第一版
《中国史学史资料编年》 第一册 杨翼骧 南开大学出版社 1987 年第一版

《中国史学史资料编年》 第二册 杨翼骧 南开大学出版社 1994 年第一版
《中国史学史资料编年》 第三册 杨翼骧 南开大学出版社 1999 年第一版
《史学、史籍、史家》 仓修良 山东教育出版社 2000 年第一版
《史学与民族精神》 陈其泰 学苑出版社 1999 年第一版
《史学与史学评论》 瞿林东 安徽教育出版社 1998 年第一版
《中国史学的理论遗产》 瞿林东 北京师范大学出版社 2005 年第一版
《史学、经学与思想》 刘家和 北京师范大学出版社 2005 年第一版
《中国史学史论集》 白寿彝 中华书局 1999 年第一版
《中国史学史研究》 瞿林东编 湖北教育出版社 2006 年第一版
《史学九章》 汪荣祖 麦田出版社 2002 年初版
《中国史学史研讨会：从比较观点出发论文集》 魏格林、施耐德主编 稻香出版社 1999 年初版
《西方的历史观念》 王晴佳 允晨文化 1998 年初版
《后现代与历史学》 王晴佳、古伟瀛 巨流图书公司 2000 年初版
《后现代主义与史学研究》 黄进兴 三民书局 2006 年初版
《西洋史学史》 蔡石山 国立编译馆 1975 年初版
《西方史学史》 杨豫 江西人民出版社 1993 年第一版
《西方史学史》 郭小凌 北京师范大学出版社 1995 年第

一版
《西方史学史》　张广智　复旦大学出版社　2000 年第一版
《与西方史家论中国史学》　杜维运　东大图书公司　1981 年初版
《史学方法论》　杜维运　三民书局　1979 年初版　2005 年增订第十六版
《清代史学与史家》　杜维运　东大图书公司　1984 年初版
《中西古代史学比较》　杜维运　东大图书公司　1988 年初版
《中国史学史》　第一册　杜维运　三民书局　1993 年初版
《中国史学史》　第二册　杜维运　三民书局　1998 年初版
《中国史学史》　第三册　杜维运　三民书局　2004 年初版
《变动世界中的史学》　杜维运　北京大学出版社　2006 年第一版

2. 专文

《古学出于史官论》　刘师培　《国粹学报》第一卷第四期　1905 年
《补古学出于史官论》　刘师培　《国粹学报》第一卷第十七期　1906 年
《史官名称议》　朱希祖　《说文月刊》三卷八期　民国三十一年九月
《史字的结构及史官的原始职务》　劳幹　《大陆杂志》十四卷三期　1957 年 12 月
《说“史”》　胡适　《大陆杂志》十七卷十一期　1958 年 12 月
《释“史”》　戴君仁　《文史哲学报》十二期　1963 年 11 月
《史官制度——附论对传统之尊重》　李宗侗　《文史哲学报》1965 年 11 月

《说“史”》 沈刚伯 《大华晚报》“读书人” 1970年12月17日

《原史——由宗教通向人文的史学的成立》 《新亚学报》十二卷 1977年8月

《古代史官与典籍的形成及其作用》 斯维至 《史学史研究》1982年第二期

《经学与史学》 钱穆 《民主评论》三卷二十期 1952年10月5日

《近代欧洲历史方法论的起源》 姚从吾 《史学集刊》第二期

《中国史学对于日韩越的影响》 朱云影 《大陆杂志》二十四卷九、十、十一期 1962年5至6月

《古代中西史学的异同》 沈刚伯 《征信新闻》 1964年10月12日

《古代中西的史学及其异同》 沈刚伯 1965年8月东海大学演讲稿

《西方史学输入中国考》 杜维运 《台湾大学历史系学报》第三期 1976年5月

《西方史家心目中的中国史学》 杜维运 “中央研究院”国际汉学会议论文集 1981年10月

《中西古代史学的比较》 杜维运 “中央研究院”第二届国际汉学会议论文集 1989年6月

《孔子与春秋关系考》 戴晋新 《故宫学术季刊》六卷五期 1989年夏季

《从司马迁的意见看左丘明与国语的关系》 张以仁 《“中研院”历史语言研究所集刊》第五十二本第四分 1983年

《山经河水下流及其支流考》 谭其骧 《中华文史论丛》第

七期
《司马迁与希罗多德（Herodotus）之比较》 邓嗣禹 《“中研院”历史语言研究所集刊》第二十八本 1956年12月
《论司马迁及其历史编纂学》 卢南乔 《文史哲》第十一期 1955年
《史记导论》 潘重规 《香港新亚书院学术年刊》第二期 1960年9月
《试论司马迁所说的“通古今之变”》 阮芝生 《沈刚伯先生八秩荣寿论文集》 1976年12月
《论史记》 徐复观 《大陆杂志》五十五卷五、六期 1977年11月、12月
《论史记五体及“太史公曰”的述与作》 阮芝生 《台大历史系学报》第六期 1979年12月
《史传论赞与史记“太史公曰”》 逯耀东 《新史学》三卷二期1992年6月
《史汉比较研究之一例》 徐复观 《新亚学报》第十三期
《八十年代大陆学者汉书研究述略》 李广健 《新史学》三卷二期 1992年6月
《班固之生卒年》 尹章义 《食货月刊复刊》九卷十二期 1980年3月20日
《王充的论衡》 胡适 《现代学生》第一卷第四、六、八、九期
《论蔡邕之学术思想》 冯锦荣 发表于1991年10月上海师范大学举行之秦汉思想文化和华夏民族传统学术讨论会
《波力比阿斯的史学》 王任光 《台大历史系学报》第三期 1967年

《魏晋以来之崇尚谈辨及其影响》　牟润孙　香港中文大学出版社　1966 年

《论史汉两书之传布》　金发根　《简牍学报》第五期　《劳贞一先生七秩荣庆论文集》

《裴松之与三国志注研究》　逯耀东　《国立编译馆馆刊》第三卷第一期　1974 年 3 月

《范蔚宗年谱》　张述祖　《史学史研究》　1981 年第二期

《范蔚宗之史学》　蓝文徵　《民主评论》第四卷第十二期　1953　年 6 月 20 日

《魏收年谱》　缪钺　收入缪氏所著《读史存稿》一书　三联书店　1963 年第一版

《魏收之史学》　周一良　《燕京学报》第十八期　民国二十四年十二月

《魏书辨诬》　孙同勋　《幼狮学报》第四卷第一、二期　1971 年 10 月

《汉唐之间正史专传的设立与衍生》　庄申　《台湾师范大学历史学报》第二十三期　1995 年 6 月

《唐代“三史”的演变》　高明士　《大陆杂志》第五十四卷第一期　1977 年 1 月 15 日

《释记注》　金毓黻　国史馆馆刊创刊号　民国三十六年十二月

《唐宋时代设馆修史制度考》　金毓黻　《说文月刊》第三卷第十八期　民国三十一年九月

《史通征引古籍及其存佚》　王春男　《南京大学学报》1986 年增刊集

《刘知几的疑古惑经说与历史的求真》　阎沁恒　《“中央研究院”国际汉学会议论文集》　1982 年 10 月

《由杜佑通典管窥唐代史学的创新》　邱添生　《第三届唐代学术研讨会论文集》　1996 年
《刘知几与章实斋之史学》　张其昀　《学衡》第五期　民国十一年五月
《柳宗元二篇议论文分析》　罗联添　收入罗著《唐代四家诗文论集》　学海出版社　1996 年初版
《通鉴唐纪引用笔记小说述论稿》　章群　《东吴大学文史学报》第八号　1990 年
《新唐书引用笔记小说研究的初步报告》　章群　收入《唐史论集》香港大学亚洲研究中心　1993 年
《宋代正统论的形成背景及其内容》　陈芳明　《食货月刊复刊》第一卷第八期　1971 年 11 月 15 日
《历史语言研究所工作之旨趣》　傅斯年　《历史语言研究所集刊》第一本第一分　民国十七年七月
《重刻西域人华化考序》　陈寅恪　载于陈垣《西域人华化考前》
《两宋春秋学之主流》　牟润孙　《大陆杂志》第五卷第四期
《旧五代史及五代时期的历史撰写》　王赓武　《食货月刊复刊》第八卷第五期
《五代十国的史学》　朱仲玉　《史学史研究季刊》　1986 年第二期
《宋濂和王祎的史学成就》　朱仲玉　《史学史研究季刊》　1983 年第四期
《丘濬之史学——读丘濬世史正纲札记》　李焯然　《明史研究专刊》第七期　1984 年 6 月
《明代中后期的三种史学思潮》　葛兆光　《史学史研究季刊》　1986 年第一期

《钱大昕学术思想述略——兼论对乾嘉学者的评价问题》 王俊义 收入顾吉辰主编《钱大昕研究》

《钱大昕经史之学研究》 黄启华 香港大学中文系硕士论文 1990年

《顺治朝〈明史〉编纂考》 何冠彪 《大陆杂志》第九九卷第二期 1999年8月15日

《晚清史学的发展》 齐思和 《中国史探研》 中华书局 1981年第一版

《后现代思潮下中国现代史学的走向》 汪荣祖 《"中研院"近史所集刊》第五十六期 2007年6月

乙、西文方面（所列皆初版年代）

（一）专书

E. A. Freeman, *Method of Historical Study*, 1886.

Ernst Bernheim, *Lehrbuch der historichen Methode*, 1889.

中译本：伯伦汉著 陈韬译《史学方法论》商务印书馆 大约初版于民国十五年至二十六年之间。

Frederic Harrison, *The Meaning of History and Other Historical Pieces*, Macmillan, 1894.

Lord Acton, *A Lecture on the Study of History*, delivered at Cambridge, June, 1895, Macmillan, 1895.

Ch. V Langlois and Ch. Seignobos, *Introduction to the Study of History*, translated by G. G. Berry, Duckworth, 1898.

中译本：朗格诺瓦、瑟诺博司合著 李思纯译《史学原论》商

务印书馆　民国十五年初版。

F. M. Fling, *Outline of Historical Method*, Neb., 1899.

Lord Acton, *Lectures on Modern History*, Macmillan, 1906.

J. W. Allen, *The Place of History in Education*, 1909.

H. B. George, *Historical Evidence*, Oxford University Press, 1909.

J. M. Vincent, *Historical Research*, Holt, 1911.

J. H. Robinson, *The New History*, Macmillan, 1912.

中译本：鲁宾孙著　何炳松译《新史学》商务印书馆　民国十二年初版。

G. P. Gooch, *History and Historians in the Nineteenth Century*, Longmans, 1913.

G. M. Trevelyan, *Clio, A Muse and Other Essays*, Longmans, 1913.

Theodore Roosevelt, *History as Literature and Other Essays*, John Murray, 1914.

C. G. Crump, *The Logic of History*, Helps for students of history No. 6, S. P. C. K., 1919.

H. A. L. Fisher, *Studies in History and Politics*, Oxford University Press, 1920.

F. M. Fling, *The Writing of History*: *An Introduction to Historical Method*, Yale University Press, 1920.

中译本：弗领著　薛澄清译《历史方法论》商务印书馆　民国二十二年初版。

Benedetto Croce, *History*: *Its Theory and Practice*, translated by D. Amsiee, Harcourt, Brace, 1921.

Ernest Scott, *History and Historical Problems*, Oxford University Press, 1925.

F. J. Teggart, *Theory of History*, Yale University Press, 1925.

J. B. Black, *The Art of History: A Study of Four Great Historians of the Eighteenth Century*, Methuen, 1926.

John Fortescue, *The Writing of History*, Norgate, 1926.

Allen Johnson, *The Historian and Historical Evidence*, Scribner, 1926.

J. J. Jusserand and Others, *The Writing of History*, Scribner, 1926.

G. Wallas, *The Art of Thought*, Cape, 1926.

中译本：华勒士著　胡贻縠译《思想的方法》商务印书馆 1966 年初版。

C. G. Crump, *History and Historical Research*, Routledge, 1928.

J. B. Bury, *Selected Essays*, Cambridge University Press, 1930.

Herbert Butterfield. *The Whig Interpretation of History*, Bell, 1931.

Lytton Strachey, *Portraits in Miniature*, Chatto & Windus, 1931.

Reginald Poole, ed., *Studies in Chronology and History*, Clarendon, 1934.

Arnold Toynbee, *A Study of History*, Oxford University Press, 1934 – 1961.

Carl Becker, *Everyman His Own Historian*, Crofts, 1935.

H. A. L. Fisher, *A History of Europe*, Arnold, 1936.

H. E. Barnes, *A History of Historical Writing*, Okla., 1937, Dover Press, 1962.

Sir Charles Firth, *Essays Historical and Literary*, 1938.

Allan Nevins, *The Gateway to History*, 1938; Anchor Books, revised ed., 1962.

F. J. Weaver, *The Material of English History*, Nelson, 1938.

C. H. Williams, ed., *The Modern Historian*, Nelson, 1938.

R. G. Collingwood, *An Autobiography*, Oxford University Press, 1939.

Charles Oman, *On the Writing of History*, Methuen, 1939.

E. M. Hulme, *History and Its Neighbors*, 1942.

J. W. Thompson, *A History of Historical Writing*, Macmillan, 1942.

Jacob Burckhardt, *Reflections on History*, Allen & Unwin, 1943.

Sidney Hook, *The Hero in History: A Study in Limitation and Possibility*, John Day, 1943.

J. R. Strayer, *The Interpretation of History*, Princeton University Press, 1943.

Herbert Butterfield, *The Englishman and His History*, Cambridge University Press, 1944.

G. N. Clark, *Historical Scholarship and Historical Thought*, An Inaugural Lecture delivered at Cambridge on May, 1944.

Arthur Bryant, *The Art of Writing History*, Oxford University Press, 1946.

R. G. Collingwood, *The Idea of History*, Oxford University Press, 1946.

中译本：柯林吾著　黄超民译《史意》正文出版社（按仅译前五章）　1969 年初版。

Lewis Einstein, *Historical Change*, Cambridge University Press, 1946.

G. J. Garraphan & J. Delanglez, *A Guide to Historical Method*, Fordham University Press, 1946.

A. L. Rowse, *The Use of History*, Macmillan, 1946.

中译本：罗斯著　廖中和译《历史的功用》　幼狮文化事业公司 1969 年初版。

Emery Neff, *The Poetry of History*, Col University Press, 1947.

Bernard Berenson, *Aesthetics and History*, Constable, 1948.

J. R. M. Butler, *The Present Need for History*, An Inaugural Lecture, Cambridge University Press, 1949.

Herbert Butterfield, *Christianity and History*, Bell, 1949.

Karl Löwith, *Meaning in History: The Theological Implications of the Philosophy of History*, The University of Chicago Press, 1949.

G. M. Trevelyan, *An Autobiography and Other Essays*, Longmans, 1949.

Herman Ausubel, *Historians and Their Craft: A Study of Presidential Addresses to the American Historical Association 1884 – 1945*, Columbia University Press, 1950.

Louis Gottschalk, *Understanding History: A Primer of Historical Method*, Knopf, 1950.

G. J. Renier, *History: Its Purpose and Method*, Allen & Unwin, 1950.

P. A. Sorokin, *Modern Historical and Social Philosophies*, Pitirim, 1950.

Herbert Butterfield, *History and Human Relations*, Collins, 1951.

W. H. Walsh, *An Introduction to Philosophy of History*, Hutchinson, 1951.

中译本：华雪著　王任光译《历史哲学》　幼狮文化事业公司 1973 年初版。

Patrick Gardiner, *The Nature of Historical Explanation*, Oxford University Press, 1952.

L. B. Namier, *Avenues of History*, Hamish Hamilton, 1952.

K. R. Popper, *The Open Society and Its Enemies*, Routledge, 1952.

Marc Bloch, *The Historian's Craft*, translated by Peter Putnam, Alfred A. Knopf, 1953.

V. G. Childe, *What is History?* H. Schuman, 1953.

Karl Jaspers, *The Origin and Goal of History*, Routledge & Kegan

Paul, 1953.

Isaiah Berlin, *Historical Inevitability*, Oxford University Press, 1954.

M. A. Fitzsimons, A. G. Pundt and C. E. Nowell, *The Development of Historiography*, Stackpole, 1954.

F. A. Hayek, ed., *Capitalism and the Historians*, The University of Chicago Press, 1954.

Bertrand Russell, *History As an Art*, Hermon Ould Memorial Lecture, The Hand and Flower Press, 1954.

Denis Sinor, ed., *Orientalism and History*, Heffer, 1954.

Geoffrey Barraclough, *History in a Changing World*, Blackwell, 1955.

Herbert Butterfield, *Man on His Past: The Study of the History of Historical Scholarship*, Cambridge University Press, 1955.

Benedetto Croce, *History as the Story of Liberty*, Meridian Books, 1955.

Pieter Geyl, *Debates with Historians*, Collins, 1955.

Pieter Geyl, *Use and Abuse of History*, Oxford University Press, 1955.

C. G. Gustavson, *A Preface to History*, McGraw-Hill, 1955.

H. C. Hockett, *The Critical Method in Historical Research and Writing*, Macmillan, 1955.

F. M. Powicke, *Modern Historians and the Study of History*, Odhams, 1955.

E. G. Pulleyblank, *Chinese History and World History*, Cambridge University Press, 1955.

C. W. Smith, *Carl Becker: On History and the Climate of Opinion*, Southern Illinois University Press, 1956.

Fritz Stern, ed., *The Varieties of History: From Voltaire to the Present*, Meridian Books, 1956.

A. J. P. Taylor, *Englishmen and Others*, Hamish Hamilton, 1956.

Lord Acton, *Essays on Freedom and Power*, ed. by G. Himmelfarb, Meridian Books, 1957.

J. Barzun and H. F. Graff, *The Modern Researcher*, 1957; revised ed., Harourt, Brace & World, 1970.

Isaiah Berlin, *The Hedgehog and the Fox*, Mentor Books, 1957.

Herbert Butterfield, *George III and the Historians*, Collins, 1957.

William Dray, *Laws and Explanation in History*, Oxford University Press, 1957.

Christopher Dawson, *The Dynamics of World History*, ed. by John J. Mulloy, Sheed & Ward, 1957.

Muhsin Mahdi, *Ibn Khaldun's Philosophy of History*, Allen & Unwin, 1957.

Ludwig Von Mises, *Theory and History*, Yale University Press, 1957.
中译本：米塞斯著　淦克超译《理论与历史》　幼狮文化事业公司　1971年初版。

H. J. Muller, *The Uses of the Past*, Oxford University Press, 1957.

Bertram Newman, *English Historians: Selected Passages*, Oxford University Press, 1957.

K. R. Popper, *The Poverty of Historicism*, Routledge & Kegan Paul, 1957.

H. R. Trevor-Roper, *Historical Essays*, Macmillan, 1957.

H. R. Trevor-Roper, *History: Professional and Lay*, Oxford University Press, 1957.

C. V. Wedgwood, *The Sense of the Past*, Cambridge University Press, 1957.

Philip Bagby, *Culture and History*: *Prolegomena to the Comparative Study of Civilizations*, *Longmans*, 1958.

Carl Becker, *Development and the Writing of History*, Cor University Press, 1958.

G. K. Clark, *Guide for Research Students Working on Historical Subjects*, Cambridge University Press, 1958.

Jacob Burckhardt, *Judgements on History and Historians*, translated by H. Zohn, Allen & Unwin, 1959.

Patrick Gardiner, *Theories of History*, Allen & Unwin, 1959.

Wood Gray and Others, *Historian's Handbook*, Houghton Mifflin, 1959.

Hans Meyerhoff, *The Philosophy of History in Our Time*, Anchor Books, 1959.

E. Bruley & E. H. Dance, *A History of Europe*? Sythoff, 1960.

E. H. Dance, *History the Betrayer*: *A Study in Bias*, Hutchinson, 1960.

Bernard Norling, *Towards a Better Understanding of History*, University of Notre Dame Press, 1960.

R. L. Schuyler, ed., *Frederic William Maitland*: *Historian*, University of California Press, 1960.

C. V. Wedgwood, *Truth and Opinion*, Collins, 1960.

L. M. Angus-Butterworth, *Ten Master Historians*, Aberdeen University Press, 1961.

Raymon Aron, *Introduction to the Philosophy of History*, Weidenfeld & Nicolson, 1961.

W. G. Beasley & E. G. Pulleyblank, ed., *Historians of China and Japan*, Oxford University Press, 1961.

E. H. Carr, *What is History*? Macmillan, 1961.

中译本：卡耳著　王任光译《历史论集》　幼狮文化事业公司 1968 年初版。

Pieter Geyl, *Encounters in History*, Meridian Books, 1961.

S. W. Halperin, *Some20 th-century Historians*, The University of Chicago Press, 1961.

J. H. Hexter, *Reappraisals in History*, Longmans, 1961.

Richard Pares, *The Historian's Business and Other Essays*, Oxford University Press, 1961.

H. P. Rickman, ed., *Pattern and Meaning in History: W. Dilthey's Thoughts on History and Society*, Allen & Unwin, 1961.

R. W. Southern, *The Shape and Substance of Academic History*, Oxford UniversityPress, 1961.

A. G. Widgery, *Interpretations of History: From Confucius to Toynbee*, Allen & Unwin, 1961.

H. P. R. Finberg, ed., *Approaches to History*, Routledge, 1962.

F. S. Fussner, *The Historical Revolution: English Historical Writing and Thought, 1580 – 1640*, Columbia University Press, 1962.

H. D. Lewis, *Freedom and History*, Allen & Unwin, 1962.

G. K. Clark & G. R. Elton, *Guide to Research Facilities in History in the Universities of Great Britain and Ireland*, Cambridge University Press, 1963.

Louis Gottschalk, ed., *Generalization in the Writing of History*, The University of Chicago Press, 1963.

David Knowles, *Great Historical Enterprises: Problems in Monastic History*, Cambridge University Press, 1963.

David Knowles, *The Historian and Character*, Cambridge University

Press, 1963.

A. V. Riasanovsky & B. Riznik, ed., *Generalizations in Historical Writing*, University of Pennsylvania Press, 1963.

C. V. Wedgwood, *History and Hope*, Ruddock, 1963.

Geoffrey Barraclough, *An Introduction to Contemporary History*, Watts, 1964.

V. H. Galbraith, *An Introduction to the Study of History*, Watts, 1964.

W. B. Gallie, *Philosophy and the Historical Understanding*, Chatto & Windus, 1964.

H. S. Hughes, *History as Art and as Science*, Harper, 1964.

J. H. Plumb, ed., *Crisis in the Humanities*, Penguin Books, 1964.

中译本：环宇出版社译《人文学科的危机》 环宇出版社 1971 年初版。

Alan Richardson, *History Sacred and Profane*, 1964.

Page Smith, *The Historian and History*, Knopf, 1964.

中译本：佩基·史密斯著 黄超民译《历史家与历史》商务印书馆 1977 年初版。

H. S. Commager, *The Nature and the Study of History*, Merrill, 1965.

A. C. Danto, *Analytical Philosophy of History*, Cambridge University Press, 1965.

F. E. Manuel, *Shapes of Philosophical History*, Allen & Unwin, 1965.

A. J. Toynbee, *Greek Historical Thought*, Mentor Books, 1965.

Morton White, *Foundation of Historical Knowledge*, Harper, 1965.

R. V. Daniels, *Studying History: How and Why*, Prentice-Hall, 1966.

G. P. Gooch, *Historical Surveys and Portraits*, Longmans, 1966.

Van A. Harvey, *The Historian and the Believer: The Morality of Historical*

Knowledge and Christian Belief, SCM, 1966.

A. D. Momigliano, *Studies in Historiography*, Weidenfeld & Nicolson, 1966.

L. S. Sutherland, ed., *Studies in History: British Academy Lectures*, Oxford University Press, 1966.

K. Bourne & D. C. Watt, ed., *Studies in International History*, 1967.

W. H. Burston & D. Thompson, ed., *Studies in the Nature and Teaching of History*, Routledge & Kegan Paul, 1967.

N. F. Cantor & R. I. Schneider, *How to Study History*, Crowell, 1967.
中译本：甘特、施奈德合著　涂永清译《史学导论》水牛出版社　1976年初版。

G. K. Clark, *The Critical Historian*, Heinemann, 1967.

G. R. Elton, *The Practice of History*, Cambridge University Press, 1967.

D. V. Gawronski, *History: Meaning and Method*, Scott, Foresman, 1967.
中译本：葛隆斯基著　容继业译《历史意义与方法》幼狮文化事业公司　1974年初版。

J. R. Hale, ed., *The Evolution of British Historiography*, Macmillan, 1967.

Sherman Kent, *Writing History*, Appleton, 1967.

Maurice Mandelbaum, *The Problem of Historical Knowledge: An Answer to Relativism*, Liveright, 1967.

W. T. K. Nugent, *Creative History*, Lippincott, 1967.

T. R. Tholfsen, *Historical Thinking*, Harper, 1967.

A. G. Widgery, *The Meanings in History*, Allen & Unwin, 1967.

Gavin De Beer, *Gibbon and His World*, Thames and Hudson, 1968.

Hedva Ben-Israel, *English Historians on the French Revolution*, Cambridge University Press, 1968.

J. J. Davies, *On the Scientific Method*, Longmans, 1968.

John Lukacs, *Historical Consciousness*, Harper, 1968.

B. C. Shafer, ed. , *Historical Study in the West*, Appleton, 1968.

H. V. White, ed. , *The Uses of History: Essays in Intellectual and Social History*, Wayne State University Press, 1968.

W. K. Hancock, *Attempting History*, Australian National University Press, 1969.

J. H. Plumb, *The Death of the Past*, Macmillan, 1969.

R. J. Shafer, *A Guide to Historical Method*, Dorsey, 1969, revised ed. , 1974.

D. M. Sturley, *The Study of History*, Longmans, 1969.

David Thomson, *The Aims of History*, Thames & Hudson, 1969.

D. C. Watt, ed. , *Contemporary History in Europe: Problems and Perspectives*, Allen & Unwin, 1969.

Martin Ballard, ed. , *New Movements in the Study and Teaching of History*, Temple Smith, 1970.

G. R. Elton, *Modern Historians on British History, 1485 - 1945: A Critical Bibliography, 1945 - 1969*, Methuen, 1970.

G. R. Elton, *Political History: Principles and Practice*, Allen Lane The Penguin Press, 1970.

D. H. Fischer, *Historians' Fallacies: Toward A Logic of Historical Thought*, Routledge & Kegan Paul, 1970.

F. S. Fussner, *Tudor History and the Historians*, Basic Books, 1970.

Arthur Marwick, *The Nature of History*, Macmillan, 1970.

M. M. Reese, ed., *Gibbon's Autobiography*, Routledge & Kegan Paul, 1970.

J. B. Coltham, *The Development of Thinking and the Learning of History*, Historical Association, 1971.

E. H. Dance, *History for a United World*, Harrap, 1971.

J. H. Hexter, *The History Primer*, Allen Lane The Penguin Press, 1971.

D. S. Landes & C. Tilly, ed., *History as Social Science*, Prentice-Hall, 1971.

M. M. Postan, *Fact and Relevance: Essays on Historical Method*, Cambridge University Press, 1971.

B. B. Wolman, ed., *The Psychoanalytic Interpretation of History*, Harper, 1971.

Lee Benson, *Toward the Scientific Study of History*, 1972.

Lord Bolingbroke, *Historical Writings*, edited and with an introduction by Isaac Kramnick, The University of Chicago Press, 1972.

A. R. Bridbury, *Historians and the Open Society*, Routledge & Kegan Paul, 1972.

Gordon Connell-Smith & H. A. Lloyd, *The Relevance of History*, Heinemann, 1972.

P. E. Tillinghast, *The Specious Past: Historians and Others*, Addison-Wesley, 1972.

Arnold Toynbee, *A Study of History*, New ed., revised and abridged by the author and Jane Caplan, illustrated, Oxford University Press, 1972.

D. G. Watts, *The Learning of History*, Routledge & Kegan Paul, 1972.

Jane Millgate, *Macaulay*, Routledge & Kegan Paul, 1973.

Hayden White, *Metahistory*, The Johns Hopkins Univ. Press, 1973.

Jacques Barzun, *Clio and the Doctors*, The University of Chicago Press, 1974.

Patrick Gardiner, ed., *The Philosophy of History*, Oxford University Press, 1974.

Peter Gay, *Style in History*, Jonathan Cape, 1974.

W. Laqueur & G. L. Mosse, ed., *Historians in Politics*, Sage, 1974.

F. N. McCoy, *Researching and Writing in History*, University of California Press, 1974.

Beryl Smalley, *Historians in the Middle Ages*, Thames & Hudson, 1974.

M. I. Finley, *The Use and Abuse of History*, Chatto & Windus, 1975.

A. D. Momigliano, *Essays in Ancient and Modern Historiography*, Blackwell, 1977.

Oscar Handlin, *Truth in History*, The Belknap Press of Harvard University Press, 1979.

Marc Ferro, *The Use and Abuse of History*, Routledge & Kegan Paul, 1981.

Agnes Heller, *A Theory of History*, Routledge & Kegan Paul, 1982.

Ernst Breisach, *Historiography, Ancient, Medieval and Modern*, The University of Chicago Press, 1983.

Robert William Fogel & G. R. Elton, *Which Road to the Past? Two Views of History*, Yale University Press, 1983.

John Kenyon, *The History Men*, Weiderfeld & Nicolson, 1983.

Barbara W. Tuchman, *Practising History*, Macmillan, 1983.

M. A. Fitzsimons, *The Past Recaptured: Great Historians and the History of History*, University of Notre Dame Press, 1983.

Jacques Le Groff & Pierre Nora, ed., *Constructing the Past: Essays in Historical Methodology*, Cambridge University Press, 1985.

Georg G. Iggers, *New Directions in European Historiography*, revised edition, Methuen, 1985.

Michel Foucault, *The Archaeology of Knowledge*, Harper & Row, 1972.

Jean-Francois Lyotard, *The Postmodern Condition: A Report on Knowledge*, University of Minnesota Press, 1984.

Theodore S. Hamerow, *Reflections on History and Historians*, The University of Wisconsin Press, 1987.

Gertrude Himmelfarb, *The New History and the Old*, The Belknap Press of Harvard University Press, 1987.

Lynn Hunt, ed., *The New Cultural History*, University of California Press, 1989.

Arnaldo Momigliano, *The Classical Foundations of Modern Historiography*, University of California Press, 1990.

Peter Burke, ed., *New Perspectives on Historical Writing*, The Pennsylvania State University Press, 1991.

Keith Jenkins, *Re-thinking History*, Routledge, 1991.

Peter Burke, *History and Social Theory*, Cornell University Press, 1993.

Christopher Lloyd, *The Structures of History*, Blackwell, 1993.

Michael Stanford, *A Companion to the Study of History*, Blackwell, 1994.

Joyce Appleby, Lynn Hunt & Margaret Jacob, *Telling the Truth about History*, Norton, 1994.

Jacques Derrida, *Archive Fever*, The University of Chicago Press, 1995.

Beverley Southgate, *History: What & Why?* Routledge, 1996.

Joyce Appleby, Elizabeth Couington, David Hoyt, Michael Latham-Allison Sneider, ed. , *Knowledge and Postmodernism in Historical Perspective*, Routledge, 1996.

Keith Windschuttle, *The Killing of History*, The Free Press, 1996.

Georg G. Iggers, *Historiography in the Twentieth Century*, *from Scientific Objectivity to the Postmodern Challenge*, Wesleyan University Press, 1997.

Keith Jenkins, *The Postmodern History Reader*, Routledge, 1997.

Ewa Domanska, *Encounters*, *Philosophy of History after Postmodernism*, University Press of Virginia, 1998.

Norman J. Wilson, *History in Crisis? Recent Directions in Historiography*, Prentice-Hall, 1999.

Dzo Chiag-Chuan, *Sseu-ma T' sien et C' historiographie Chinoise*, Publiations Orientalistes de France, 1978.

John van Seters, *In Search of History*, Yale University Press, 1983.

John Tosh, *The Pursuit of History*, Person Education, 1984, fourth edition, 2006.

Richard, J. Evans, *In Defence of History*, Granta Books, 1997.

Lloyd Kramer and Sarah Maza, ed. , *A Companion to Western Historical Thought*, Blackwell, 2002.

On ~ Cho Ng and Q. Edward Wang, *Mirroring the Past*: *The Writing and Use of History in Imperial China*, University of Hawaii Press, 2005.

Allan Megill, *Historical Knowledge*, *Historical Error*: *A Contemporary Guide to Practice*, The University of Chicago Press, 2007.

John Burrow, *A History of Histories*, Allen Lane, 2007.

Marnie Hughes-Warrington, *Fifty Key Thinkers on History*, second edition, first published 2008 by Routledge.

(二) 专文

Leopold von Ranke, "Preface: Histories of the Latin and Germanic Nations from 1494 – 1514", in Fritz Stern's *The Varieties of History*.

Herbert Butterfield, "History and Man's Attitude to the Past", in *Listener*, 21 September, 1961.

Herbert Butterfield, "The History of the East", in *History*, vol. XLVII, No. 160, June, 1962.

E. G. Pulleyblank, "Letter to the Editor of Listener", 28 September, 1961.

J. R. Strayer, "Introduction of Marc Bloch's The Historian's Craft".

Herbert Butterfield, "University History and the Comparative Study of Civilization", in Sir Herbert Butterfield Cho Yun-Hsu & William H. McNeill on *Chinese and World History*.

M. I. Finley, "Generalizations in Ancient History", in M. I. Finley, *The Use and Abuse of History*.

Arnaldo Momigliano, "History and Biography", in Moses Finley, ed., *The Legacy of Greece: A New Appraisal*, Oxford University Press, 1981.